図解 建築工事の進め方

新版 鉄筋コンクリート造

監修
内田祥哉・深尾精一

執筆
佐藤芳夫・安藤俊建・本多 勉・角田 誠

市ヶ谷出版社

新版発行にあたって

　本書の初版が刊行されてから，8年が経った。その間，様々な規準の改定などがあり，今回，全編を通して見直しを行うこととなった。

　この間の建築界の大きな変化といえば，建築物の信頼性を揺るがすような事件が起きたことをあげなくてはいけないであろう。建築物の品質の確保は，長い間建築界のテーマであったことであり，今後も努力を継続しなくてはならないことである。品質管理の手法に関する国際規格なども広まりつつあり，今回の改訂でも，それらに触れることになった。しかし，もっとも求められることは，建築に係わる者が，その造り方に関する正しい知識を身につけ，それを反映させた工事を行うことであろう。

　本書が今後とも読者の方々のための一助となれば幸いである。

　　平成18年9月

　　　　　　　　　　　　　　　　　　　　　　監修者　　内田祥哉・深尾精一

監修にあたって（初版発行時）

　建築の施工に関する解説書は，数多く出版されているが，現在使われている標準的な工法とその一般的な工事の進め方をわかりやすく説明した本は，ほとんどなかったといってよいであろう。工事現場の第一線で活躍されている施工管理者の方々には，解説書を書く時間的な余裕がなく，一方，研究者は部分的な深い知識をもっていても，現実の施工現場を広くは体験していないために，工事の進め方をまとめることは難しいというのが，その理由の一つであった。しかし，建築学の勉強をひととおり終えて施工管理の仕事に就こうとしている方々や，設計や企画などが主業務で工事の進め方をひととおり理解したいと考えている方々には，わかりやすい解説書が必要不可欠である。建築材料や部品の生産など，建築生産に関連する業務に係わる方にも，建築施工の入門書を手にする必要があろう。

　今回，優れた品質の建築を造り上げていることで定評のある，建設会社㈱佐藤秀が主体となり，いままでにない，「鉄筋コンクリート造　建築工事の進め方」の本を作成することが企画された。第一線の施工管理者として建設現場に通じ，社内研修も担当されている技術者に執筆者となって頂き，大学に籍を置く研究者がわかりやすい解説書の形に仕上げるという方針で臨んだが，実際には数多くの編修会議を繰り返し，協働作業を積み重ねて一冊の本にまとめあげることになった。

ii　監修にあたって

　この本の特徴の一つは，一連の工事の解説に，この書のために撮影された一つの建物の写真を数多く用いていることであろう．本書の企画にあたって，佐藤秀の設計施工による東京都内に建設されるマンションをモデル現場として取り上げ，その着工から竣工までを，解説書を作成することを目的として記録したのである．佐藤秀の岡田建築部長，現場作業所の城田所長にも様々なご協力を頂いた．このようなプロセスの結果，本書の作成には3年有余の月日を要したが，その成果を十分に反映して，いままでにないビジュアルな本を作ることができたと考えている．

　なお，本書は，先に刊行された「鉄骨造　建築工事の進め方」の姉妹書として企画されたものであり，本書の作成にあたっては，その構成等を参考にさせて頂いた．本書と合わせて座右に置いて頂ければ幸いである．

　平成10年9月

内田　祥哉

深尾　精一

新版発行にあたって

　本書の初版が発行された平成10年は，バブル経済がはじけ，建設業も長期の需要低落が始まりつつある時期であった。この様な環境のもとで，設計事務所，ゼネコンをはじめ建設関連企業は，スリム化に励んできた。それにより各企業は，研修およびOJTを通しての若い人の育成が思うように出来なくなり，自己成長は各自の研鑽努力に依存する傾向が強まった。

　この間，IT技術の導入はISO 9001（品質マネジメントシステム）等の導入と相まって，建設作業所を中心とした情報処理および管理手法に変化をもたらした。一方，鉄筋コンクリート造の建築物は，従来鉄骨造が主流であった高層建築分野にも広がり，マンション建築等を中心に超高層化が著しく進んだ。これによりコンクリートおよび鉄筋の高強度化も図られた。

　また，平成15年にJASS 5（鉄筋コンクリート造）が改正されるなどの各種JASSの改定や，「住宅の品質確保促進に関する法律（略称：品確法）」等の関連法規の改正も行われてきた。

　このような時代の流れを受けて，今回新版を発行するにあたって，「序・1　建築生産の概要」を抜本的に書き改め，第1～9章は部分的に改訂を施した。また，第6章に「石工事」を追加した。

　鉄筋コンクリート造の基本的な手順は，現在でもほとんど変わっていないため，今回の改訂作業で，本書の目的は十分に時代に応えられていると考えている。

　　平成18年9月

　　　　　　　　　　　　　　　　　　　　　　　　　　執筆者代表　　安藤俊建

執筆にあたって（初版発行時）

　建設会社には毎年新入社員が入社してくる。そして新人研修が始まる。学生時代にかなり高度の専門分野の教育を受けてきた者でも，建物がどのような手順で造られるのかを知っている者はほとんどいない。そこで研修は，どのような手順で建物が造られていくのか，まず仕事の流れ，施工手順の流れを理解することから始める。ひととおりの説明が終わると配属

部署に関係なく，全員が現場実習を体験する。

　建物は完成した表面のみを見てもその施工プロセスはほとんどわからない。隠れている部分の工数のほうが多い建物がほとんどで，性能等はこの見えない部分で確保されていることが多い。すなわち相当の工事経験者でも，完成物だけでその施工方法を言い当てることは不可能に近い。それは，そのプロセスが基本的部分では共通する部分が多いものの，その工法等の選択や組合わせは，施工者によって千差万別であるからである。

　しかしこのプロセスすなわち建物の出来る手順が見えてこないと，本当の意味での建築物は理解し難い。これは将来施工関係者を目指す人達だけでなく，設計者，研究者，メーカー等の建設関係者すべてに共通する課題である。

　したがって，このような建築関係の若い人達が現場実習の経験をしなくても，少しでも早く建築物の施工のプロセスを理解できるようになることを，第一の目的にまとめられたのが本書である。そのため知識よりは手順を，原則図よりは実際の写真を優先させて編集している。

　本書の内容は，現場で施工する鉄筋コンクリート造を対象にしたものである。鉄筋コンクリート造は中規模建物に主として用いられるが，鉄骨造，木構造やその他の構造物においても基礎や地下構造には，ほとんどが鉄筋コンクリートを用いており，まず鉄筋コンクリート造の工事の進め方を知ることが，建築の施工を学ぶ上で最初に必要であると言っても過言でない。

　現場で形成する鉄筋コンクリート造の躯体は，それぞれの施工条件や部材の組合わせが異なるため，一物件一物件の出来上がりも同じものにはならない。しかしこの躯体品質の良し悪しが後続する仕上げ工事の良し悪しに繋がるばかりでなく，さらに建物の性能その他の最終品質に大きく影響してくる。

　すなわち良い品質の鉄筋コンクリート構造物を造るためには，まず躯体の施工プロセスを十分に理解する必要がある。本書は日本建築学会編「建築工事標準仕様書・同解説JASS 5 鉄筋コンクリート工事」等には記載されていない躯体構造施工の進め方を，準備段階から，モデル現場における手順に則して施工記録写真とともに説明している。また仕上げ工事や設備関連工事においても，現在一般的に施工されている内容はひととおり網羅したつもりである。

　本書がこれから建築関連業務に従事する若い人達にとって，建築の手順を知る上で少しでも有効な道標となることを期待する。

　最後に執筆に当たって温かくご指導頂いた内田祥哉，深尾精一両先生，ならびに関係者の皆様方に深く感謝申し上げます。

　　平成10年9月

　　　　　　　　　　　　　　　　　　　　　　　　　　　　　　　　　安藤　俊建

目 次

序　章 …………………………… 1
　序・1　建築生産の概要 ……… 2
　序・2　鉄筋コンクリート造の
　　　　　特徴 …………………… 10
　序・3　モデル現場（Nマンショ
　　　　　ン）の説明 …………… 12

第1章　着工準備 …………… 23
　1・1　概　　説 ……………… 24
　1・2　契約図書および着工時
　　　　　関連書類の確認 ……… 24
　1・3　現地調査 ……………… 24
　1・4　着工前の諸手続 ……… 26
　1・5　施工計画 ……………… 28
　1・6　実行予算と発注 ……… 33

第2章　仮設工事・準備工事 ……… 37
　2・1　概　　説 ……………… 38
　2・2　共通仮設工事 ………… 39
　2・3　直接仮設工事 ………… 42
　2・4　準備工事 ……………… 44

第3章　土　工　事 …………… 47
　3・1　概　　説 ……………… 48
　3・2　土工事 ………………… 49
　3・3　地業・基礎工事 ……… 56

第4章　躯体工事 ……………… 61
　4・1　概　　説 ……………… 62
　4・2　工事の流れ …………… 64
　4・3　準備工事 ……………… 65
　4・4　鉄筋工事 ……………… 68
　4・5　型枠工事 ……………… 80
　4・6　コンクリート工事 …… 91
　4・7　地下階工事・最上階工
　　　　　事 …………………… 100
　4・8　躯体工事中における設
　　　　　備工事 ……………… 102

第5章　防水工事 …………… 105
　5・1　概　　説 ……………… 106
　5・2　工事の流れ …………… 109
　5・3　屋根防水工事 ………… 109
　5・4　その他の防水工事 …… 114
　5・5　シーリング工事 ……… 115

第6章　仕上げ工事 ………… 119
　6・1　仕上げ工事の内容 …… 120
　6・2　工事の流れ …………… 122
　6・3　屋根工事 ……………… 124
　6・4　左官工事 ……………… 125
　6・5　タイル工事 …………… 126
　6・6　金属製建具工事 ……… 130
　6・7　ガラス工事 …………… 133
　6・8　石工事 ………………… 135
　6・9　金属工事 ……………… 137
　6・10　内装工事 ……………… 139
　6・11　吹付け工事 …………… 142
　6・12　塗装工事 ……………… 144
　6・13　ユニット工事 ………… 146

6・14 断熱工事 …………… 147

第7章 設備工事 …………… 149
7・1 概　　説 …………… 150
7・2 工事の流れ …………… 151
7・3 電気設備工事 …………… 152
7・4 給排水衛生設備工事 … 156
7・5 空気調和換気設備工事 …………… 160
7・6 エレベーター工事 …… 162

第8章 外構工事 …………… 165
8・1 概　　説 …………… 166
8・2 工事の流れ …………… 167
8・3 施　　工 …………… 167

第9章 完成検査・引き渡し …… 169
9・1 概　　説 …………… 170
9・2 完成検査 …………… 170
9・3 引　渡　し …………… 173
9・4 保　　全 …………… 174

参　考　資　料 …………… 176

索　　　　引 …………… 179

序章

序・1　建築生産の概要	2
序・2　鉄筋コンクリート造の特徴	10
序・3　モデル現場（Nマンション）の説明	12

定点観測：工事の進め方

① 根切り工事 ……………………… 2
② 地下階建込み工事 …………… 3
③ 1階建込み工事 ………………… 4
④ 2階建込み工事 ………………… 5
⑤ 3階建込み工事 ………………… 6
⑥ 4階建込み工事 ………………… 7
⑦ 屋根工事 ………………………… 8
⑧ 完　　　成 ……………………… 9

序・1　建築生産の概要

1．我が国の建築市場の実態

建設市場の規模を示す建設投資額（土木と建築の合計）は，2005年度で53兆4600億円である。これは，GDP（国内総生産）の約10.3％に相当する。過去の建設投資額をみると，バブル経済崩壊時の1992年度に約84兆円，対GDP比17.4％のピークがあり，2005年は約2/3に縮小している。

建築だけに限ってみると，2005年度は30兆7800億円で，建設投資全体の57.6％を占める。投資額の推移は工事量の変動に加え，それに連動する工事費の上昇・下落などの影響を受けることになるが，実際の建築の需要量の変化を読み取るためには，市場規模を表す異なる指標でみる必要がある。

需要量をみる指標として建築着工床面積がある。2005年度の着工床面積は1.86億 m^2 で，ピークであった1990年度の2.79億 m^2 から約33％も減っている。これらは新築市場のデータであるが，リフォーム・リニューアル，維持・修繕等の完成工事高では，金額自体は増えてはいないが（約13兆円），新築工事の縮小によって，建築工事全体に占める割合は1990年度の13.6％から2003年度の22.6％へと高まっている。

これらのデータは，近代的な建築空間が不足

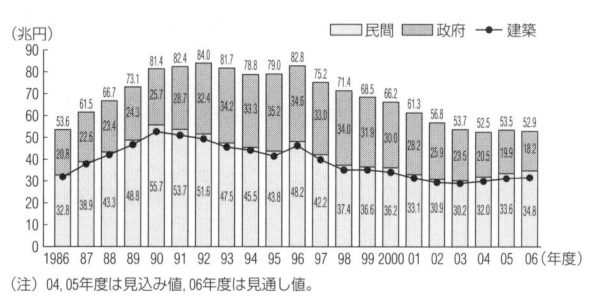

●建設投資の推移　　（資料出所：国土交通省（2006年6月発表））

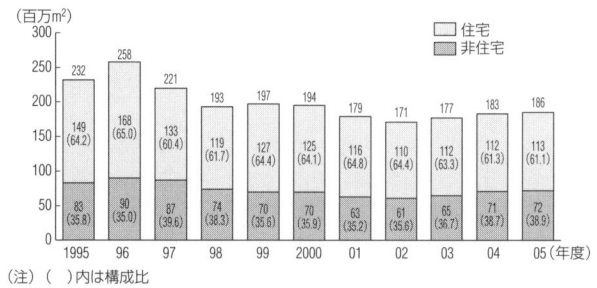

●建築着工床面積の推移　　（資料出所：国土交通省）

工事の進め方
①根切り工事

し，それを効率的に生産するという新築重視の生産活動に対して，人口構成の変化やライフスタイルの変化に対応できるような既存建築物の活用といった，持続的な生産活動の重要性を示している。

2．建築生産のプロセス

他の製造業と異なり，建築の生産にはいくつかの特徴がある。まず，注文を受けてから生産を始めるという受注生産の点である。そのため，特定の注文主（発注者）が存在する。別々の発注者から依頼がなされるわけであるから，同一のものがほとんどなく，一品生産であり生産環境が常に異なることも大きな特徴である。また，建築生産の全工程の過半は現地における屋外生産であり，天候・気象条件などに大きく影響を受ける。さらに，完成した製品のライフタイムが他の消費財と比べ長いことも，生産活動に影響を及ぼす。

このような特徴を持つ建築生産は，以下のようなプロセスを経て実施される。

(a) 企　画

建築物の建設に先立って，建築物の目的，規模，土地（敷地）および周辺環境，予算などを総合的に検討し，全体像を組み立てる。

(b) 設　計

上記の企画に対応するように，敷地に建物を適切に配置し，間取りや外観，設備などを関係法令に適合した形で具体的に設計図書として表現する。

(c) 施　工

設計図書を基に，工事に必要な資材の種類・量や作業人員を把握し，建設に必要な金額を算出する。これに基づいて建設業者は工事を受注し，建設が開始される。設計図書通りに工事が進められていることを確認しながら工事を進行し，完成した建物を発注者に引き渡すまでが施工業務である。

ここまでが建築生産を狭義で捉えた場合の主なプロセスであるが，ライフタイムの長い建築においては，完成後の対応も重要になる。

(d) 維 持 管 理

完成後の建物を快適に使用できるように様々な処置を施す。長年の使用においては当初想定したスペックでは対応できないことも多く，様々な改修・更新が必要になる。この対応如何によって，建物の寿命が左右される。

工事の進め方
②地下階建込み工事

(e) 解体・廃棄

建物の解体時に排出される廃棄物は量・種類とも大量であり，資源問題からも環境に配慮した解体のあり方が注目されている。

3．生産プロセスの概要と関係主体

(1) 発注・企画段階

(a) 発注者の種類

民間の発注者は建築生産が自らの企業活動の目的に照らして最善の投資行為となるように，費用対効果が厳しく問われる。

公共発注者は，公共的サービスの提供を目的とした建物を対象とし，必ずしも営利を目的としない。しかし，生産活動が納税者の負担によって成り立っていることを考えると，そのプロセスの透明性・公平性・効率性が強く求められる。

(b) 企画業務

企画は，設計に至る前に発注者の構想を整理し，建築を実現するための条件を設定する行為である。発注者自らが行うべき内容であるが，発注者の経験や技術力の不足，発注者の複数集合化，建物の多様化・複雑化などにより，曖昧な意思決定がなされることが多い。そのため，コンサルタント，設計者などの専門家が助言・協力する必要性が高まっている。

(2) 設計段階

(a) 基本設計

基本設計は，設計者が発注者の建築意図を最終的に確認し，設計条件を確定するとともに，基本設計図，概要説明書（構造・設備），計画説明書，工事費概要書としてまとめる作業である。

(b) 実施設計

基本設計の内容を実際の建物として建設できるように検討し，設計の内容を詳細化する。具体的には，基本設計の趣旨を施工業者に伝えるために，工事に必要な内容を盛り込んだ図面を作成することである。平面図・立面図・断面図や各詳細図のほか，構造計算書，設備図，仕様書などを作成する。基本設計と実施設計は同一の設計者で行われることが多い。

(c) 工事監理

実施設計で確定した設計品質を確保するために設計意図を施工者に伝達し，工事が適切に行われ，完成した建物が所定の品質を備えているか確認するとともに，その結果を発注者に報告する業務である。一般に設計者が兼務するが，

工事の進め方
③1階建込み工事

別の技術者に委託する場合もある。設計図書通りの建築を造り上げるためには，厳正な立場で監理を行わなければならない。

(3) 施工段階
(a) 施工者の業務

施工の関連主体には，建物の完成までを統括する建設業者（総合請負業・ゼネコン）と，各種工事を行う専門工事業者（サブコン）がある。

ゼネコンは発注者から一括して工事を受注するのが一般的であり，元請と呼ばれる。工事の実行予算，施工計画などを検討し，工事全体をいくつかのまとまりに分割し，ゼネコン自らが施工する部分を除いて，各工事を担当可能な専門工事業者に発注する。

サブコンは土工事，型枠工事，鉄筋工事，大工工事など数十種に及び，元請から受注することから下請と呼ばれる。実際の施工のかなりの部分はサブコンが行っており，さらに工事を再分割する場合も多く，一般的な工事では3～4次下請程度まで重層化している。

一定規模以上の建設工事を行う者は建設業許可を必要とする。許可は一般建設業者と特定建設業者に分けられ，元請工事1件につき4500万円以上の工事を下請に発注する場合は，特定建設業者である必要がある。

(b) 発注方式と施工者の編成

発注者が設計及び施工業務を誰にどのような形で委託するかによって，建築生産を取り巻く関係主体の編成が異なってくる。

① ゼネコン一式請負方式　設計は設計者・建築家，施工は施工業者が担当する方式で設計施工分離型とも呼ばれる。我が国の公共建築工事は，この方式で行われている。

② 設計施工一貫方式　設計，施工および工事監理を一括して大規模な建設業者に発注する方式である。歴史的に見ると，棟梁に依頼して住宅を建設することなどもこの方式といえる。民間建築工事において多く実施されている。

③ 分離請負方式　一つの建設業者に一括して発注するのではなく，各専門工事業者に直接，個別に発注する方式である。工事の発注先が多くなるため発注者の負担は大きくなるが，発注手続きの透明性は高くなる。

④ コンストラクションマネジメント（CM）

工事の進め方
④2階建込み工事

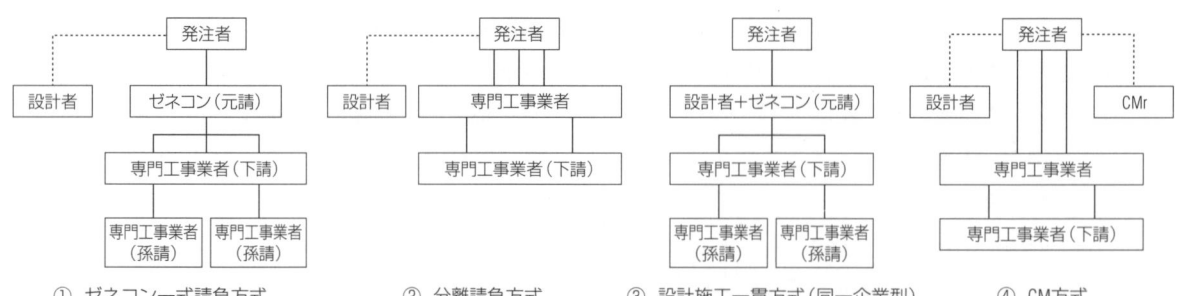

① ゼネコン一式請負方式　　② 分離請負方式　　③ 設計施工一貫方式(同一企業型)　　④ CM方式

方式　コンストラクションマネージャー（CMr）が発注者の代理人の立場で，設計・施工全般を監理する方式である。分離請負方式と同様，発注者が直接専門工事業者と契約を結ぶが，CMrの支援により，発注手続きの負担は小さくなる。

(c) 品質の管理

建設業者，および設計者は，建築物の品質が発注者のニーズに合っていることを保証しなければならない。ISO 9000 シリーズとは，完成した建築物の品質とその施工段階での品質管理システムを保証する「品質マネジメントの国際規格」であり，その規格取得により顧客満足の向上を目指すものである。官庁工事では，ISO 9000 シリーズの認証取得を入札の条件としている場合が多い。

(4) 維持管理・廃棄段階

(a) 維持管理

完成し建物を安全かつ快適に使い続けるためには，日常の維持管理が必要となる。汚れや故障などの物理的な劣化，陳腐化などの機能的劣化，周辺環境の変化による社会的劣化などに対して対策を講じるとともに，将来に渡る継続的な計画を構築する。

(b) 解体

解体によって発生する廃棄物の再資源化，不法投棄防止等を十分考慮し解体を行わなければならない。資源の有効利用を確保する観点から制定された建設リサイクル法では，解体工事とともに新築工事においても措置が規定されている。環境マネジメントシステムに関する国際規格である ISO 14000 シリーズを認証取得し，建

工事の進め方

⑤ 3階建込み工事

築生産全体に関わる環境管理を積極的に実践する工事業者も増えている。

4. 施工組織編成と工事請負契約
(1) 施工者選定
(a) 随意契約方式

住宅など，小規模の建物を個人が発注する場合，発注者自らが適切と判断する施工会社1社を特定し，工事金額の折衝を行い，契約を結ぶ方式がとられる。これを特命方式という。特命方式の利点は，発注者と施工者相互の信頼関係が前提となっているため，円滑な工事運営による質の高い建物の実現が期待できる点である。ただし，選定プロセスの透明性が確保されないことが問題点とされている。

複数の施工会社から見積りを取り，工事金額や技術力を勘案して施工者を決定する，見積り合わせ方式がある。これらは任意に特定の者を選ぶ非競争的な選定方式であり，併せて随意契約方式という。

(b) 競争入札方式

公共建築では，納税者の利益を守るため最も経済的で公正な方法で施工者を選定することが義務づけられている。その場合，工事金額の多寡だけで施工者を選定する競争入札の方法をとるのが最も一般的である。

工事実績や技術力により施工業者を予め選定し価格競争を行うものを，指名競争入札という。一方，入札参加者を予め限定せず，希望する者が誰でも参加できるのが一般競争入札である。従来までは入札手続きの簡便性や施工実績重視の考え方から指名競争入札が一般的であったが，コスト削減や談合防止の観点から，最近は一般競争入札が一般化しつつある。

競争入札方式は，工事金額の上限である予定価格の範囲内で，かつ設計図書で示された品質確保を最低限保証される下限の価格を上回るもののうち，最低価格提示者が落札者となる仕組みである。

最近では，価格以外の工期，安全性などの，価格以外の項目を加味した総合的な評価に基づいた施工者選定方法が取られ始めている。

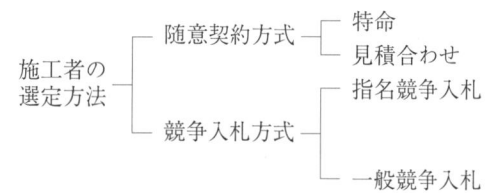

工事の進め方
⑥ 4階建込み工事

(2) 工事請負契約方式

建物を建設する場合，発注者と施工者の間で交わされる契約は，一般的に請負契約である。請負契約とは，元請負者（施工者）が，ある仕事を完成することを約束し，依頼者（発注者）がその仕事の結果に対して報酬を与えることを約束する契約である。一方，発注者が直接資材を調達し，作業員を雇って工事を完成させる方式を直営方式という。

(a) 施工組織形態による請負方式

工事全体を一括して請け負う契約方式を総合請負（一括請負）と呼ぶ。総合請負の場合は，発注者と施工者の契約は一つであるため，発注者側の負担は少ないが，請負者側の責任範囲は大きくなる。

発注する工事をいくつかの範囲（工区）に区分したり，いくつかの職種に分けて発注する場合の契約は，分割請負（部分請負）という。区分した契約内容ごとに契約管理を行い，調整の管理運営を発注者が行うことになり，発注者の責任やリスクは大きくなる。しかし，発注者が工事管理に直接関与できるメリットは大きい。

請負の形には，一つの施工会社が請け負う単独請負と，複数の会社が共同して請け負う共同請負（ジョイントベンチャー：JV）がある。JV は，工事規模が大きかったり，高度な施工技術が要求されたりして，1 社の責任では危険負担ができないと思われるときに採用される。

(b) 契約金額の決め方による契約方式

最も一般的なものは，設計図書に基づいて請負者が算出した工事価格によって契約するもので，総価定額契約という。

設計段階で確定できない要素を含んだ建築工事の工事契約の場合，予め工事材料ごとの単価を決めて契約し，実際にかかった工事量で精算する単価契約がとられる。

実費精算契約は，実際にかかった費用を後で精算する方式で，設計図が未完であったり，工事内容に未知の箇所が多い場合に採用される。

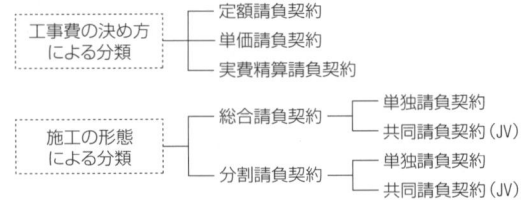

●工事契約の方式

(3) 工事費用の積算と見積もり

建築工事にどれくらいの費用がかかるのかは，発注者，施工者それぞれの立場において非

工事の進め方
⑦屋根工事

常に重要な内容である。いずれの立場であっても，設計図書に基づいて正確に工事費を予測する必要がある。

積算とは，設計図書などから数量に単価を乗じて積み上げた総和を，工事費として予測する作業の総称であり，建物を構成する各部分の数量を計測・計算する「数量拾い」と，それに「単価」を乗じて事前の工事費を予測する「値入れ」に分けられる。前者を狭義の「積算」，後者を「見積もり」と区別する場合もある。

工事費決定に向けた発注者・施工者の作業は，発注予定額の決定（発注者：企画段階），工事受注額の決定（施工者：契約段階）などがある。求める段階によって積算方法や結果に差は生じるが，実際の工事運営，実務処理を効率よく進めるためには，積算の基本部分に標準を定めた方がよい。これについては，官民合同の研究会組織によって「建築数量積算基準」が策定されている。積算に用いられる数量には，以下のような種類がある。

設計数量：設計図書に示された完成時の姿に基づいた数量で，割り増しを含まない。

所要数量：材料の定尺寸法からの切りムダ，施工や部材運搬等に伴うやむを得ないロスを含んだ数量。

計画数量：仮設や根切り量などの，設計図書の完成時の姿に示されないものの数量。

(4) **工事監理者の役割**

工事監理者は設計者と同じく，建物の用途・規模・構造によって，一級建築士，二級建築士などの資格が求められている。

建築士が行う通常の業務は，

① 工事施工者への設計図書・詳細図の提示
② 施工計画の検討と助言
③ 設計図書通りの施工の指示と設計の要求品質の確認，各種の検査および発注者への報告
④ 完成検査と引き渡しへの立ち会い

などである。

工事の進め方
⑧完　成

序・2　鉄筋コンクリート造の特徴

　鉄筋コンクリート（Reinforced Concrete/略してRC）とは，棒鋼を組み立ててつくった鉄筋の周囲にコンクリートを打設し，一体に働くようにしたものをいい，これを柱や梁などの構造上主要な部分に用いた建築物を鉄筋コンクリート造という。

　圧縮応力を主としてコンクリートで，引張応力を鉄筋で受けるという鉄筋コンクリート構造の理論は，19世紀後半ヨーロッパで確立された。そして20世紀にはいり，まだ固まらないコンクリートを型枠に流し込み，自由な形を造るという施工法による鉄筋コンクリート造が，急速に一般に普及したのである。

　日本でも，関東大地震を機に，耐震性・耐火性に優れた鉄筋コンクリート造が，建築・土木の分野で広く用いられるようになった。

1．鉄筋コンクリートの原理

　鉄筋は引張り力には強いが，圧縮力を受けると座屈しやすく，また，熱に弱くて錆やすい。

　一方，コンクリートは，圧縮力には比較的強く，耐火性に優れている反面，引張り力には弱い材料である。しかし，両者はお互いの付着性がよく，また，熱膨張率がほぼ等しいため，一体化してお互いの欠点を補い合った構造をつくることができる。さらに，コンクリートは鉄筋を火熱から守るとともに，アルカリ性であることから錆の発生を防ぐ役割も果たしている。このような原理を利用してつくられるのが，鉄筋コンクリート造である。

ＲＣ造の建築物（Ｔ専門学校）

ＲＣ造の建築物（グランポートＦ）

ＲＣ造の建築物（Ｓビル）

2．鉄筋コンクリート造の種類

RC造を力の処理のしかたによって分けると，主なものとして，軸組構法の柱と梁の接合を剛接合としたラーメン式と，耐力壁を主たる構造要素とした壁式とがある。また，特殊な構造としては，床スラブを直接柱で支え，梁を用いないフラットスラブ構造や，屋根や壁を3次元の折板や曲面版で構成するシェル構造がある。

また，生産方式で分けてみると，現場に組み立てた型枠の中にコンクリートを打設する現場打ちコンクリート造と，現場で組み立てるためのコンクリート部材を，あらかじめ工場で打設するプレキャストコンクリート造とがある。

以上のほかにも，スパンの長い梁等に用いられるPC鋼線を入れたプレストレストコンクリート造，鉄骨材を鉄筋とともにコンクリートに埋め込む中高層建物用の鉄骨鉄筋コンクリート造（SRC造）がある。

また，高強度のコンクリートと高張力強度の鉄筋を用いて，高層建築物をRC造で建設する例も増えてきている（HiRC造）。

ＲＣ造の建築物（M邸）

ＲＣ打放しの建築物（M本社）

3．コンクリート造の留意点

コンクリート造は，鋳型となる型枠を組むことができれば，自由な造形が可能なため，いろいろな形態のものが建築されていて，様々な用途の建築物に採用されている。

しかし，コンクリートはその性状に，ひび割れを起こすことがあるという大きな問題点を抱えている。このひび割れは，美観上仕上げ面を損なうだけでなく，耐久性を低下させることにもなる。外壁面に生じたひび割れが，漏水被害をもたらしている例も少なくない。

ひび割れの種類には，コンクリート硬化中に起きるもの，温度変化による膨張や収縮によるもの，そして地震等の振動により発生するもの

高層RCの建築物（Kマンション）

がある。ひび割れの発生を最小限にするためには，密実なコンクリートを確実に打設するとともに，あらかじめひび割れが予想される箇所を鉄筋で補強し，さらに，ひび割れを特定の場所に集中させるための誘発目地を設置するなどの対策が必要である。

4．打放しコンクリート仕上げ

建築に用いられる鉄筋コンクリートは，構造躯体としては，その上を仕上げ材で覆うのが一般的である。しかし，コンクリート素材の美しさを生かすために，仕上げ材を施さないで生地のまま現すことがあり，それを打放しコンクリート仕上げという。この場合，コンクリート素材の美しさをできるだけ表現するように仕上げるために，コンクリートの色，通りや不陸等の精度，パネルや木コンの割付け，汚れ防止のための表面保護（透明撥水処理塗装等）など，それ相応の施工計画および管理が必要となる。

ＲＣ打放しの建築物（Ｗビル）

序・3　モデル現場（Nマンション）の説明

モデル現場（Nマンション）の完成写真（外観）

本書ではNマンションの施工を実例としてとりあげ，解説を行っている。写真も，原則としてモデル現場で撮影したものを用いたが，図番号に＊印の付いた写真は，他現場の工事におけるものである。

工　事　名　称　　Nマンション新築工事
工　事　場　所　　東京都N区
工　　　　　期　　平成8年4月上旬～平成9年2月末日
建　　築　　主　　N氏
設計・監理者　　株式会社S一級建築士事務所
施　工　会　社　　株式会社S社
施工建物概要
　・建　物　用　途　　共同住宅
　・構　　　　造　　RC造
　・階数・高さ　　地下1階，地上4階，軒高11.815 m，最高高さ13.967 m
　・敷　地　面　積　　879.26 m²
　・建　築　面　積　　511.46 m²
　　　　　　　　　（建ぺい率　58.16%）
　・延　床　面　積　　2,258.65 m²
　　　　　　　　　（容積率　199.79%）
　　　外部仕上げ
　　　　屋根　不燃シングル一文字葺，アスファルト防水＋押えコンクリート
　　　　外壁　二丁掛せっ器質タイル
　　　内部仕上げ
　　　　床　　御影石，大理石，フローリング，カーペット　他
　　　　幅木　御影石，大理石，ビニール幅木，桜練付　他
　　　　壁　　大理石，ビニールクロス，半磁器タイル　他
　　　　天井　ビニールクロス，杉柾練付合板　他

モデル現場完成写真（エントランス）

モデル現場完成写真（エントランス内通路）

モデル現場完成写真（居室部）

14 序・3 モデル現場（Nマンション）の説明

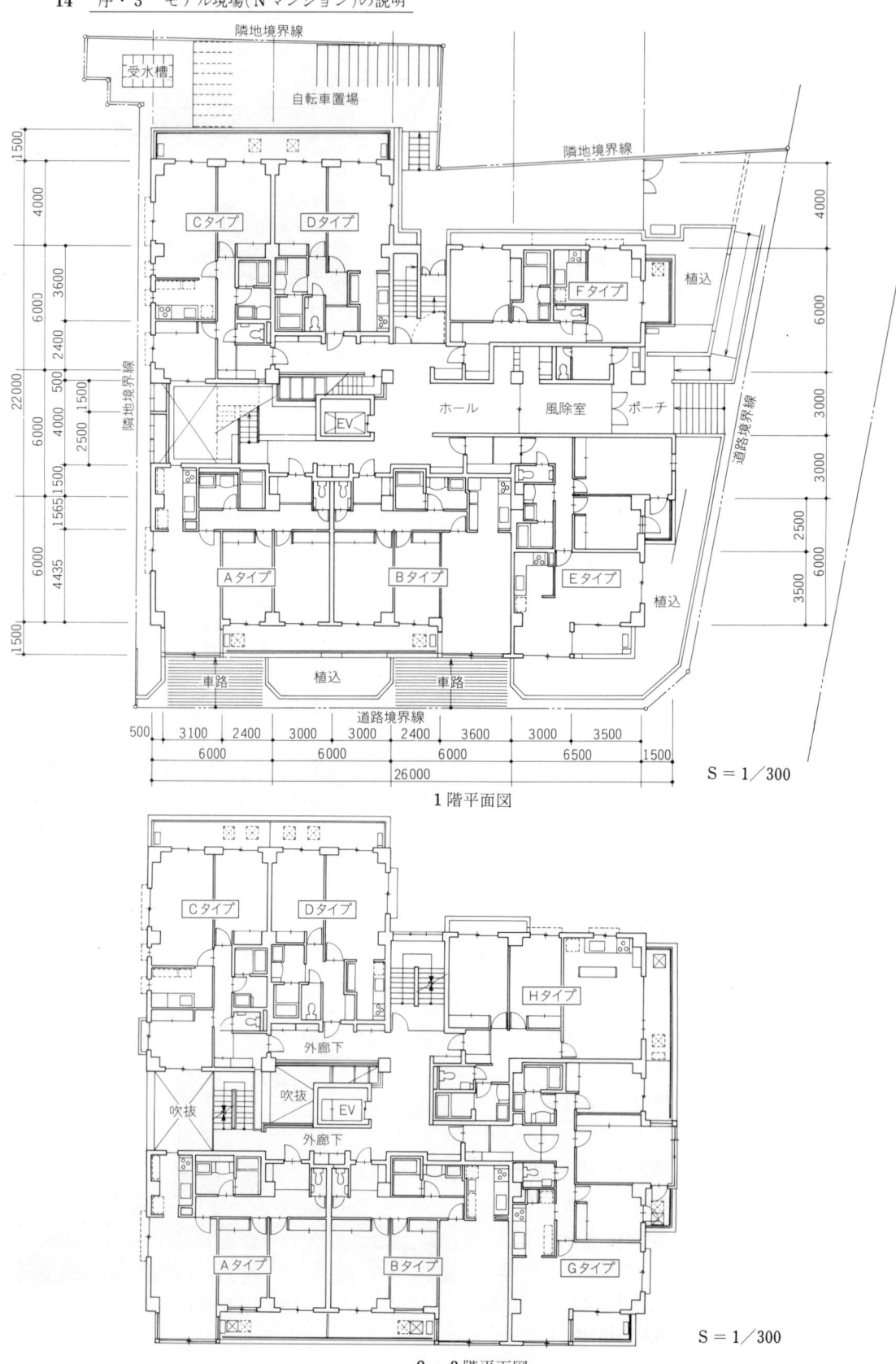

1階平面図   S＝1/300

2，3階平面図   S＝1/300

序・3 モデル現場(Nマンション)の説明 **15**

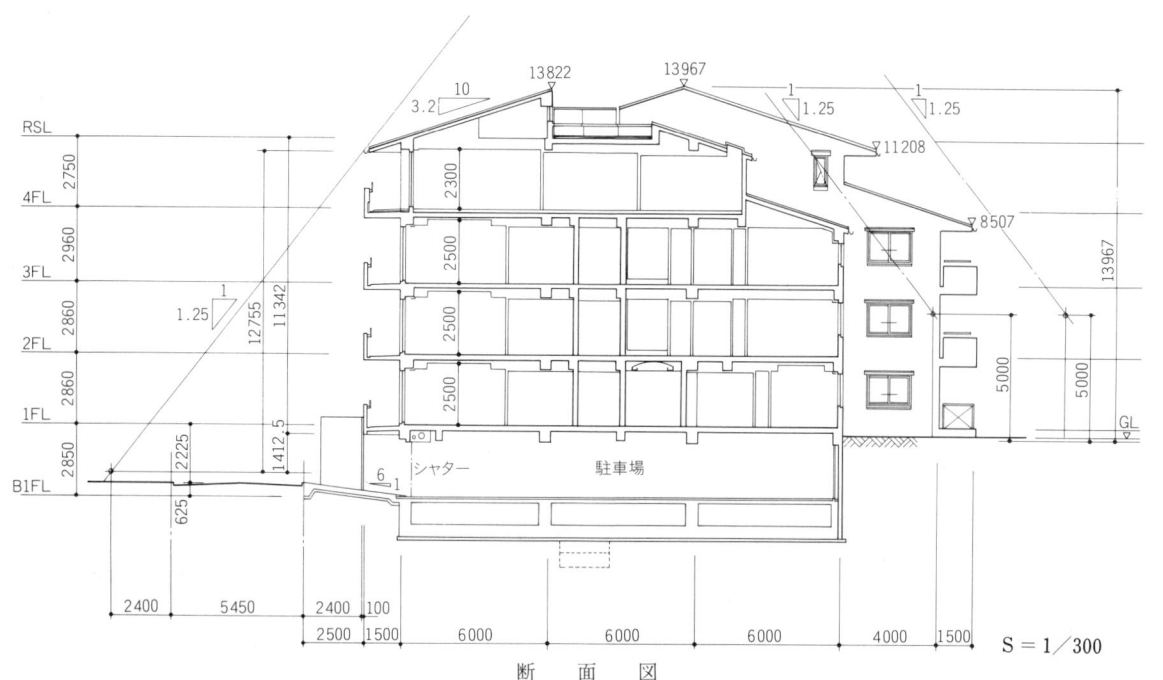

立 面 図

断 面 図

S=1/300

16 序・3 モデル現場（Nマンション）の説明

X1通り軸組図　　　　　　　　　X2通り軸組図

X 通 り 軸 組 図

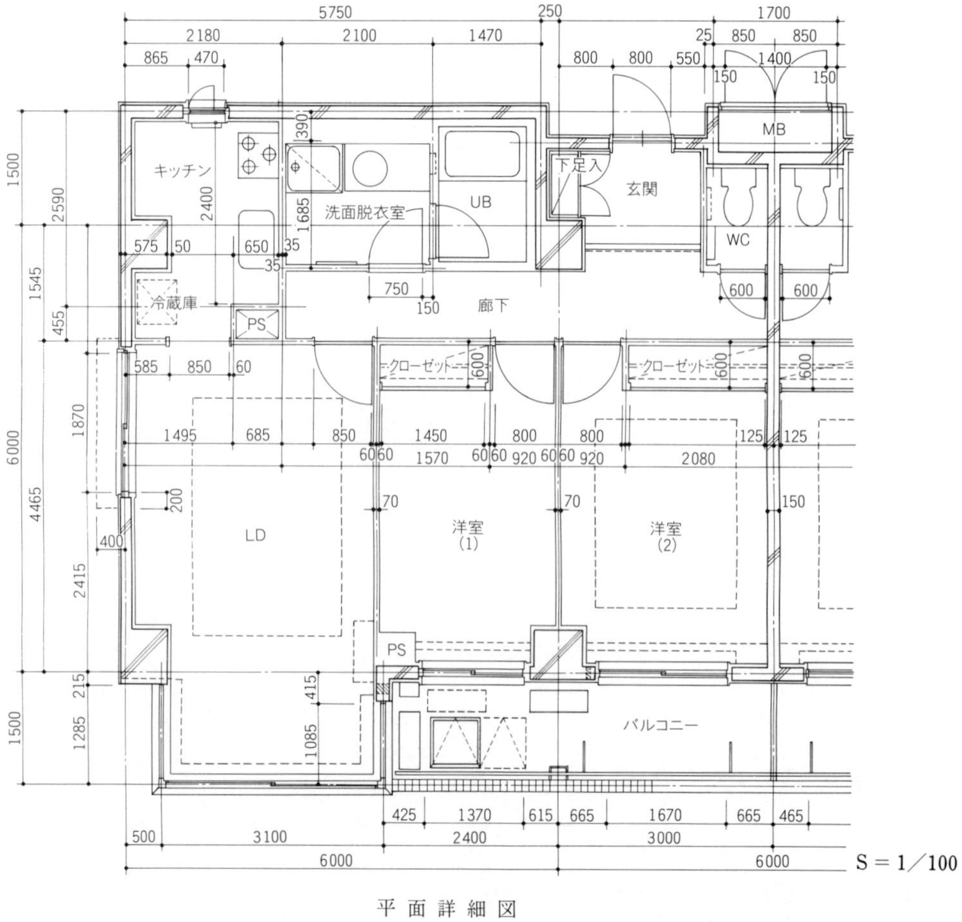

平 面 詳 細 図

序・3 モデル現場（Nマンション）の説明　17

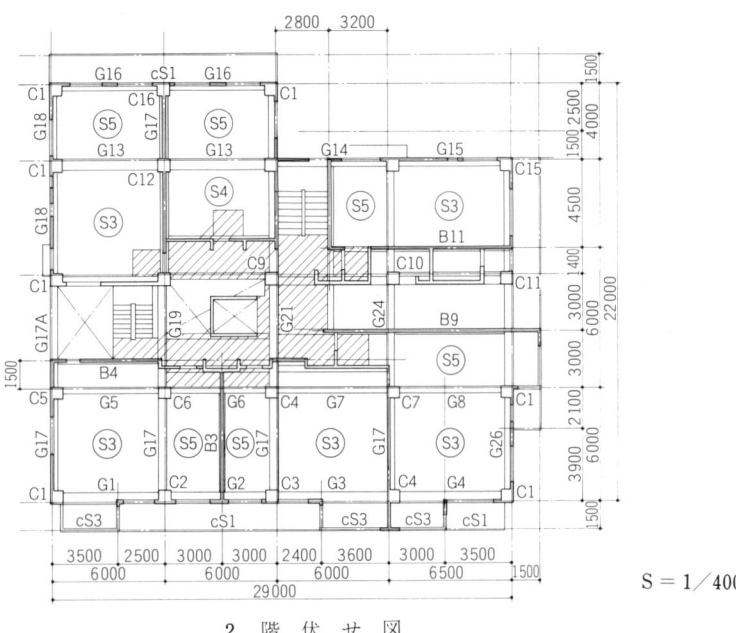

2 階伏せ図　　S＝1/400

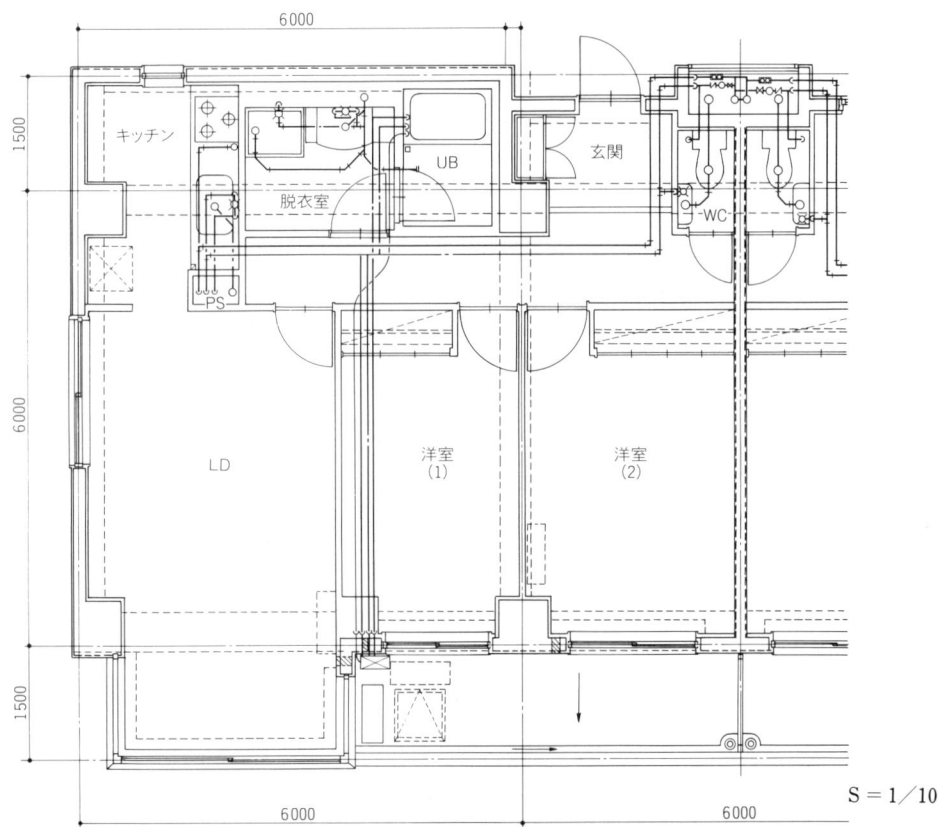

給排水・衛生設備図　　S＝1/100

18 序・3 モデル現場（Nマンション）の説明

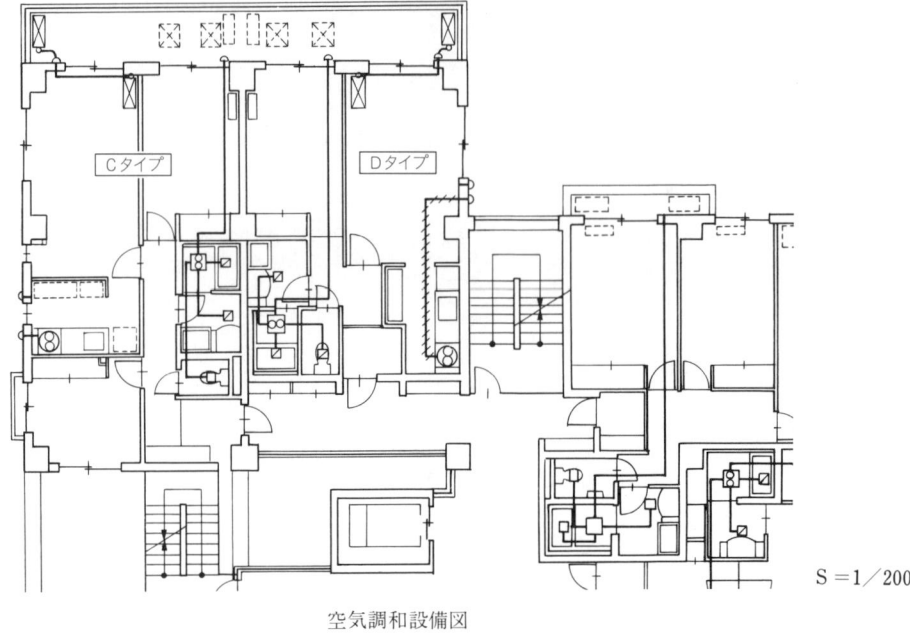

空気調和設備図　　S＝1/200

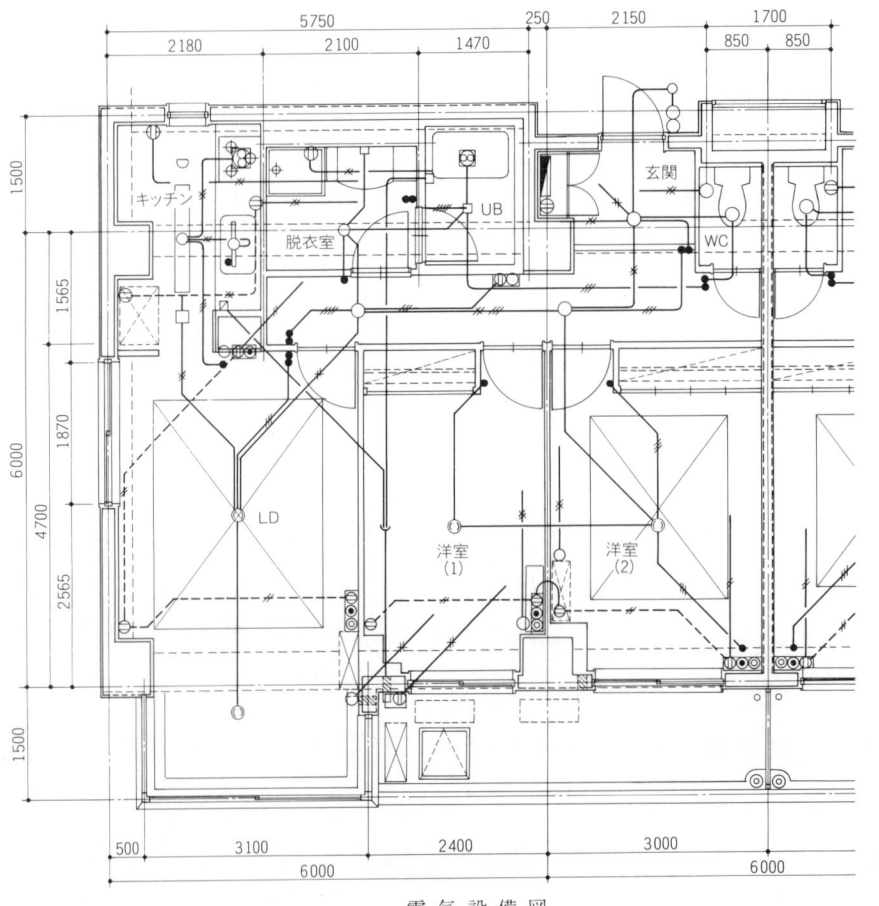

電気設備図　　S＝1/100

序・3 モデル現場（Nマンション）の説明

特記：幅止め筋は D10-@1000 程度とする

記号	FG1		FG2	FG3	
位置	X1端・中央	X2端	全長	両端	中央
断面					
b×D	500×1,500		500×1,500	500×1,500	
上端筋	5-D25	5-D25	4-D25	5-D25	5-D25
下端筋	5-D25	7-D25	4-D25	7-D25	5-D25
STP	□-D13-@200		□-D13-@200	□-D13-@200	
腹筋	6-D10		6-D10	6-D10	

記号	FG7(FG9)		FG8		
位置	全長	Y1・Y3端	中央	Y2端	
断面					
b×D	400×1,500		400×1,500		
上端筋	4-D25	4-D25	4-D25	4-D25	
下端筋	4-D25	4-D25	4-D25	6-D25	
STP	□-D13-@200	□-D13-@100	□-D13-@200	□-D13-@100	
腹筋	6-D10		6-D10		

基礎梁リスト（一部分）

FS1
長辺方向／短辺方向
上端：D13, 16-150◎／D13, 16-200◎
下端：D13, 16-200◎／D16-200◎（補強 D16-150◎）

FS2
長辺方向／短辺方向
上端：D13, 16-100◎／D13, 16-150◎
下端：D13, 16-150◎／D16-100◎（補強 D16-100◎）

FS3
長辺方向／短辺方向
上端：D13-200◎／D13-200◎
下端：D13-200◎／D13-200◎

耐圧版リスト（一部分）

特記：幅止め筋は D10-@1000 程度とする

記号	FB1			FB1A		FB2	FCG1
位置	Y1,Y4端	中央	Y2,Y3端	両端	中央	全長	全長
断面							
b×D	450×1,500			450×1,500		350×1,500	350×1,500
上端筋	4-D22	7-D22	4-D22	4-D22	7-D22	3-D22	3-D25
下端筋	5-D22	7-D22	9-D22	9-D22	7-D22	3-D22	3-D25
STP	□-D10-@150			□-D10-@150		□-D10-@200	□-D10-@200
腹筋	6-D10			6-D10		6-D10	6-D10

基礎小梁・片持ち梁リスト

階					
2階 断面					
B×D	650×650	650×650	650×650	650×650	650×650
主筋	12-D22	12-D22	12-D22	12-D22	12-D22
フープ	□-D13-100◎	□-D13-100◎	╫-D13-100◎	╫-D13-100◎	╫-D13-100◎
1階 断面					
B×D	650×650	650×650	650×650	650×650	650×650
主筋	12-D22	12-D22	12-D22	12-D22	12-D22
フープ	□-D13-100◎	╫-D13-100◎	╫-D13-100◎	╫-D13-100◎	╫-D13-100◎
B1階 断面					
B×D	650×650	650×650	650×650	650×650	650×650
主筋	12-D22	12-D22	18-D22	12-D22	12-D22
フープ	□-D13-100◎	╫-D13-100◎	╫-D13-100◎	╫-D13-100◎	□-D13-100◎

Y方向／X方向

柱断面リスト（一部分）

序・3　モデル現場（Nマンション）の説明

大梁断面リスト（一部分）

小梁・片持ち梁リスト（一部分）

（×印は当該現場で使用しなかったことを示す）

壁断面リスト

特記仕様書（一部分）

外部仕上表

内部仕上表（一部分）

着工準備

1・1	概　説	24
1・2	契約図書および着工時関連書類の確認	24
1・3	現地調査	24
1・4	着工前の諸手続	26
1・5	施工計画	28
1・6	実行予算と発注	33

1・1 概　　　　説

建築主（発注者）と請負者（施工者）との間に工事請負契約が締結されると，請負者は速やかに施工業務を担当する作業所長以下の担当係員を選任し，現場管理組織を編成して，着工準備にとりかかる。現場の組織は，工事規模，施工会社の形態によって異なるが，モデル現場では，次のような組織となる。

```
            ┌─工事担当者……施工計画，協力会社
            │             管理，安全衛生など
作業所長 ───┼─設備工事担当者
            └─事務担当者……庶務，経理など
```

作業所長は企業より相当の権限を与えられ，自主性を発揮して，品質，利益，工程および安全の管理を行い，現場を運営する。

これに対し，本支店の関連部署は，主要資材の調達あるいは技術関連部署からの支援等の助力，助言を行い，会社の総力を発揮する体制をとる。

現場においては，作業所長のもとで各工事担当社員が，各種の専門業者を管理する業務を分担し，協力会社自体もまた自主管理に留意し，責任ある施工が遂行できる体制をとり，両者一体となって工事を運営する。

1・2 契約図書および着工時関連書類の確認

施工の準備を進めるにあたり，まず行うことは，設計内容および契約条件の把握である。契約書に添付されている設計図書（設計図，見積要項，質疑応答書，特記仕様書など）から工事内容を把握し，建築確認申請書（副本）によって必要提出書類，届出など許可条件を確認する。また，見積書，元見積書（施工会社内部見積原価資料）から，仮設計画概要，工事経費，見積協力会社を確認する。

地盤調査報告書からは，次に行う現地調査に先立ち，地盤の状態を知る。

1・3 現　地　調　査

設計図書の内容を理解するとともに，工事がどのような制約条件のもとに行われるかを確認するために，現地調査を行う。

1．敷地周辺現状調査

敷地周辺の条件は，施工計画にとって大きな制約となるので，十分な調査を行う。

(1) 取付道路形態調査

歩道，車道の幅員や形状，交通制限，道路管理者，電柱，交通標識等を調査する。また，機材・資材の搬出入に，ガードレールなどの工作物が邪魔しないか，電柱，交通標識等の調査をする。

(2) 取付道路埋設物調査

道路の下には各種の配管（ガス，水道，下水，電力線，電話線等）が埋設されており，工事の影響により不具合が発生する場合があるので，位置や形状を調査する。モデル現場における例を図1・1に示す。

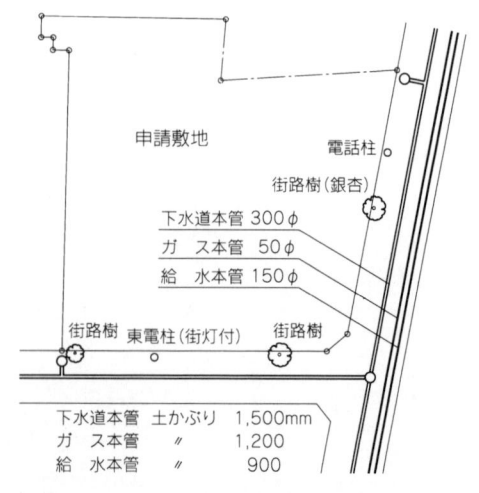

図1・1　敷地回り埋設物ほか現況図

(3) 架空線の調査

高圧電線, 電話線, 有線などを確認し, 保護および養生方法を検討する。

(4) その他の調査

取付道路の交通量, 幹線道路への経路, 学校・スクールゾーンの有無, 病院, 商店, 歩行者天国等の工事計画に影響を与えるものを調査する。

2. 敷地内現状調査

設計図には敷地の形状や面積が記載されているが, 往々にして現状とは異なる場合がある。

(1) 敷地境界線の確認

道路との境界線, 隣地との境界線を確認する。敷地に関するトラブルを防ぐため, 発注者, 隣地所有者, 道路管理者などの立会いのうえで敷地境界を確認する。標識, 境界石等の境界を表すポイントを撮影し（図1・2）, 工事中に動いたりしないように保護するか, 引照点を工事の影響のないところへ移し, 図面化する。

図1・2 境 界 石

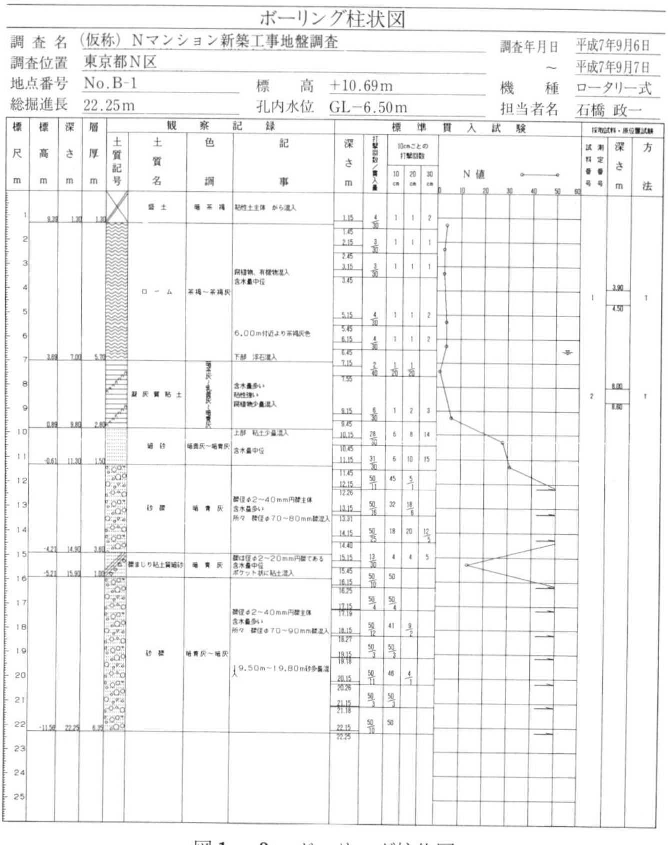

図1・3 ボーリング柱状図

(2) 敷地の形状，高低等の調査

敷地を実測して，敷地の形状，寸法，高低，方位などを調べ上げ，建物の配置や基準の高さ（ベンチマーク）を決定する資料とする。

(3) 敷地内障害物

敷地内の既存建物や工作物，樹木および埋設物の調査を行い，撤去方法を検討する。

3．地盤の調査

地盤の調査は，一般には設計段階で行われているが，既存建物があるため調査ができず，付近のデータを参考に設計される場合もある。地盤調査報告書からは，基礎工事において条件となる支持地盤の状態のほか，地下水位，掘削地盤の状態がわかり，杭・山留め工事などの施工計画に重要な資料となる（図1・3）。

4．近隣状況の把握

工事施工にともない，第三者傷害や近隣問題を発生させないよう，着工前に十分近隣の状況を把握する。近隣説明資料を見直すとともに，近隣協定書を結んでいればその内容を把握し，施工計画に反映する。また，着工前に，工事による影響の出そうな近隣の建物や工作物の調査を行う（図1・4，5）。

図1・4　近隣調査(1)

図1・5　近隣調査(2)

1・4　着工前の諸手続

1．着工前の報告・届出

諸手続は，現場を円滑に運営していくうえで欠かすことができないものであり，法的手続の中には書類を提出してから許可が下りるまで日数のかかるものがあるので注意を要する。設計図書を早く読み取り，日数のかかる申請を速やかに提出し，手続を軌道に乗せることが大切である。一般的な法的手続には表1・1のようなものがある。ほかに社内手続がある（図1・6）。

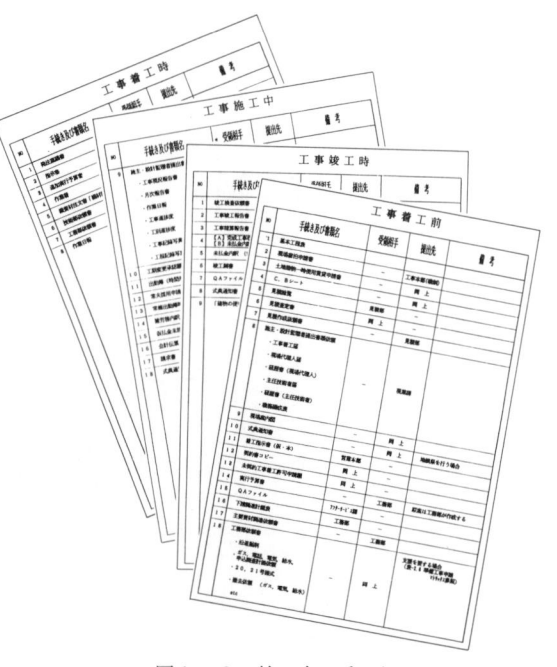

図1・6　社　内　手　続

表1・1　法的手続

提出書類名	提出先	期限
A　建築基準法，その他		
道路境界査定額	都道府県庁	建物位置確定の2,3か月前
建築確認申請書	公官庁の建築主事(建築課) 指定確認検査機関(民間)	着工の2か月前
建築工事届	同　上	
建築計画の事前公開	都扱(延床面積5,000m²以上) —東京都建築紛争調整室 市区扱(延床面積5,000m²未満) —建築課相隣	都扱—設置日を含めて7日以内 市区扱—すみやかに(5日以内の所あり)
建築工事施工者届	市,区および都の建築主事(建築課)	着工の4,5日前
建設リサイクル法に関する工事届出書	都道府県または特定行政庁	着工日の7日前
工事用仮設建物概要報告書	同　上	使用開始7日前
沿道および道路掘削願	道路管理者	作業開始15~30日前
道路占用許可申請書	同　上	国道・都道・区道—いずれも1か月前
道路使用許可申請書	警察署	使用7日程度前
建築工事施工計画報告書	都扱—東京都都市計画局建築指導部 市区扱—建築課	着工前
特定建設作業実施届	市区町村環境部公害課	作業開始の1週間前
工事完了届	市,区および都の建築主事(建築課)	施工15日前くらいから検査日を打ち合わせる
B　労働基準法，労働安全衛生法，労働者災害補償保険法関係		
適用事業報告書	労働基準監督署長	着工後遅滞なく
時間外労働・休日労働に関する協定届	同　上	事前に
就業規則届	労働基準監督署長	着工後遅滞なく
労働保険関係成立届	同　上	保険関係成立日から10日以内
特定元方事業者の事業開始報告(総括安全衛生責任者選任報告)(元方安全衛生管理者選任報告)	同　上	着工後遅滞なく
建設工事計画届	同　上	着工14日前
機械等設置・移転変更届	同　上	作業開始30日前
クレーンデリックエレベーター建設用リフト設置届	同　上	設置工事30日前
少量危険物の貯蔵取扱届出書	消防署	設置7日前
消防用設備等着工届出書	同　上	着工10日前まで
C　電気，上水道・下水道，ガス関係		
保安規定届出書	当該地区の産業保安監督部	
主任技術者選任届	同　上	受電の1~3か月前
電灯使用申込書	電力会社	着工時打合せ
電力使用申込書	同　上	同　上
自家用電気使用申込書	同　上	同　上
水道(新設,改造,増設)工事申込書	水道局	着工前
排水設備計画(新設,増設,改築)確認申請書	下水道局	同　上
ガス(新設,増設,改築)工事申込書	ガス会社	同　上

2．祭　事

工事における祭事には，敷地の神を鎮め，工事の安全を祈念するために執り行われる地鎮祭（起工式）と，コンクリート造の建物であれば最上階のコンクリートが打ち上がったとき行われる上棟式，そして，完成時点の竣工式等がある。

祭事は，一般には神式で行われることが多く，大安等の良い日を選び，地元の神社に依頼して執り行う（図1・7）。

図1・7　地　鎮　祭

1・5 施工計画

1．工法の選択

　設計図書や現地調査によって，工事内容を把握し，制約条件を確認したうえで，品質の確保，工期の遵守，作業の安全確保，公害の低減，第三者災害の防止等を考慮し，工法を選択して施工計画を立てる。狭い敷地に大きな機械を入れて施工すると，品質や工期にはメリットがあるが，近隣とのトラブルの原因となり，工事がストップすることもある。またその逆に，広い敷地であるのに小型の機械で施工すれば，工期がかかりすぎて不経済となる。工法の選択の良否は，工事全般にわたって大きな影響を与える。

2．基本施工計画書の作成

　品質管理の方針，利益目標，工期目標，安全衛生目標等，施工管理の基本事項である目標や方針を明確にし，その実現のための手段として基本施工計画書を作成する。
　ここで，ISO 9001，14000を取得している事業体においては，そのマニュアル等に基づいて，計画書および施工記録が作成される。

3．基本施工計画書の記入内容

　基本施工計画書の記入内容には，次のようなものがある（図1・8）。

(1) 工事総括表
　工事場所，施主，設計者，工事金額，工期，社員配置等を記載する。施工会社によって名称が異なる。

(2) 受注までの活動内容
　施主ニーズの伝達と設計主旨，受注経緯，当該工事の特徴，申し送り事項等を記載する。

(3) 建物概要
　規模，用途，基礎，躯体，仕上げ，設備の概要等を記載する。

(4) 重点管理計画
　施工上の問題点を拾い出し，その難易度を把握するとともに，対応方針を記載する。また，品質，利益，工期，安全の各項目ごとに，重点管理項目を明確にする。

(5) 工程表
　総合工程表を作成し，コンクリート打設日，鉄骨建方日，受電日等の工程上のチェックポイントおよび工場製作物に関わるスケジュールを記載する。

(6) 安全管理計画書
　全工期にわたる災害防止のための実施項目，安全施工サイクル，工程期間ごとの予想される災害とその対策などについて記載する。

(7) 設計図書の検討結果
　設計図書に関し，施工上の留意点の検討結果を記載する。

4．施工準備会

　基本施工計画書を基に，施主のニーズを具体化するための施工準備会を，作業所と社内の関係部署が共同で開催する。施工管理上重要な問

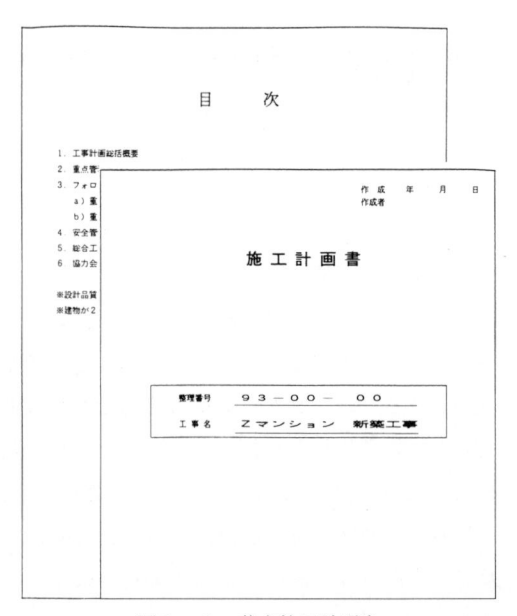

図1・8　基本施工計画書

題点を早期に摘出し，その解決への方向づけを行うとともに，関係部署による指導支援の方針を決定する。

5．工種別施工計画書

工種ごとに，材料，工法，品質管理などを具体的に定めた施工計画書が作成され，それに基づき，施工計画図を作成する。施工図等の作成を外注する場合は，そのチェック・承認等も重要な業務となる。

6．施工計画図

施工計画図として，次のようなものを作成する。

(1) 仮設計画図
　① 総合仮設計画図〈搬入路，仮囲いおよびゲート，仮設建物，電気設備，用水設備，産業廃棄物置場等〉
　② 足場計画図
　③ 揚重計画図

(2) 杭，地下工事計画図
　① 杭地業工事計画図
　② 根切り工事計画図
　③ 山留め工事計画図
　④ 乗入れ構台計画図

(3) 躯体工事計画図
　① 躯体図（コンクリート寸法図）
　② 型枠工事計画図
　③ 鉄筋工事計画図

図1・9　重点管理項目

④ コンクリート工事計画図
⑤ 鉄骨工事計画図
⑥ その他
(4) 内外装仕上げ工事計画図
(5) 設備工事計画図
(6) その他工事計画図

7．工程計画

工程計画は，施工計画の中でも最も重要な項目の一つである。施主からの指定工期と，適正な標準工期とがあるが，適切な工程を組むにあたっては，適正な価格で所定の品質を確保し，しかも充実した安全管理を行えるよう，施工方法の選定，労働力や機械の効果的な投入，機資材の調達時期，作業時間等に関して総合的な検討が必要である。

[工程表の種類]

工程計画に関する図や表には，様々なものがあるが，工事の施工順序を時間的な流れで示した工程表が一般的であり，下記のような種類がある。

(1) 管理区分による工程表の種類

総合工程表　　工事全体について，着工から竣工までの主要工事を主体に表し，工場製作物（鉄骨，PC版，金属建具，石，タイル他）などの，承認から現場搬入まで日数のかかるものを工程に組み込む（図1・10）。

① 工種別工程表　　工種を限定した工程表
② 部位別工程表　　建物のある部位に絞って表す工程表（主として仕上げ工事に用いられる）
③ 短期工程表　　月間工程表，週間工程表など。図1・12に月間工程表を示す。

(2) 表記法による工程表の種類

① 棒工程表　　横線式工程表やバーチャートとも呼ばれる。見やすくわかりやすいが，作業の相互関連がわかりにくい。

② ネットワーク式工程表　　作業の流れと工期を網目状の図で表すもので，作業の前後関係とそれによる余裕度がわかる。

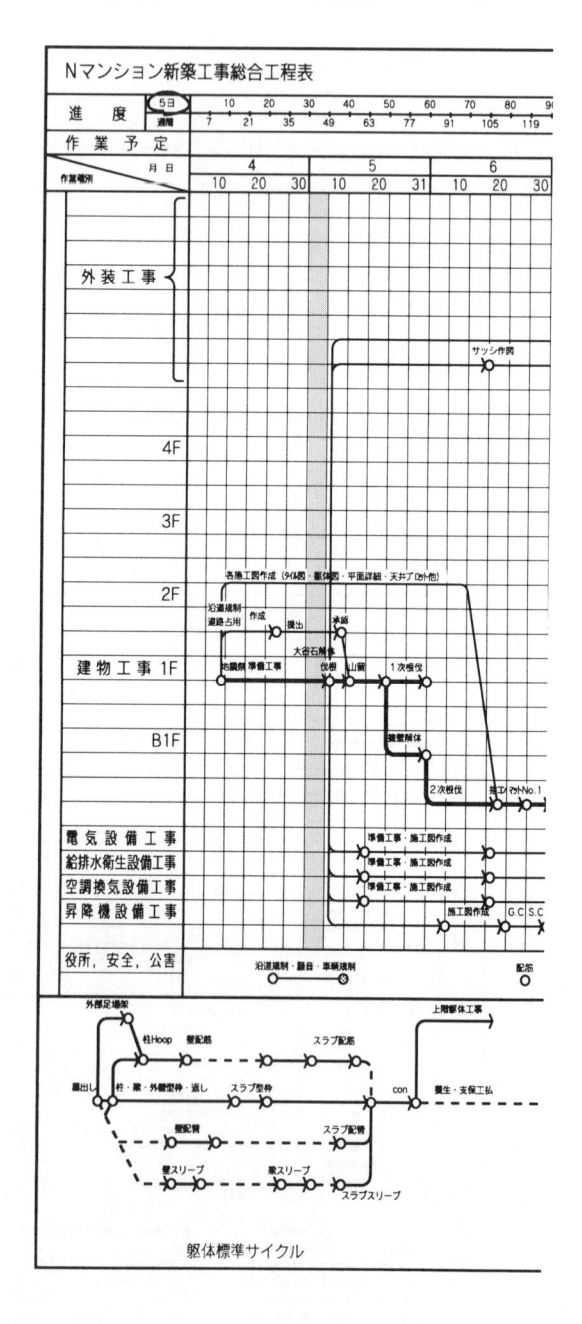

1・5 施工計画　31

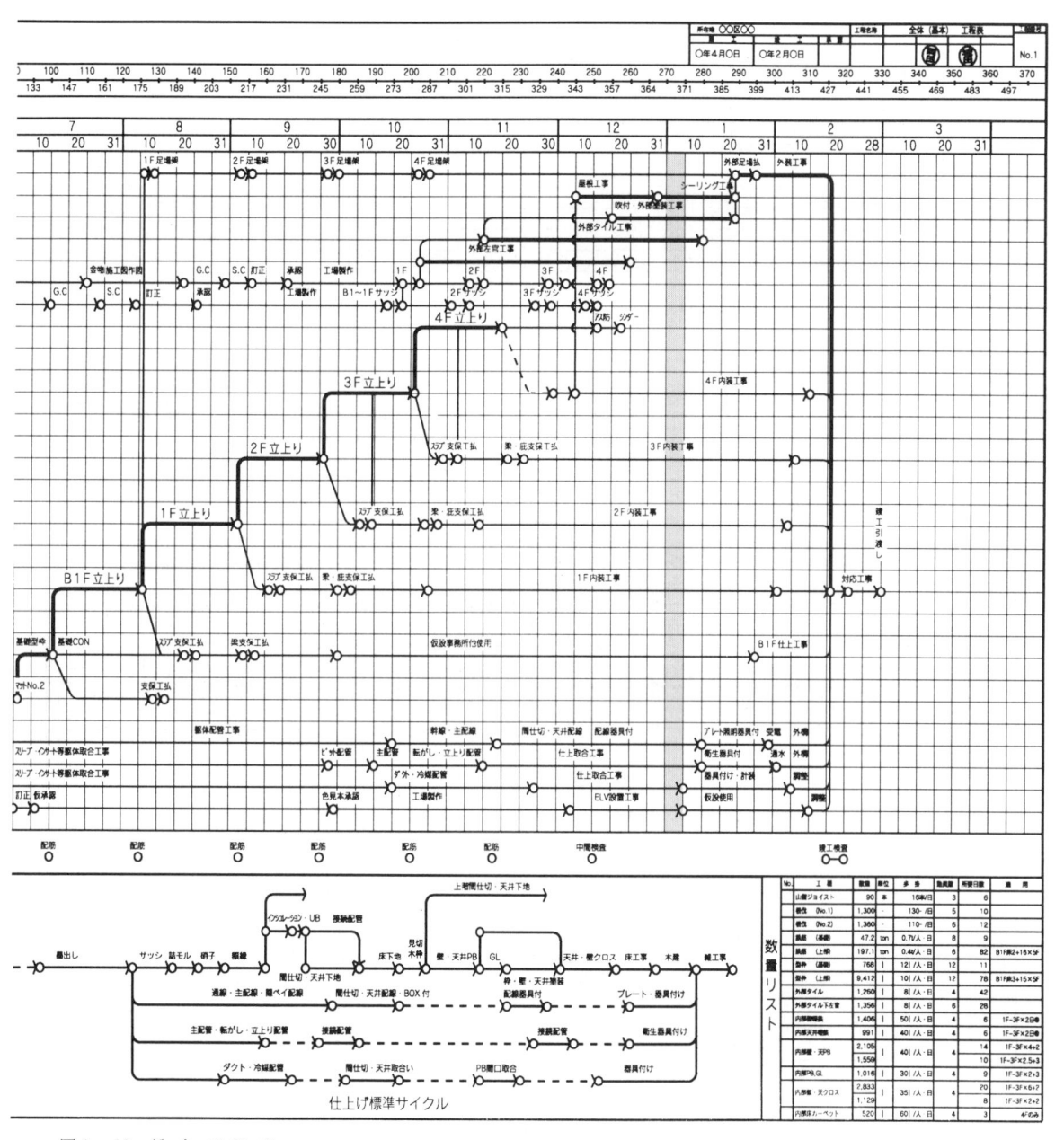

図1・10　総合工程表

32　第1章　着工準備

	No.	工種	数量	単位	歩掛	動員数	所要日数	適用
数量リスト		山留ジョイスト	90	本	16本/日	3	6	
		根伐(No.1)	1,300	m³	130m³/日	5	10	
		根伐(No.2)	1,360	m³	110m³/日	6	12	
		鉄筋(基礎)	47.2	ton	0.7t/人・日	8	9	
		鉄筋(上部)	197.1	ton	0.4t/人・日	6	82	B1F床2+16×5F
		型枠(基礎)	768	m²	12m²/人・日	12	11	
		型枠(上部)	9,412	m²	10m²/人・日	12	78	B1F床3+15×5F
		外部タイル	1,260	m²	8m²/人・日	4	42	
		外部タイル下左官	1,356	m²	8m²/人・日	6	28	
		内部壁軽鉄	1,406	m²	50m²/人・日	4	6	1F~3F×2日@
		内部天井軽鉄	991	m²	40m²/人・日	4	6	1F~3F×2日@
		内部壁・天PB	2,105	m²	40m²/人・日	4	14	1F~3F×4+2
			1,559				10	1F~3F×2.5+3
		内部PB,GL	1,016	m²	30m²/人・日	4	9	1F~3F×2+3
		内部壁・天クロス	2,833	m²	35m²/人・日	4	20	1F~3F×6+2
			1,129				8	1F~3F×2+2
		内部床カーペット	520	m²	60m²/人・日	4	3	4Fのみ

図1・11　数量リスト

[数量リスト]

　工程表を作成するにあたり，各工種の数量を拾い出し，歩掛りと工事規模に応じた動員数より所要日数を算出する。

　このリストは，全体工程表の一部に書き込まれる。

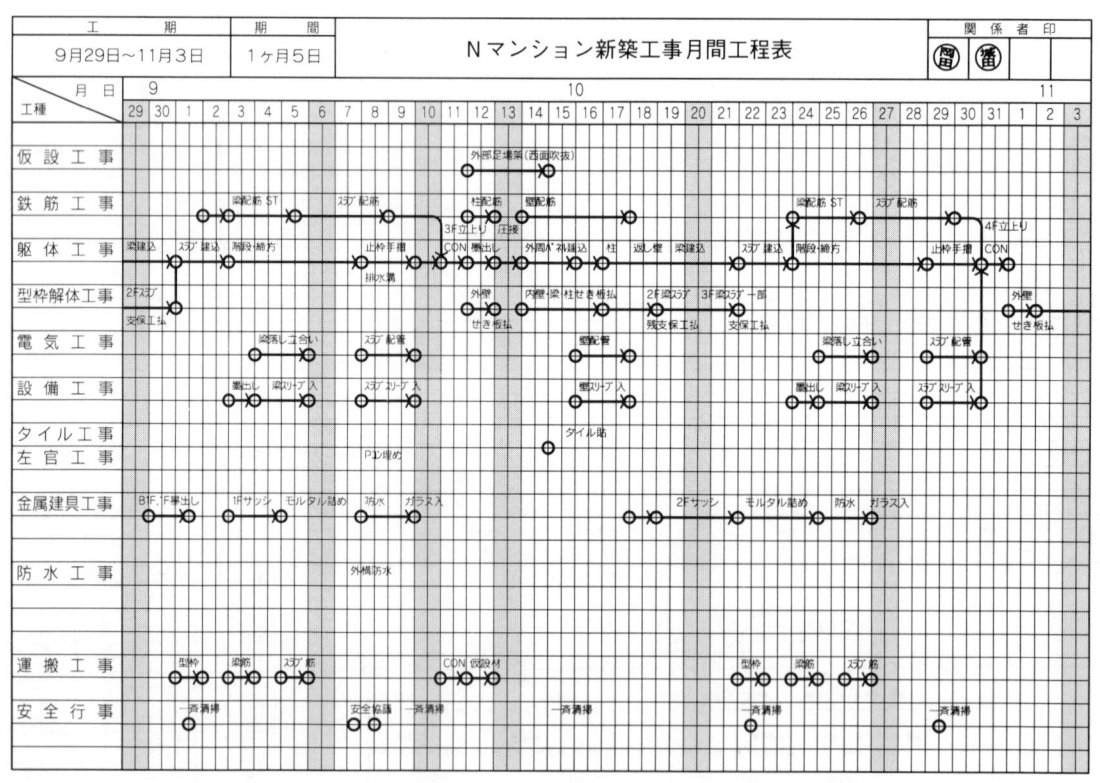

図1・12　月間工程表

8．定例打合せ

工事を進めるにあたり，施主を交えた総合定例打合せ（施主定例）と，設計者との定例打合せの日程を，第1回目の打合せで決める。それぞれの打合せは，竣工まで続く重要な会議体である。通常，施主定例は月に1度，定例打合せは週に1度行われる。

施主定例打合せでは，1か月間の工程や，主な出来事が報告され，次月の予定および施主からの要望等が話される。それぞれの定例打合せにおいては，その内容を記した議事録が重要な意味をもつため，会議の終わりに，出席者が内容確認のサインをする。

定例会議の議事録とは別に，月に1度，月例の報告書（工事報告書，監理報告書）を，設計監理者を通じて施主に提出する。内容は，その月の工事報告，行事報告，問題点，次月の予定，工事出来高，工事写真等である（図1・13）。

1・6 実行予算と発注

施工業者は一つの企業である以上，企業を維持発展させていくためには，厳密な原価管理のもとに，必要かつ妥当な利潤を上げることが重要である。

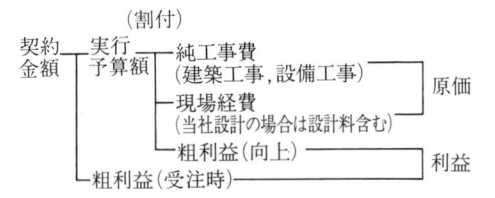

```
                （割付）
契約  実行  ┌純工事費
金額  予算額 │（建築工事，設備工事） ┐
           ├現場経費              ├原価
           │（当社設計の場合は設計料含む）┘
           └粗利益（向上）──────┐
      └粗利益（受注時）              ├利益
                                  ┘
```

1．実行予算の作成
(1) 元見積と実行予算の相違

元見積とは，工事受注前に事前に原価計算を行って，いくらで入札すべきか，いくらの利益が見込めるかの判断資料とするものである。

これに対して，実行予算は，定まった請負金から必要な利益と経費を差し引いて，各工事項

図1・13 監理報告書の例

目ごとに割り付けていくものであり，原価管理の計画書である。

(2) **施工計画の把握**

元見積段階では，時間的な余裕がないことが多く，不明確な部分も残されている。設計図書の詳細についても十分な検討がされないまま，元見積が作成されていることもある。したがって，実行予算編成にあたっては，これらの不明点を明らかにし，工法，施工手順の検討を行うことによって，より正確な数量を算出する。

(3) **実行予算の構成と内容**

(a) 実行予算の構成

実行予算は，一般には図1・14に示すような項目で構成されている。

(b) 実行予算の内容

図1・15に実行予算の標準的な様式と内容の例を示す。

(4) **実行予算作成上の注意事項**

実行予算の作成にあたっては，次のような点に留意する。

① 原則として，下請発注契約単位に編成する。

② 元見積作成時点の図書，質疑応答の内容を十分に把握する。

③ 工事計画の再検討により，価格の適正化を図る。

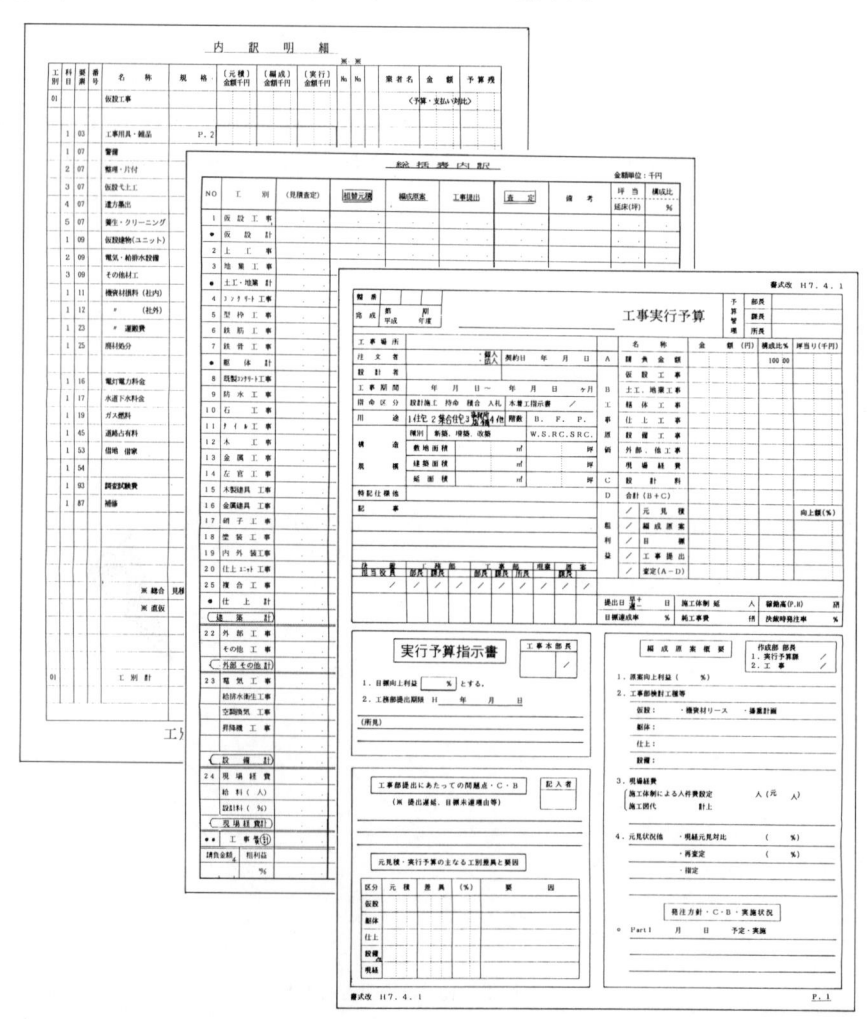

図1・14 実行予算の内容

④ 元見積書を基盤として、工事項目ごとに内容を照合検討し、計上漏れをチェックする。

2．協力会社の選定

協力会社は、受注した工事を施工するうえで欠くことのできないパートナーである。その選定にあたっては、本支店の関連部署と十分な連携をとる。

(1) 下請調達計画表

元見積書（または実行予算書）と工程計画に基づいて、下請調達計画表を作成し、調達の金額、日程計画を決定する。

(2) 本支店での調達と作業所での調達

主要資材（生コン、鉄筋、鉄骨等）と工事の準備段階で選定調達を必要とする工種（杭、山留め、構台およびそれらの工事施工会社等）については、本支店の購買部門で調達が行われることが多い。その他は、作業所における選定調達となる（ただし、以上の区分は施工会社により様々である）。

	工 別				
0	総合仮設工事	8	既製コンクリート工事	22	外 部 工 事
1	直接仮設工事	9	防 水 工 事	22	解体撤去工事
・	仮 設 計	10	石 工 事	・	外 部 他 計
		11	タイル工事		
2	土 工 事	12	木 工 事	23	電 気 工 事
3	地 業 工 事	13	金 属 工 事	23	給排水衛生工事
・	土工，地業計	14	左 官 工 事	23	空調換気工事
		15	木製建具工事	23	昇降機工事
4	コンクリート工事	16	金属建具工事	・	設 備 計
5	型 枠 工 事	17	硝 子 工 事		
6	鉄 筋 工 事	18	塗 装 工 事	24	現 場 経 費
7	鉄 骨 工 事	19	内外装工事	24	給料（ 人）
・	躯 体 計	20	仕上ユニット工事	24	運 営 費
		21	カーテンウォール工事	24	設計料（ ％）
		・	仕 上 計	・	現場経費計
				・	工 事 費 計
	建 築 計			粗利益	

図1・15　実行予算の構成

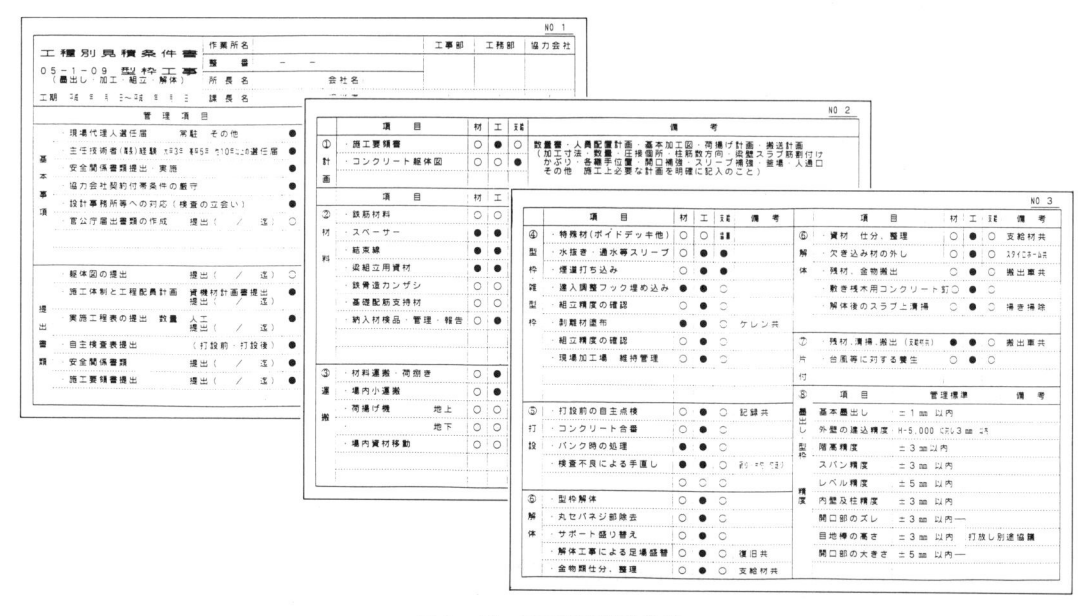

図1・16　工種別見積条件書

3. 発　注

発注は，下請調達計画表の日程に従って，適正な時期に行わなくてはならない。

各下請工事について，工期または納期や特別な条件，搬入条件，工事条件等を示す工種別見積条件書を作成する（図1・16）。数量書，工種別見積条件書，設計図書を示して見積を依頼し，所定の期日までに見積を提出させる。

協力会社の選定にあたっては，価格，能力，手持ち工事の状況等を考慮し，折衝する。

最も適切な協力会社を調達先に選定したうえで，発注稟議書を作成し，本支店の承認を得る。承認に基づいて注文書が発行され，協力会社より注文請書が提出されて，工事下請負契約が締結される（図1・17）。

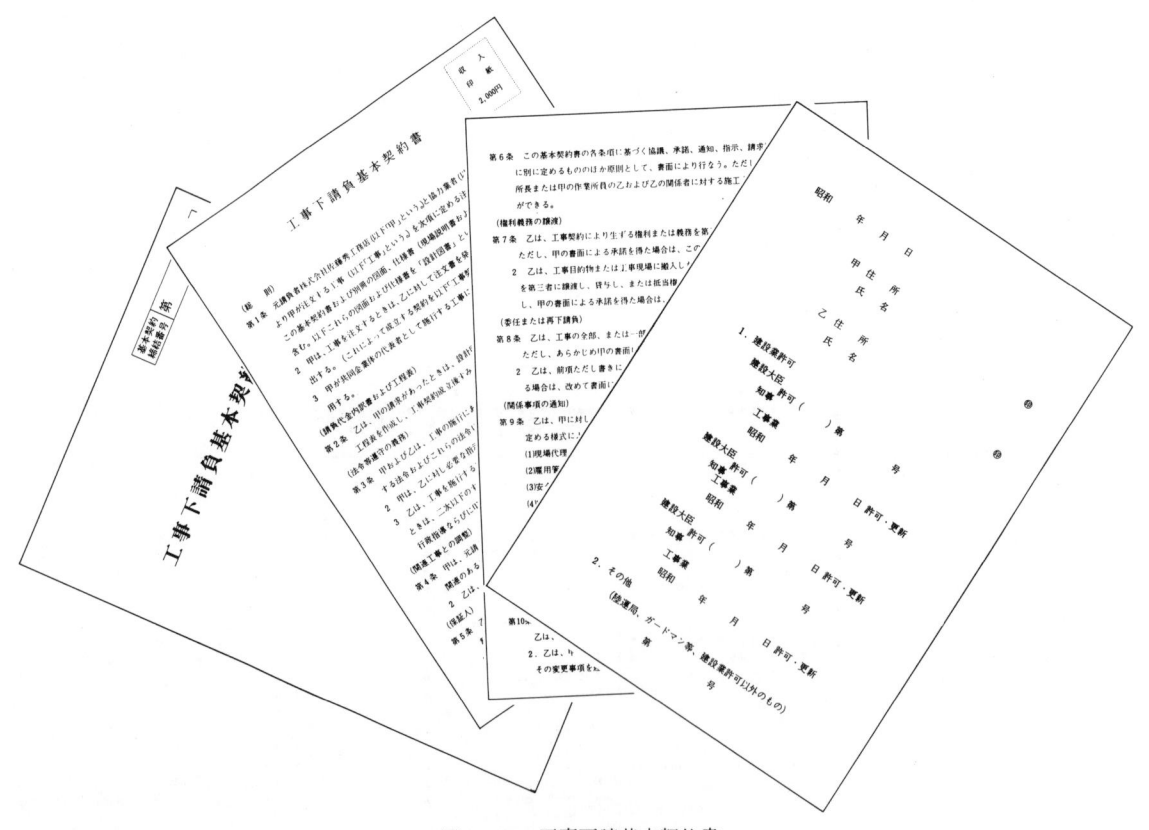

図1・17　工事下請基本契約書

第2章

仮設工事・準備工事

2・1 概　　説　　　　　　　　　38

2・2 共通仮設工事　　　　　　　39

2・3 直接仮設工事　　　　　　　42

2・4 準 備 工 事　　　　　　　44

2・1　概　　説

　仮設工事とは，建築物本体を完成させるために必要な工事用の施設・設備・機械・資材等の仮設物を施工に先立って設置し，完了後にこれらを解体・撤去する工事である。

　仮設工事の計画は，施工者の責任において行われる。この計画の良否は，建築物の品質を左右するだけでなく，工事の効率や安全性に大きな影響を与える。また，仮設は完成建築物の部分になるものではないため，特に経済的に計画すべきである。

　仮設工事は，いくつかの工種別に共通して使用される工事用機械類や工事の進行および管理・監理に必要な施設等からなる共通仮設工事と，特定の工種別のために必要な直接仮設工事とに分類される。それぞれの主な内容は次に示すとおりである。

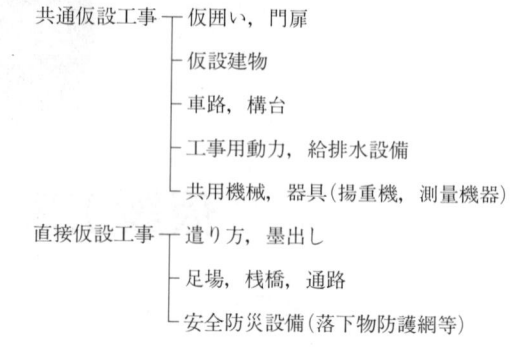

共通仮設工事 ─┬─ 仮囲い，門扉
　　　　　　　├─ 仮設建物
　　　　　　　├─ 車路，構台
　　　　　　　├─ 工事用動力，給排水設備
　　　　　　　└─ 共用機械，器具（揚重機，測量機器）

直接仮設工事 ─┬─ 遣り方，墨出し
　　　　　　　├─ 足場，桟橋，通路
　　　　　　　└─ 安全防災設備（落下物防護網等）

　仮設計画の主要なものをまとめて図示したものを，総合仮設計画図と呼ぶ。モデル現場の総合仮設計画図を図2・1に示す。総合仮設計画図には，建築物本体の施工に必要な共通仮設物と，直接仮設物の大きさとその配置を表示する。それぞれの仮設工事については，総合仮設計画に基づいた詳細な計画図等を用意し，それに従って工事を遂行する。

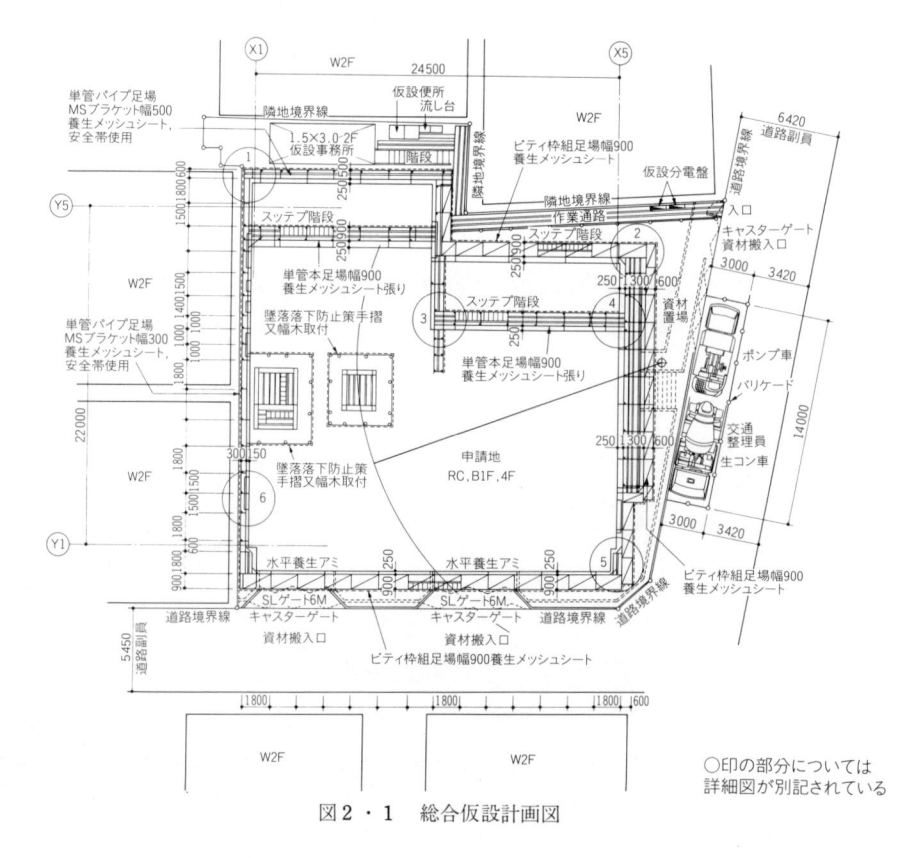

図2・1　総合仮設計画図

2・2 共通仮設工事

1. 仮囲い,門扉

仮囲いは,工事現場と外部とを隔離することによって,工事関係者以外の人の出入りを禁止し,第三者へ災害が及ぶことや盗難を防止するとともに,周辺の美観を維持すること等を目的として設置される。したがって,所定の高さがあって災害を防止できる既存の塀や壁がある部分には,仮囲いを新設する必要はない。

仮囲いの構造は,その目的に応じて,次のような種類のものの中から選択する。

① 万能鋼板張り(通常高さ3mまたは2m)
② 防炎シート張り(通常高さ1.8m)
③ ガードフエンス(高さ1.8m)

②,③は簡易な方法で,小規模な現場や短期間の工事で使用される。モデル現場においては①,②を採用している(図2・2,2・3)。

出入口は,前面道路が広くて車両の搬出入に都合のよい面を選び,折たたみ式(ジャバラ式)のハンガー扉やアコーデオン式のキャスターゲートあるいはシャッターを取り付ける。また,作業者や来客者が安全に現場事務所に行くための通路への出入口には,歩行者専用の扉(サイドドア)を取り付ける(図2・4)。

出入口付近の仮囲いには,工事に必要な各種の看板類を形よく掲示する(図2・5)。

図2・2 仮囲い(防炎シート張り)

図2・4 仮設門扉

図2・3 仮囲い(万能鋼板張り)

図2・5 仮囲いに取り付けられた看板類

2. 仮設建物
(1) 現場事務所

現場事務所は，作業所の統括管理を行う場所であり，現場職員による計画・立案や運営のデスクワーク業務が行われる。

立地条件としては，作業所や作業員を見渡せるところが望ましく，また，竣工まで移動させる必要のないほうがよい。敷地に余裕がない場合は，近くの空家や空室を借りて事務所とする場合もある。また，外構工事が始まると仮設建物類が邪魔になるため，施工中の建物内に現場事務所を移転することもある。

事務所内部には備品として，事務机，書庫，ロッカー，打合せテーブル，いす，製図台，流し，図面キャビネット，ホワイトボードのほかに，プリンター，コピー機，電話，ファクシミリ，パソコン等OA機器類が置かれる。空調設備も設置されている（図2・7）。特に社内各部署および設計事務所とのやり取りは，パソコンによる通信が重要な役割を担っている。また工事現場内にカメラを設置して，管理や打合せの効率化を図っているケースもある。

(2) 監理事務所

監理事務所は，設計図書にその面積，仕様，備品等が示されているが，設計監理者の意向を確かめて計画する。通常，施工者の事務所と隣接して建てたり，または上階に設けたりする。

(3) 作業員休憩所

作業員休憩所は，作業員が更衣，休憩，食事，打合せ等を行う場所である。モデル現場では職長打合せや，安全協議会等にも使用している。備品としては，テーブル，いす，ロッカー，黒板等を設置し，冷暖房を行う。構造としては，現場事務所と同じく組立ハウスやユニットハウスを用いる。現場事務所を2階に，作業員休憩所を1階に設置する場合も多く，モデル現場もそのような構成である（図2・8）。

図2・6 現場事務所

図2・7* 現場事務所内部

図2・8 作業員休憩所

(4) 下小屋および倉庫

下小屋とは，作業所内で工作・加工を行う場所である。主に大工，鉄筋工，左官工，塗装工等が下ごしらえや加工を行う。しかし，今日では，それらの作業を工場で済ませてから現場に搬入することが多くなってきた。また，敷地に余裕がない場合も多いため，現場の下小屋は少なくなっている。

倉庫は，材料，器具類，道具類の保管を行うためのものであるが，危険物（ペンキ類，ボンベ類）のためには専用の倉庫を設ける。

(5) 仮設便所および洗面所

仮設便所，洗面所は，ユニット式がほとんどであり，作業所の規模によりユニットの組合せ方を計画する。モデル現場では図2・9のように用意した。

3．仮設用電気設備および給排水設備

工事用電気設備は，動力用と照明用に分かれる。動力用は揚重機，ポンプ類等の機械や溶接機等に電力を供給し，照明用は仮設建物内の照明や作業所内の照明に電力を供給する。工事の規模や使用する機械設備により最大電力容量を算定する。受電する容量が50KVAを超える場合は，変電設備を場内に設け，高圧受電とする。

水は，杭工事や埋戻しのときの水締め，モルタルの練混ぜ，養生，清掃などに用いられる。工事にとってきわめて大切なものであり，工程に支障をきたさないような十分な水量と圧力の供給を計画する。また，生活用水としても必要である。

電力，給水とも，申込みからその引込みまで相当の時間を必要とするので，早期に必要容量を決定して引込みのための手続を行う。

現場で発生する雑排水は公共下水道に直接放流してもよいが，地下水や杭工事等の泥分を含んだ汚水，コンクリートやモルタル等を洗浄した汚水等は，建設地の条令等に従い，除外処理をしたうえで排水する。

4．安全防災設備

共通仮設としての安全防災設備には，感電防止のための高圧線の防護や，防火対策のための消火器，防火用水の設置等がある。表示物による安全の喚起も重要である。朝礼を行う広場に，無災害の達成目標日数を表示したり，安全施工サイクル，週間・月間目標を掲示することもある。年間を通しての各種の安全週間，準備月間の垂れ幕等を掲示し安全意識を高めることも重要である（図2・10）。

図2・9 仮設便所

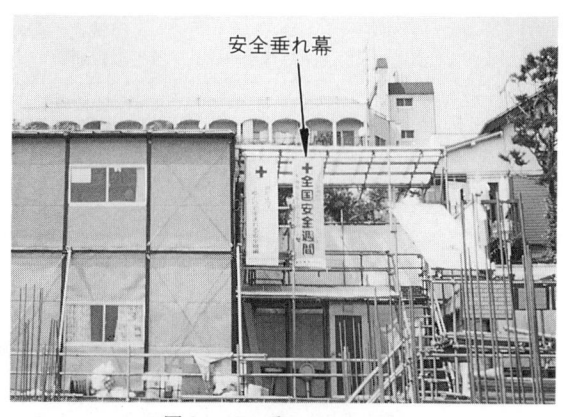

図2・10 垂れ幕

2・3 直接仮設工事

1. 揚重設備

作業所に搬入された機資材は，荷卸しされ，場内の所定の場所に水平移動されたり，高所に荷揚げされる。その揚重計画の良否が施工品質，コスト，工期，安全に大きな影響を与える。計画にあたっては機資材の重量，大きさ，組立や取付け方法の検討を十分に行い，その作業と工程に合った性能の揚重設備を選定する。

主な揚重機の種類と形状を図2・11～13に，能力，特徴等を表2・1に示す。

図2・11* 定置式クレーン 　　図2・12* 移動式クレーン 　　図2・13* 工事用エレベーター

表2・1 揚重機の種類と特徴

機能	分類			特徴
垂直・水平複合	クレーン	タワークレーン	傾斜ジブ型	・機種が豊富にあり，工事規模にあったものを選びやすい。 ・能力の割に設置面積が小さい。 ・基礎・構造体の補強および解体時の検討が必要になる。
			水平ジブ型	
		ジブクレーン		・機体を小ブロックに解体でき，組立・解体が容易である。 ・操作が比較的簡単である。
	移動式クレーン	トラッククレーン	油圧式	・路上走行ができ，移動性能に優れている。 ・油圧式のものは，ブームを自在に伸縮できるので機動性に富む。 ・機械式のものは，ブームの組立・解体に小型の揚重機が必要である。 ・走行路盤およびアウトリガー受部に耐力が必要である。
			機械式	
		ホイールクレーン		・全装備のまま路上走行ができ，ブームを自在に伸縮できるので機動性に富む。 ・小回りがきき，狭い場所での作業が容易である。
		クローラクレーン	傾斜ブーム型	・現場への搬入には運搬車が必要である。 ・ブームの組立・解体には小型の揚重機と場所が必要である。 ・キャタピラで移動し，アウトリガーなしで作業できる。
			タワー型	
垂直	工事用エレベーター	人荷用エレベーター ロングスパンエレベーター		・昇降機構がラックピニオン式のものとワイヤ式のものがある。 ・リフトに人を乗せることはできない。
	建設用リフト	高速リフト 一本構リフト・二本構リフト		

注）・クレーン類の能力は，モーメント（定格荷重t×作業半径m）によって表示されることもある。
　　・一定の条件のもとでは，作業半径が大きくなるほど吊上げ荷重は小さくなる。

2. 足　　場

足場には外部足場と内部足場とがある。

外部足場は，主として外壁面の作業用であり，作業床，通路としての機能のほか，外部への落下防止，墜落防止，ほこりなどの飛散防止などを目的としているが，繁華街等では美観にも注意する。

内部足場は，内壁面や天井面の作業のために計画される。

外部足場への付帯設備には，次のようなものがある。

- 昇降設備（ステップ階段，桟橋等）
- 揚重機械（一本構リフト，二本構リフト，ロングスパンエレベーター，クレーン類）
- 垂直養生（防炎シート，防音パネル，メッシュシート等）
- 朝顔養生（通行人への落下物防止）
- 水平養生（建物と足場のすき間のネット等）

外部足場の組立時期は，建物の構造・種類によって異なる。鉄筋コンクリート造の場合は，各階のスラブコンクリート打設後，すぐに次の階の足場を組み立てる。

モデル現場では，南面，東面は敷地に余裕があるので鋼製の枠組足場とし，西面および北面の一部はブラケット足場で計画した（図2・15, 16, 17）。

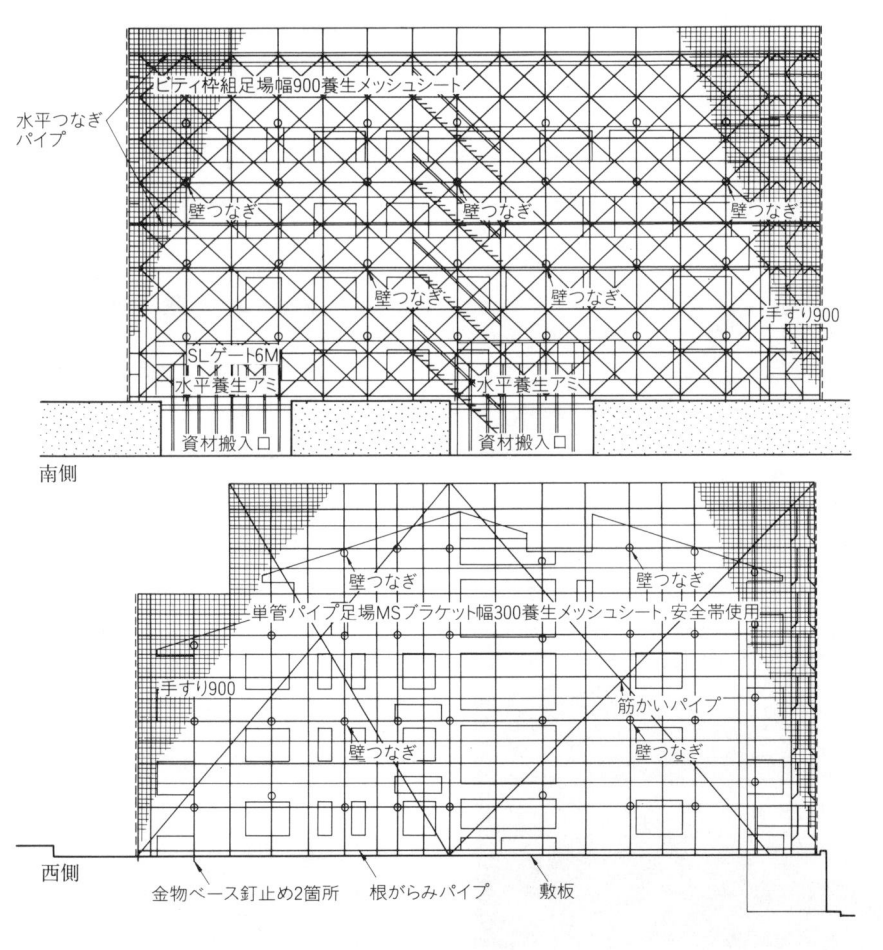

図2・14　外部足場計画図

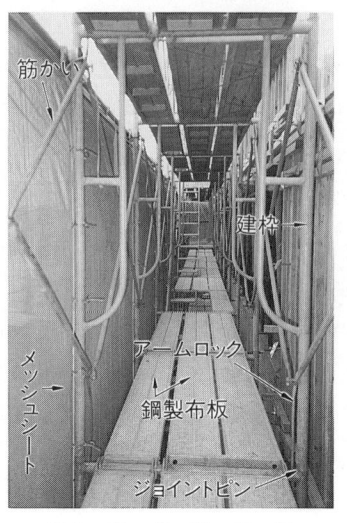

図2・15　枠組足場　　図2・16　枠組足場　　図2・17　ブラケット足場

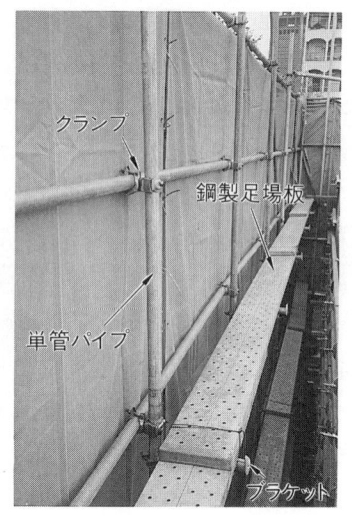

3. 構台

根切り工事に使用される掘削機械やダンプトラックの作業，地下躯体工事に用いられる型枠や鉄筋材料の取込み，コンクリート打設時のポンプ車やミキサー車等に関し，敷地が狭くこれらの作業が道路上となってしまう場合や，建築する平面が広く，仮設の台をつくったほうが効率的な場合には，構台を作成する。構台の面積や形状は建築する平面形状によるが，最低限，掘削機械とダンプトラック1台の面積が必要となる。図2・18は構台の設置作業風景である。

2・4　準備工事

1. 縄張り（地縄張り）

工事を始めるにあたり，設計された建物平面が敷地内に納まるかどうかを確かめるために，地面にビニールひも類で建物の平面をつくり出す。この作業を縄張りまたは地縄張りという。

建物と敷地との関係，道路や隣接建物との位置関係を確認するために，建物の外壁線で表示する場合が多い。縄張りは設計監理者の立会いを受け，承認を得る。地鎮祭（起工式）までには縄張りを済ませておく場合が多い（図2・19）。

2. 遣り方

縄張りによって建物の位置が決まると，それを基準にして遣り方を行う。遣り方は建物の通り心を明らかにするとともに，高さの基準を明

図2・18＊　構台

確に表示するためのものである。遣り方は，通り心を挟んで木の杭を両側に立てたのち，貫板をある高さを基準にして水平に打ち付け，その貫板に通り心の墨を打つ（図2・20）。

一般の木造建築では，遣り方を残したまま基礎工事を行うが，鉄筋コンクリート造等の大型工事の場合は，大型機械による掘削工事となるため，基準の通り心の墨を工事の影響のない場所に移す。これをベンチマークと呼ぶ。

3．ベンチマーク

建物の位置および高さの基準となるものをベンチマーク（BM）という。

位置の基準となるベンチマークは，建物の通り心の延長線上または1m〜2m水平移動した基準線の延長上の不動物を選定して設け，高さの基準となるベンチマークは，建物の1階床を決定し，1m上りの基準線を建物付近の不動物を選定して設けるのが一般的である。図2・22, 2・23はモデル現場のBMである。

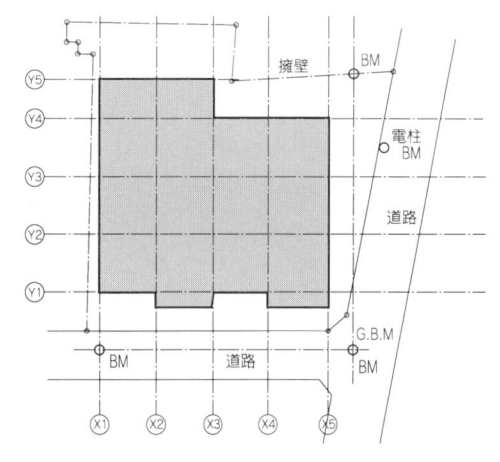

図2・21　ベンチマーク

図2・19*　縄張り

図2・22　ベンチマーク（位置）逃げ墨出し

図2・20　遣り方

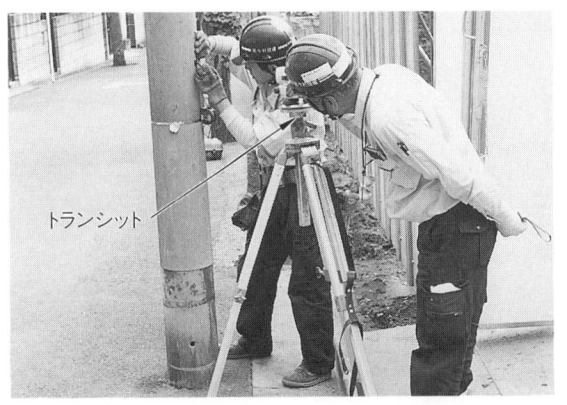

図2・23　ベンチマーク（高さ）逃げ墨出し

第3章

土工事

3・1 概　説　　　　　　　　　　48

3・2 土　工　事　　　　　　　　49

3・3 地業・基礎工事　　　　　　56

3・1 概　　　説

建築物の基礎は，上部の構造体を支持し，上部構造からの荷重を支持地盤に伝え，建築物の沈下等を生じさせないという，非常に重要な役割をもっている。

建築物が完成すると基礎は見えなくなるが，基礎構造に関わる土工事，地業・基礎工事は細心の注意を払って進めなければならない。また，これらの工事は全体の工期や，コストを大きく左右することを念頭に置き，周到な施工計画を立て，工事を遂行する必要がある。

基礎工事に要求される条件には，建築物が存在する間，基礎のもつ機能を維持し続けるための信頼性および基礎を確実に実現させるための施工性をあげることができる。特に，施工性に関しては，第1章で述べた敷地周辺状況の調査や敷地内の地盤調査の結果を十分考慮したうえで，技術的に実現可能であり，かつ施工の品質が保証できる工法を選択し，敷地周辺に悪影響を及ぼさない施工計画を立案しなければならない。また，基礎に関わる工事では，建築物の機能や地盤条件・天候条件等によって工事の難易度が異なるため，画一的な方法論では対処できないことが多い。また，基礎工事は工期やコストを大きく左右する。そのため，設計時の検討内容をそのまま遂行するのではなく，再度，施工者側で検討を加え，工事に着手する必要がある。

土工事，地業・基礎工事における事故や誤りは，大きな災害を引き起こすばかりでなく，後続工事の工程や予算に大きく影響を与えることになる。必要に応じて設計変更を行うなど，臨機応変な対応で，信頼性の高い確実な基礎を実現させるよう，工事を進行しなければならない。

工事の進め方は，基礎の工法によって様々であるが，杭を用いる場合は地業工事（杭工事），土工事，基礎工事の順に，また，杭を用いない場合は土工事，基礎工事の順に行われるのが一般的である。

図3・1　現場の状況

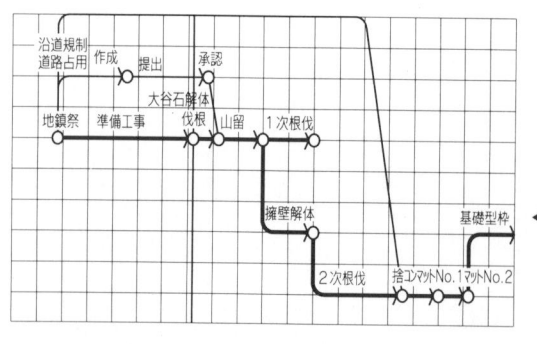

図3・2　工事の流れ

3・2 土 工 事

1. 概　説

　土工事は，根切り，山留め，排水，埋戻し等の作業を総称したものである。土工事は建築工事の初期段階において着手するものであり，計画する時間的余裕の少ない工事である。大規模な掘削を伴なう地下工事や敷地を最大限有効に利用した建物の計画などでは，地盤の沈下，変形・変動による障害発生の可能性も大きくなるので，関連法規を順守するばかりではなく，常に安全に留意し，危険を防止するよう努めなければならない。

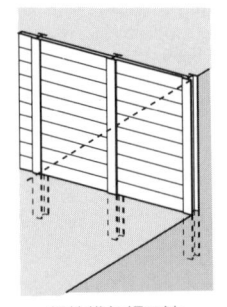

(1) 山留め

　良質な地盤で敷地に余裕があるときには，法付け（のりづけ）オープンカット工法により掘削を行うが，根切り部周辺に安定した斜面（法面）が確保できない状況では，根切りに伴なう周囲地盤の移動，沈下，崩壊や土砂の流出等を防止するための山留め工事が必要となる。

　自立可能な山留め壁の主なものを図3・3に示す。土質や地下水位，敷地周辺の状況によって山留め壁が自立できない場合には，図3・4に示すような工法が使われる。工法の選択は，安全性，施工性，コスト等の総合的な検討によって行わなければならない。

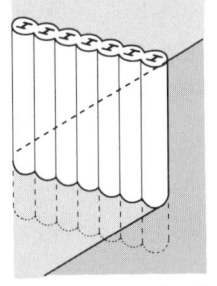

親杭横矢板工法
親杭（H形鋼，レール等）を適切な間隔で地中に埋め込み，掘削しながら横矢板（木製）を親杭間に差し込む。地下水位が低く，良好な地盤に適する。止水性は低い。

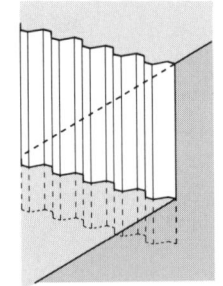

鋼矢板工法（シートパイル工法）
鋼矢板の継手部をかみ合わせながら，連続的に地中に埋め込む。止水性は高いが，埋め込み時に振動・騒音が発生する。

ソイルセメント柱列壁工法
ソイルセメントの柱の中に心材としてH形鋼などを挿入し，柱列状の壁を造る。施工性はよいがコストは高い。振動・騒音が少なく，止水性も高い。

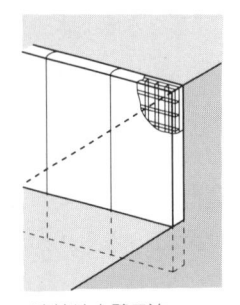

連続地中壁工法
地中に掘削したトレンチに，鉄筋かごを挿入し，コンクリートを打設する。止水性が高く，低振動・低騒音。

図3・3　山留め壁の種類

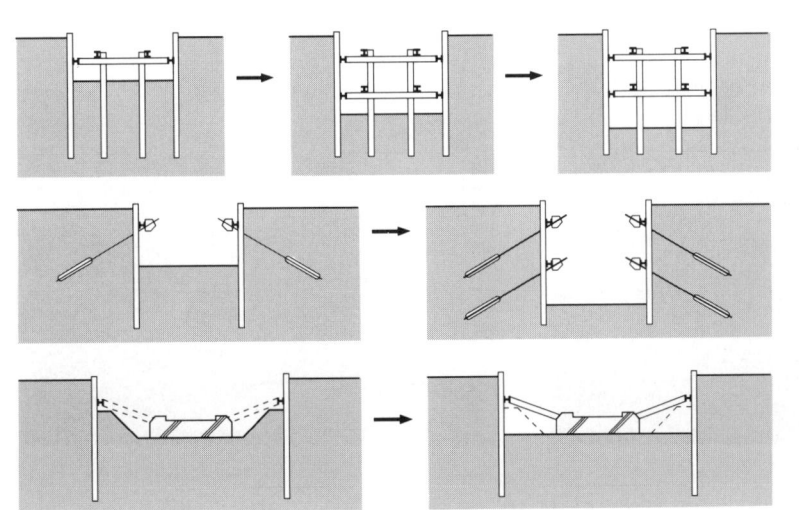

水平切梁工法
水平に仮設した切梁等の支保工で，山留め壁にかかる土圧を支持する工法。市街地で一般的な工法。

アースアンカー工法
切梁が出来ない場合に，切梁のかわりに山留め壁背面の土中に埋め込まれたアンカーロッドの引き抜き抵抗により，山留め壁を支持する工法。

アイランド工法
敷地中央部を先行掘削後，地下構造体を構築し，これに反力をとり山留め壁を支持しながら周辺部を掘削する工法。

図3・4　山留め工法

(2) 根切り

　根切りは，建物の基礎などを構築するために，対象部分の地盤を掘削することであり，作業の規模(深さ，面積)，土質，敷地周辺の状況を総合的に検討するとともに，山留め，排水との関係も考慮し，工法を選択する。根切り作業は通常，機械掘削で行われる。機械掘削作業は地盤の種類，掘削の規模，湧水の状況等の影響を受けるので，計画段階で作業内容を十分に検討しておくとともに，状況に応じた判断をしなくてはならない。主な掘削機械を図3・6に示す。

(3) 排　　水

　根切り・山留め作業中には，工事の進捗に支障となる地下水や外部からの流水などが発生する。これらは地盤の変動や土砂の崩壊に影響を与えるだけでなく，掘削の作業性を低下させるおそれがあるため，排水，止水方法を十分に検討しておく必要がある。排水，止水工法には，右のようなものがあり，具体的な工法の例を図3・7に示す。

図3・5* 切　梁

排水工法 ─┬─ 重力排水工法 ─┬─ 釜場排水工法
　　　　　│　　　　　　　　　└─ ディープウェル工法
　　　　　└─ 強制排水工法 ─┬─ ウェルポイント工法
　　　　　　　　　　　　　　├─ バキュームディープウェル工法
　　　　　　　　　　　　　　└─ 電気浸透工法

止水工法 ─┬─ 地盤固結工法
　　　　　├─ 止水壁工法
　　　　　└─ 圧気工法

(a) バックホウ　　　　　　(b)* クラムシェル

図3・6　掘削機械

(4) 底地盤の安定性

土工事を安全に遂行するためには、根切り・山留め工法の選定と同時に、掘削底地盤の安全性について検討しなければならない。図3・8に主な土の移動のメカニズムを示す。

軟弱な粘土地盤で起こりやすいヒービング現象については、根入れ部分を大きくし、全体を剛にする。また、地下水位の高い砂質地盤で起こりやすいボイリング現象については、地下水位を下げたり、山留め壁を不透水層まで打ち込むなどの防止策がある。

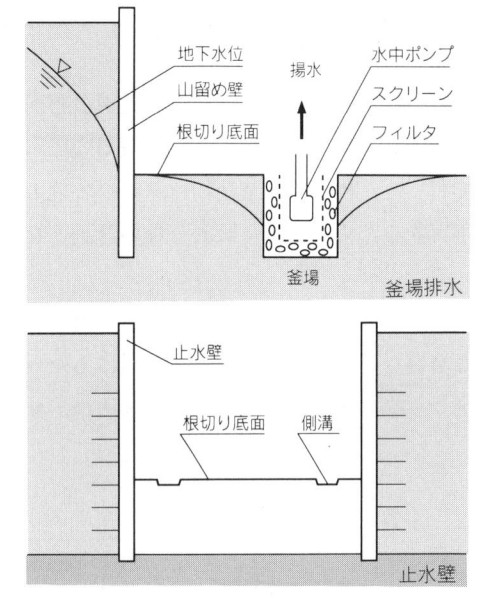

図3・7 排水および止水工法

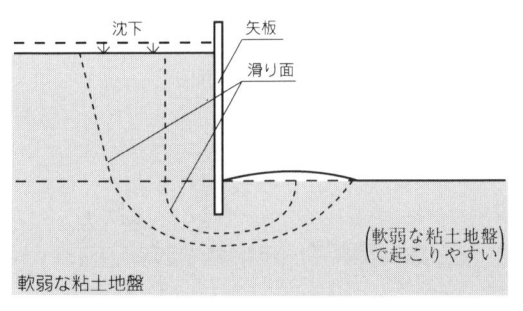

(a) ヒービング現象　(b) ボイリング現象

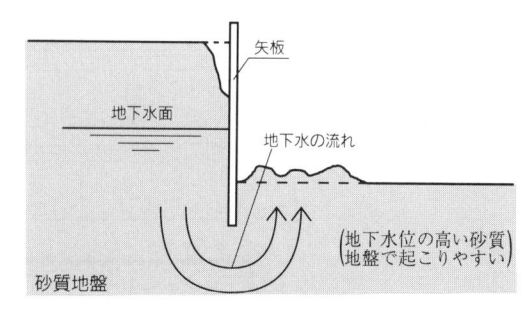

図3・8 掘削地盤安定に関する検討事項

2．実例工事の概要

山留め・根切り工事の施工計画を立てるにあたっては、それぞれの現場ごとの特殊条件を十分に把握して、進める必要がある。

モデル現場の敷地は南北に傾斜（根切り深さ：南面約2.0m、北面約4.0m）し、2方向（東・南面）は道路に面しており、西面は境界線いっぱいに隣家の塀が立っている（図3・9）。このように、傾斜地で対面どうしの根切り深さが大きく異なっているときは、切梁を用いた山留め計画を採用すると、水平切梁工法の場合は偏土圧になるなど、バランスのとれた切梁の架け方が難しくなり、斜め切梁にした場合には施工手順等が難しくなることが予想される。

当敷地の地盤は、事前の構造設計段階で、調査済みの地盤調査報告書（図1・3）と土質試験結果内容により確認したところ、良好なローム層で、かつ地下水位も根切り底より深く、本格的な止水計画の必要性がないため、「親杭横矢板自立工法」を採用することが可能となった。この選択は工程計画等にも大変有利に働いた。

親杭および横矢板の形状・寸法・間隔などは、山留め計算に基づいて決定される。この計算書は、当作業所の掘削が道路に近接しているため、

沿道掘削届に添付して役所に申請し，事前許可を得ている。

　親杭の設置は，騒音・振動等の近隣公害が発生しないように，アースオーガー併用の圧入工法で行った。根切り作業はバックホウの能力で掘削可能なため，構台を設置しない計画となっている。

　掘削土は産業廃棄となる悪い土と，再利用可能な良質なローム層とに分け，搬出にあたってはトラックの出入り等による危険・汚れ，塵あい，騒音等に，細心の注意を払って管理している。

　なお，山留め壁に近接して建物や塀等がある場合には，掘削等による沈下・転倒等のおそれがないかどうか，基礎形態や杭の有無等，事前に十分な調査をし，必要に応じて補強や養生を施す必要がある。当作業所では，塀の基礎の形状を確かめたうえで，アンダーピンニング補強を施している。

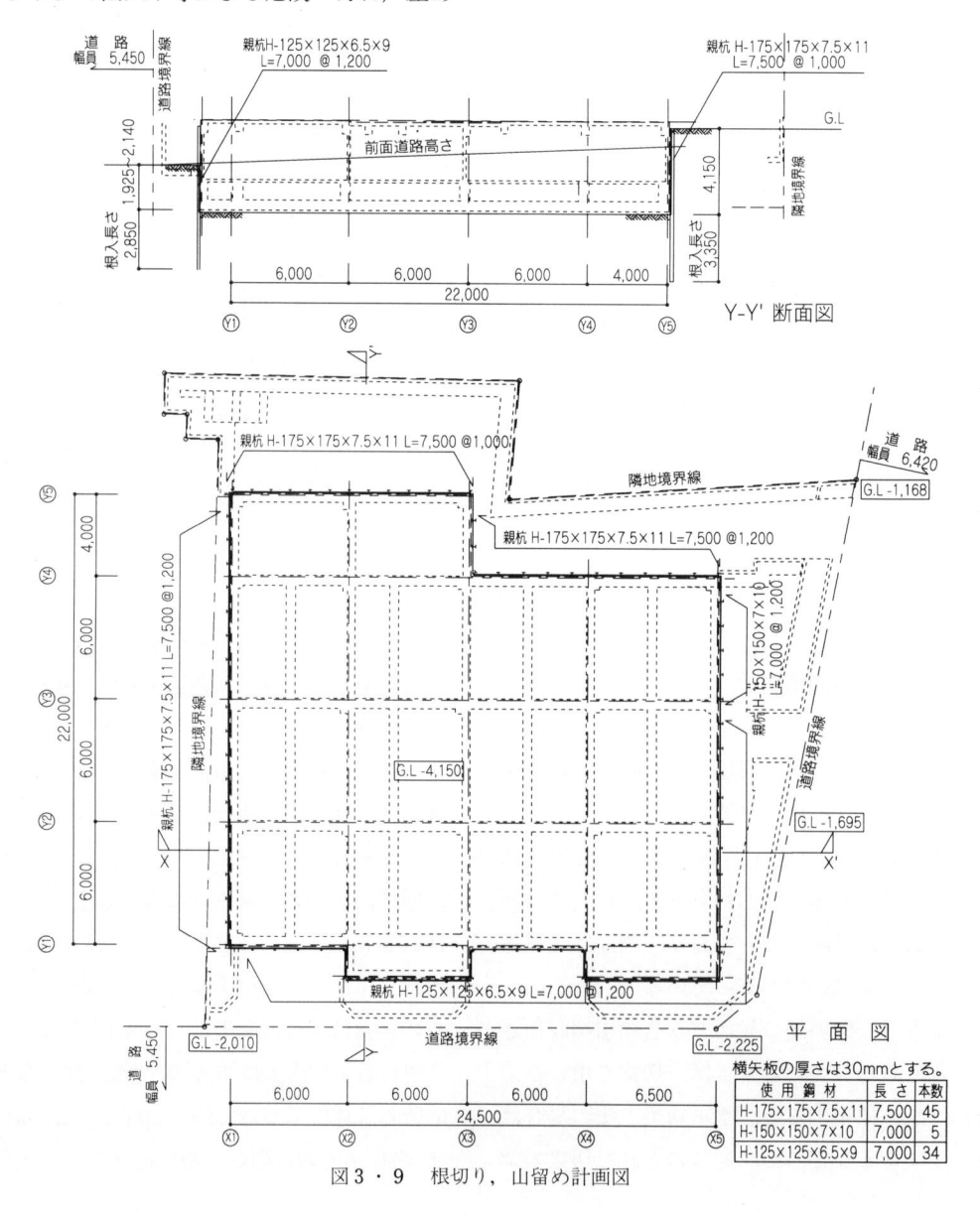

使用鋼材	長さ	本数
H-175×175×7.5×11	7,500	45
H-150×150×7×10	7,000	5
H-125×125×6.5×9	7,000	34

横矢板の厚さは30mmとする。

図3・9　根切り，山留め計画図

3. 施工の進め方

(1) 山留め工事

(a) 親杭の施工

モデル現場における親杭の設置は，KD式プレボウリング(無廃土)，アースオーガー併用のH形鋼杭打設工法を採用している（図3・12）。施工図および施工要領書を基に図3・10に示すフローの手順で施工した。施工計画・管理のポイントは以下のとおりである。

① モデル現場は，山留め壁を地下躯体コンクリートの型枠として利用するため，親杭のH形鋼が躯体に食い込まないように，設置精度（約1/100～200）を考慮して，地盤での設置位置を躯体より3cm離した。また，柱型枠のセパレーターを固定しやすくするため，柱位置ごとに躯体の柱の両側に親杭のH形鋼が配置されるように割り付けている（図3・13）。

② 自立山留め工法では，側圧をすべて根切り底以下のH形鋼の根入れ部分の固定度に頼るため，計算上の所要根入れ長さを確認し，それ以上確保できるように親杭の長さを決定する。

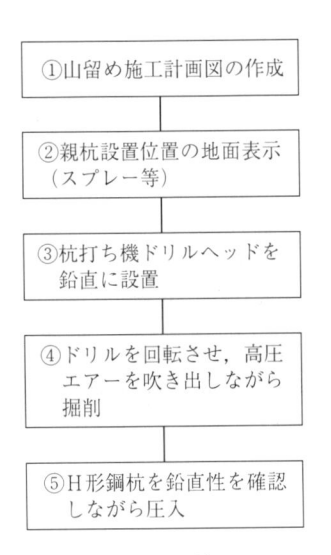

図3・10 親杭の施工フロー

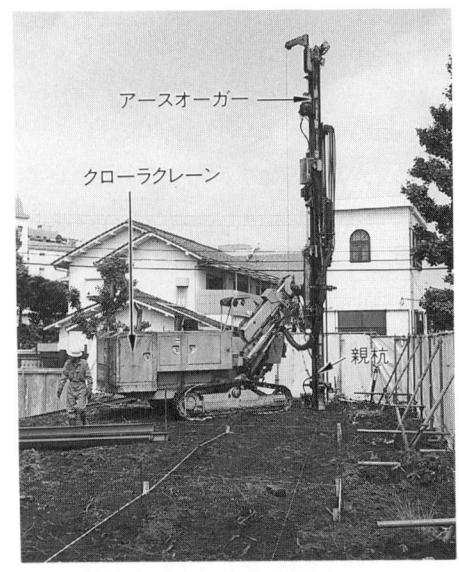

図3・12 親杭の施工

図3・11 親杭の心出し

図3・13 親杭の割付け

(b) 横矢板入れ

横矢板は，根切りした土の表面を保護するとともに，背面の土圧を親杭に伝える重要な役割をもっている。そのため，矢板のすき間から降雨時等に土砂が流失しないよう，すき間なく矢板を入れ，周辺の地盤が緩まないように，矢板の裏には良土をしっかりと充填する（図3・14）。

横矢板の挿入は，親杭の設置間隔精度が多少異なるので，そのつど親杭のH形鋼フランジに矢板の端部がかかるように切断し，左右に遣り送りしながら挟み込む。

図3・14 横矢板入れ

(c) 近隣塀基礎のアンダーピンニング

モデル現場では，近隣の塀ぎりぎりに山留め壁を設置しているが，塀の基礎を調査したところ，塀が自立できないことが確認された。そのため，転倒防止のための補強が施されている。具体的には，塀基礎の下側に受け梁として，H形鋼のブラケットを差し込み，その端部を親杭に溶接して固定する補強方法がとられている（図3・15）。

(d) 排水計画

横矢板工法では，計算上の側圧として水圧力を見込んでいない。そのため，山留め壁裏側に入った水は横矢板の目地より排水することになるが，同時に土砂を流失させ，裏側の地盤を緩めてしまう危険性をもっている。そこで，できるだけ山留め壁周辺地盤から雨水等が浸入しないように，親杭頭の外側周辺地盤には，土間モルタルやビニールシート等を用いて養生を施す。掘削した地盤面にたまった水は，排水路を通して釜場に集水し，水中ポンプで排水する。

図3・15 アンダーピンニング

(e) 計測管理

山留め工事の不備は，ときに崩壊等大事故を引き起こすことがある。そのため，施工中の安全管理には細心の注意を払う必要があり，そのポイントは，山留め壁の動きを時間の経過とともに把握する計測管理である。

図3・16 計測管理

当現場においても，根切りの施工中から山留め壁の完了までの間と，基礎および地下壁の施工から埋戻し完了までの間，山留め壁等の変位・変形について十分な計測管理を続け，理論計算上の数値との比較を行い，安全性を確認している。

主な計測項目は，次のようなものである。
① 親杭（H形鋼）頭部の水平変位（図3・16）
② 周辺地盤の沈下および亀裂

なお，これらの計測結果を分析し，適切な判断をするためには，変化の対象（近隣建物，周辺地盤等）について，施工前に計測調査を必ず実施しておかなければならない。

(2) 根切り工事
(a) 掘削

掘削計画を作成するにあたっては，掘削機械の能力（最大掘削深さ，回転半径等）とトラックの積載能力を把握し，効率のよい施工方法を検討する必要がある。当現場においては，一次（表土）と二次（ローム層）に分けた施工手順で掘削している。

掘削はあらかじめ山留め壁として設置されたH形鋼（親杭）内側のフランジ面に沿って進める。掘削はバックホウで行い，掘削土はバックホウのバケットを回転させて，後方に待機しているトラックに直接積み込む（図3・17, 18）。

根切り深さは，レベルを使ってベンチマークからの深さを確認しながら掘り進める（図3・19）。

図3・17 掘削

図3・18 掘削

図3・19 根切り深さの確認

(b) 土の搬出

搬出計画にあたっては，掘削土量と速度，トラックの積載量，処分地までの往復時間等を勘案して配車計画を立てる。また，トラックが場内から出るときは，道路を土砂で汚しやすいので洗車し，出入口には通行人等に対する災害防止のため，監視誘導員を配置する。

(c) 床付け

根切り底は，地盤を掘り過ぎないよう，また，傷めないように丁寧に整地する。モデル現場の地盤は大変良質なローム層であったため，設計者の立会い確認により，一般的に施工されることの多い砂利地業を省略している。そのため，床付け完了後は，表面が乾燥したり，降雨等によってぬかるまないように，ビニールシートを用いて捨コンクリート打設直前まで養生を行っている（図3・20）。

図3・20 床付け

3・3 地業・基礎工事

1. 概説

基礎は，上部構造からの力を，直接または杭を介して地盤に伝えるために設けられるものであり，地業は，基礎を支持するために，それらの下部に設けられる杭や敷砂利，捨コンクリートなどのことである。

(1) 基礎の種類

基礎は，その形状によって図3・21のような種類がある。フーチング基礎は，上部構造によって発生する応力を，ある程度面積を広げた底面によって地盤に伝えるものである。一方，べた基礎は，応力を，建物の床面積全体を占める版状の基礎で地盤に伝えるものであり，マット基礎とも呼ばれる。

上部構造からの力を基礎下面から直接支持地盤に伝える直接基礎の場合では，設計段階で，支持地盤の許容支持力，沈下の有無を確認し，湧水や雨水の排水処理を検討しておかなければならない。直接基礎の施工は，鉄筋コンクリート工事に準じて行われる。

(2) 杭地業

杭地業は，地中に築造される杭を介して支持地盤に上部構造からの力を伝えるものである。

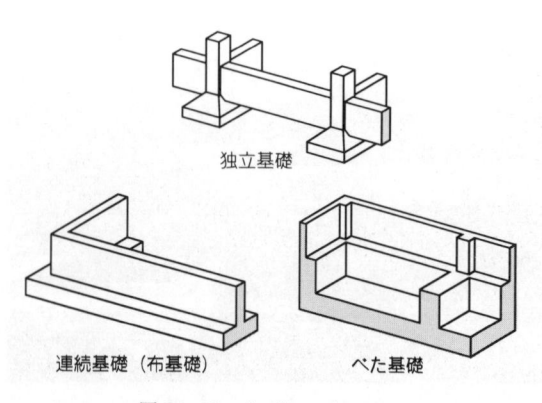

図3・21 基礎の種類

杭周面の摩擦力に期待する摩擦杭と，軟弱地盤を貫通して硬質地盤まで杭の先端を到達させる支持杭の，大きく2つに分類される。

　杭の築造，建込み方法には，あらかじめ製造された既製杭を地中に埋設するものと，現場で杭を築造するものがある。既製杭の場合，品質は安定しているが，杭の輸送方法や設置方法を十分に検討しなければならない。施工方法には，次のようなものがある。

既製杭の施工方法
　　打込み工法
　　　・打撃工法(ディーゼルハンマ，油圧パイルハンマ，
　　　　ドロップハンマ)
　　　・プレボーリング併用打撃工法
　　埋め込み工法
　　　・プレボーリング工法
　　　・中掘り工法
　　　・回転圧入工法

　打込み工法は騒音・振動が生じるため，市街地ではあまり採用されていない。

　現場で築造される杭の代表的なものは，あらかじめ地盤中に掘られた削孔内に，鉄筋かご等を挿入し，コンクリートを打設する場所打ちコンクリート杭である(図3・24〜26)。大口径の杭や，長大な杭に適しており，低騒音・低振動の公害の少ない工法であるが，施工時の孔壁の崩壊，先端地盤の緩みなどに留意する必要がある。工法としては，機械掘削によるオールケーシング工法，アースドリル工法，リバースサーキュレーション工法，BH工法，人力掘削による深礎工法などがある。

　さらに特殊な杭地業として，ケーソン基礎(潜函工法)がある。具体的な工法は，あらかじめ地上または地中に函体の構造物をつくり，その底部の土を掘削し，自重によるか，もしくは荷重を加えて地盤中に沈下させるものである。オープンケーソン，ニューマチックケーソンがある。

図3・22* 埋込み杭の打込み

図3・23* 場所打ちコンクリート杭の施工(杭心のセット)

図3・24* 場所打ちコンクリート杭の施工(バケットによる掘削)

図3・25* 場所打ちコンクリート杭の施工
（鉄筋かごの挿入）

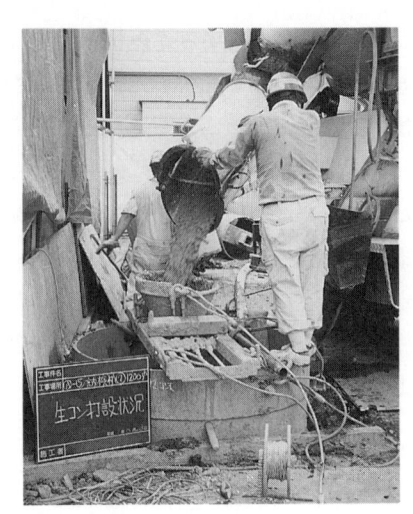

図3・26* 場所打ちコンクリート杭の施工
（コンクリートの打設）

(3) 地盤改良地業

軟弱地盤上に構造物を構築する場合には，地盤の安定化，沈下対策ならびに止水対策として，人工的に地盤の支持力を高める地盤改良地業を行う。土の締固め（バイブロフローテーション工法），土の強制圧密（サンドドレーン工法），土の固結（薬液注入工法），土の置換などの方法がある。

(4) その他の地業

その他の地業として，軟弱地盤に砂利，割ぐりを敷き，突き固めることによって地盤を圧縮強化し，基礎・地中梁・土間コンクリートの下地をつくるための砂，砂利，割ぐり地業がある。また，これらの上にコンクリートを打設する捨コンクリート地業がある。

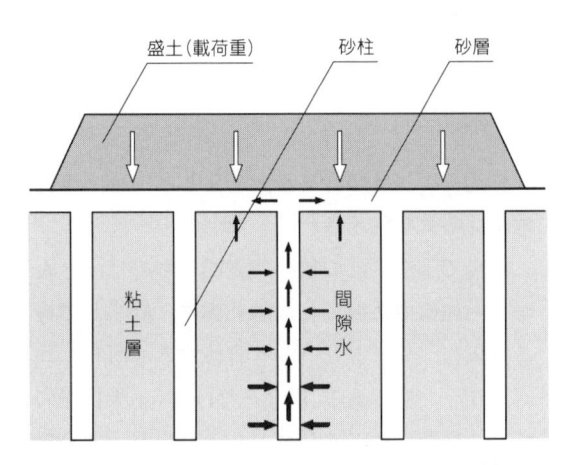

図3・27 地盤改良（サンドドレーン工法）

2．実施工事の概要

モデル現場の地業工事は，杭のないべた基礎であり，また，良質な地盤のため，敷砂利地業も省略され，床付地盤に直接，捨コンクリートが打設されている。

基礎工事は上部構造を支えるものの構築であり，また，躯体工事のスタートとして，その品質確保が重要である。施工計画は工事全体のことを視野に入れ，設計図書やJASS等に示された基準を基に作成する。さらに，基礎コンクリート躯体施工図を作成し，形状，寸法等を明確にする。

次に，施工図に基づき，捨コンクリート上に上部構造の位置を墨出しする。この時点で，墨出しによって印された建物位置と，実際に施工済みの山留め壁との関係等を測定し，適切な位置かどうかのチェックを行い，その対応を検討する。

3・3 地業・基礎工事　59

一方，基礎工事を行うための仮設工事として，作業通路および軽微な資材仮置場としての地足場を組み立てる。足場の位置，高さ，大きさ等は，各作業の能率と安全および品質が十分確保できるように計画する。

3．施工の進め方
(1) 捨コンクリートの打設

捨コンクリートは，これから施工しようとする構造躯体の位置を正しく示すための，墨出しを行うことを目的として打設されるので，表面を平滑に仕上げる。コンクリートの強度は，設計図書に基づいて決める。なお，捨コンクリートは，山留め壁の固定にも有効であるので，周辺部だけでも厚く打設しておくとよい（図3・29）。

(2) 墨出し

ベンチマーク（BM：基準点）から建物のX・Y方向の基準線（墨）をトランシットの視準等により，捨コンクリート上に印す（図3・30）。さらに，この基準墨から，柱心，壁心，地中梁等の型枠位置，スリーブや通用口の位置を印していく。その際，柱心から離れた位置，例えば1.0m離れた位置に，逃げ墨としての線を印しておく。なお，それぞれの印がひと目でわかるように，色分けなどの工夫をしておくと便利である。

図3・28　基礎の配筋

図3・29　捨コンクリートの打設

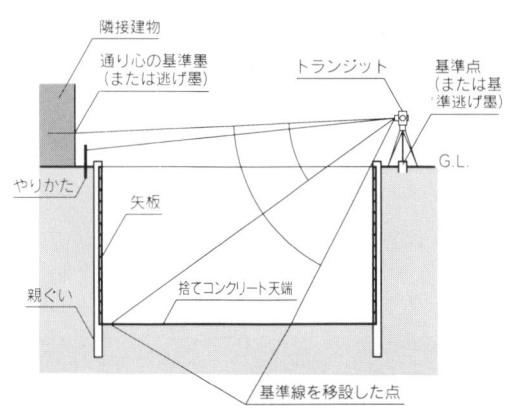

図3・30　黒出しの方法（基準線の出し方）

図3・31　墨　出　し

(3) 検　　査

墨出し位置のチェックは大変重要な作業である。読み違いや，記入違い等の誤りがないよう，一つ一つ照合確認していく必要がある。また，山留め壁の位置との寄りや離れを測定し，補強の必要があるか，コンクリートを増し打ちすることになるのかを見極める。

(4) 地足場の組立

墨出しが終わるとすぐに，地足場を組み立てる。地足場は，基礎コンクリート打設に先立つ鉄筋工事および型枠工事等が安全で能率よく作業できるように，作業員の通路，資材の置場を確保するためのものである。また，ときにはコンクリート打設用の配管足場としても利用される。

モデル現場における足場の歩行面の高さは，地中梁上端より約300 mm上側に，位置は地中梁側面より約300 mm離して，計画されている。

足場の材料は，通常は足場用単管を主材に，付属金物を用いて組み立て，足場板として鋼製布板を敷くのが一般的である。また，足場には，揺れや傾きを防止するための筋かいを入れたり，手すりを設置することも安全上大切である。

図3・32　地足場の組立

第4章

躯体工事

4・1	概　　説	62
4・2	工事の流れ	64
4・3	準 備 工 事	65
4・4	鉄 筋 工 事	68
4・5	型 枠 工 事	80
4・6	コンクリート工事	91
4・7	地下階工事・最上階工事	100
4・8	躯体工事中における設備工事	102

4・1 概　　　説

　鉄筋コンクリート造工事において，躯体工事は最も重要な工事の一つである。躯体工事では，鉄筋工事，型枠工事，コンクリート工事の3つが中心となる。設計の主旨を尊重し，所要の品質の建築物を所定の工期内で経済的かつ安全に建設するために，それぞれの工事だけでなく，工事間の調整も含めた綿密な施工計画を立案し，工事を遂行しなければならない。

　施工計画を作成する際には，以下の事項に留意する必要がある。

① 品　質　　躯体の出来上がりは，見映えだけでなく，後続工事の円滑な遂行に影響を及ぼす。強度などコンクリートそのものの品質のみならず，所定の寸法，形状，位置および仕上げについての十分な品質管理が必要である。

② 安全性　　施工中に構造体が変形したり破損や崩壊が生じないように，安全性の高い工法を選定する。工事状況の変化に対応可能な工法を採用するなど，災害発生の防止対策を十分に検討する。

③ 作業効率　　躯体工事には多くの資材や仮設機器類，人員が投入されるため，作業が複雑になる。作業の効率化に主眼を置き，資材発注計画や機器類の転用計画，人員の配置計画などを総合的に検討すべきである。

④ 工　程　　一般に躯体工事は，全体工事の3～4割の工程日数を要し，全工事期間を左右するものである。繰り返し工事部分の工期短縮を図るとともに，天候などによる変動も含めた，正確かつゆとりをもった工程を実現する。

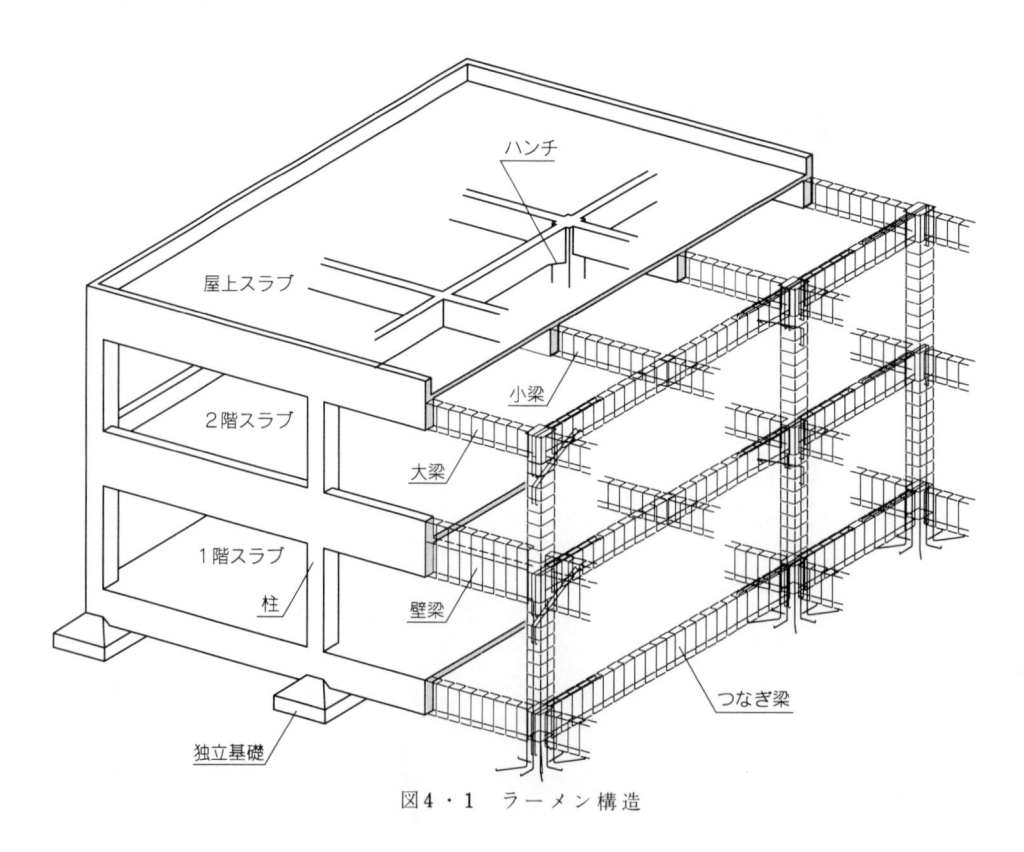

図4・1　ラーメン構造

施工計画の立案にあたっては，他の工事と同様に設計図や仕様書などを十分に検討する必要があり，特に要求性能の確保に疑問がある場合は，設計や仕様書の変更を行い，万全な体制で工事に臨むべきである。

躯体工事では，並行して行われる各種設備工事との調整も工程上重要なポイントになる。配管・ダクトが梁や床などを貫通する箇所では，あらかじめ穴をあけておくためにスリーブや開口用の型枠を取り付ける工事が必要になる。また，配管・ダクトを床スラブから吊り下げて支持する箇所では，躯体施工時に床に吊り金具を埋め込んでおくインサート工事が行われる。いずれも，躯体に荷重が付加されたり，躯体に開口があけられるなど，施工後の構造体そのものに負担をかけることになるので，補強を行うなど適切な処置を施す必要がある。

さらに，電気配線を保護するための管路の敷設も躯体施工時に行わなければならない。コンクリート打設前に，配線経路やスイッチ・コンセントの位置を図面でチェックし，打設後のはつり工事などによって躯体に支障をきたしたり，後続の工事に影響がないよう十分な配慮が必要である。このほか，電力，電話，上下水道，ガスなどの本管を建物内部に引き込むための工事がある。

いずれにせよ，これらの設備工事は，躯体工事完了後では工事費がかさみ，躯体にも影響を及ぼすことになるので，躯体工事前に構造設計者，設備設計者を含め入念な打合せを行い，遺漏がないよう工事を進めなければならない。

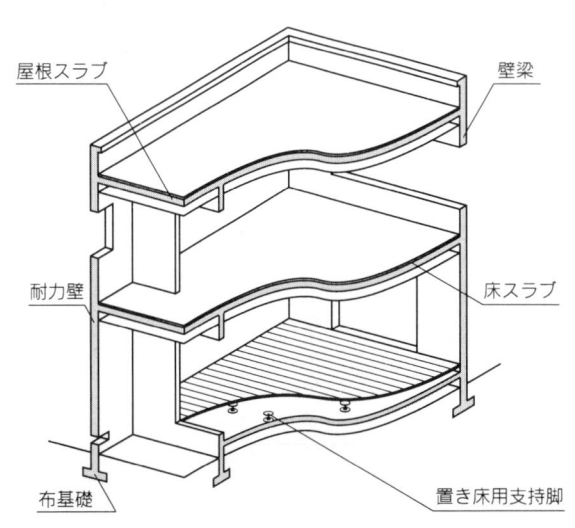

図4・2　壁式構造

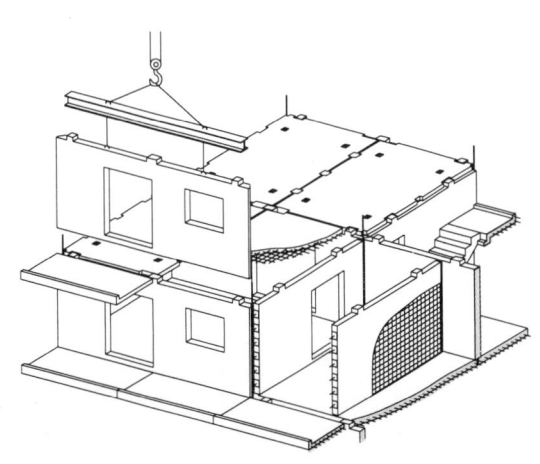

図4・3　壁式プレキャストコンクリート造

4・2 工事の流れ

躯体工事の大きな特徴は，墨出し，加工・組立，コンクリート打設，検査等の作業に対し，鉄筋工事，型枠工事，コンクリート工事，設備配管工事等の各職種が絡み合いながら進められることである。モデル現場の躯体工事は，基礎躯体（べた基礎），地下階（B1階），一般階（1～3階），最上階（4階）の順に進められた。

1．基礎躯体工事

基礎躯体工事の流れは，基礎の種類・形状によって多少異なる。べた基礎を用いたモデル現場では，①墨出し，②耐圧スラブ，柱，地中梁の配筋，③耐圧スラブコンクリートの打設，④地中梁スリーブ，地下スラブ配管の取付け，⑤地中梁および地下スラブ型枠の建込み，⑥同コンクリートの打設，の手順で行った。

2．地下階工事

地下工事の通常の流れは，ほぼ一般階工事と同様であり，異なる点としては，①資材搬入等の作業動線が下向きであること，②外周の壁型枠の建込みが山留め壁を利用しているため不要であること，③雨水および山留め壁からの湧水等の排水対策が必要であること，などがある。

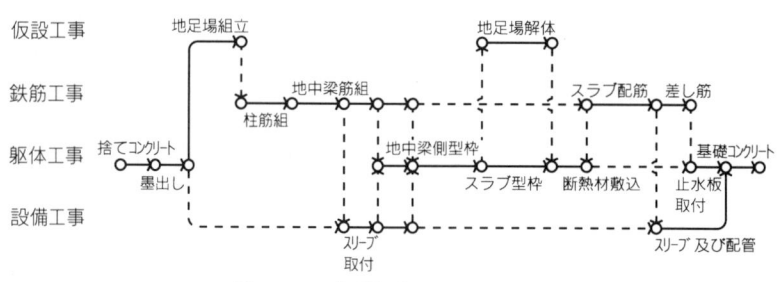

図4・4 基礎躯体工事の流れ

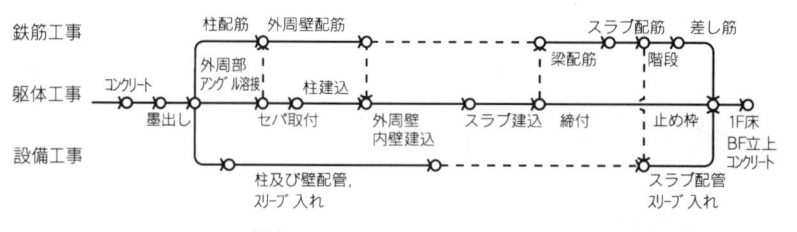

図4・5 地下階工事の流れ

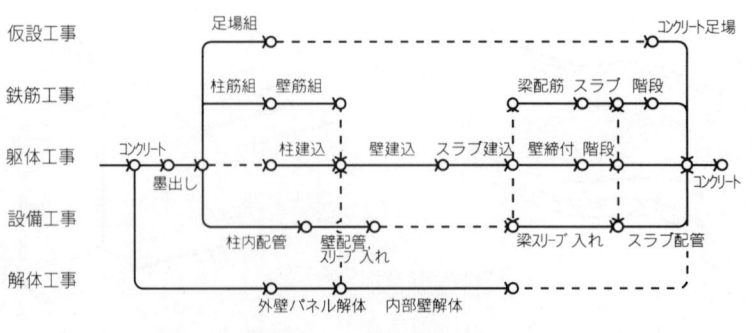

図4・6 一般階工事の流れ

3. 一般階工事

一般階の流れは通常，図4・6に示す作業の手順のように，それぞれの工種が並行しながら作業が進められる。

4. 最上階工事

最上階の工事では，①防水などのためスラブに勾配をつける，②パラペット，設備機器の基礎等がさらにスラブ上に立ち上がる，③排水ドレーンを設置する，などが一般階の工事の流れと多少異なる点である。

4・3 準備工事

1. 墨出し

墨出しは，建物を定められた位置に正確な形で造るための基準となる線を垂直・水平面に印す，きわめて重要な作業である。墨出し作業に際しては，①敷地境界線，②敷地高さと工事建物1階床および全面道路とのレベル差，③ベンチマークの位置，④隣地境界線，道路境界線およびそれらの逃げ墨の位置・寸法，⑤隣接既存建物の配置，⑥工事建物の基準線の位置・寸法およびそれらの逃げ墨の位置，を確認し，墨出し基準図を作成することが望ましい。

墨の種類は，各工事ごとに必要となる細部の墨と，これらの墨を出すための共通の基準となる墨(基準墨)に大別される。基準墨には，基準平面墨(親墨)，床からの上がり墨(陸墨)，柱・壁等の心墨，開口部・間仕切り等の心墨がある。

本項では，躯体工事に関する基準墨について，その作業手順と要点について述べる。

(1) 建物位置の墨出し

捨コンクリートを打設したのち，ベンチマークより正確な測定を行い，建物の位置を定める墨を出す（図4・7）。

墨出し方法は，まず，捨コンクリート上にX・

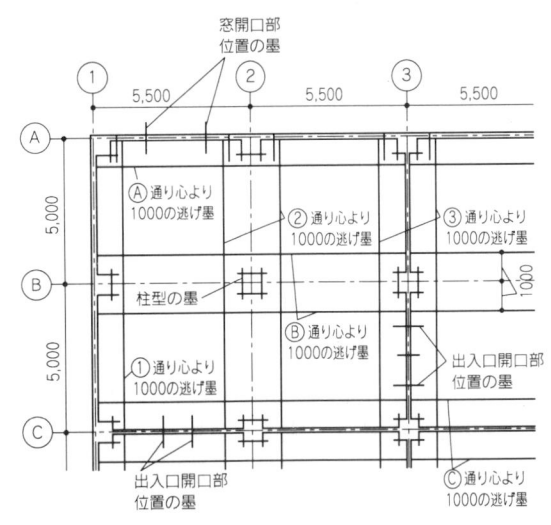

図4・7 墨の出し方

図4・8 基準墨の墨出し

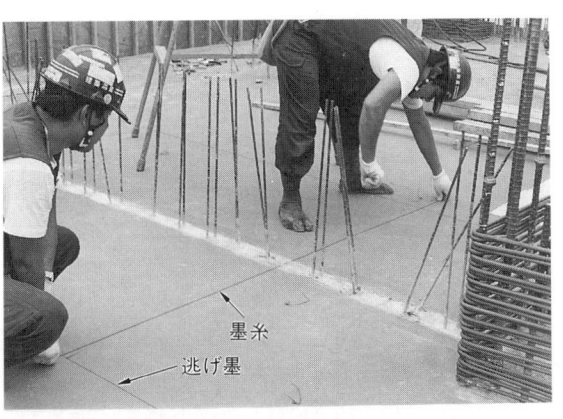

図4・9 逃げ墨の墨出し

Y方向の親墨を表示する。親墨は他の墨との混乱を避けることや，上階へ移すことを考慮して，通常，通り心より1m逃げた位置に設定する。このような墨を逃げ墨（または返り墨）という。モデル現場では耐圧盤および地下階があったため，それぞれの部位においても捨コンクリート上と同様の墨出しを行った。

(2) 上階への墨出し

柱の心墨を上階へ移す際は，一般に図4・10に示すように，上階の床コンクリート打設時に，直下階のX・Y両方向の通り心から1mの返り墨の交差点と合致する位置に100φ程度の穴（墨出し穴）をあけておき，この穴から下げ振りを落とし，直下階の返り墨の交差点を上階へ移す方法をとる。上階では移された交差点が直角であることをトランシットで確認し，スラブ上に通り心の逃げ墨を印す。

(3) 高さの墨出し

高さの基準となるベンチマークより，最初の階までの高さを計算し，その高さを工事によって影響されない不動の箇所（電柱等）にレベルを用いて移し取る。各階の高さの基準となる陸墨は，作業性を考慮し，通常，床スラブ面より1m上げ，柱主筋等に印す（図4・11）。

(4) その他の墨出し

通り心の親墨および高さの陸墨を基準として躯体工事用の墨出しが行われるが，可能な限り開口部，窓，階段，手すり等の墨出しも同時に行うことが望ましい。

仕上げ墨は，コンクリート打設後，支保工が除去された階について床仕上げ面より1m上がりの陸墨を出し，これを基準にサッシ，天井，床等の細部の墨出しを行う。

2．足場の組立

鉄筋や型枠の組立には，作業足場を必要とする。モデル現場では，総合仮設計画図（図2・1）

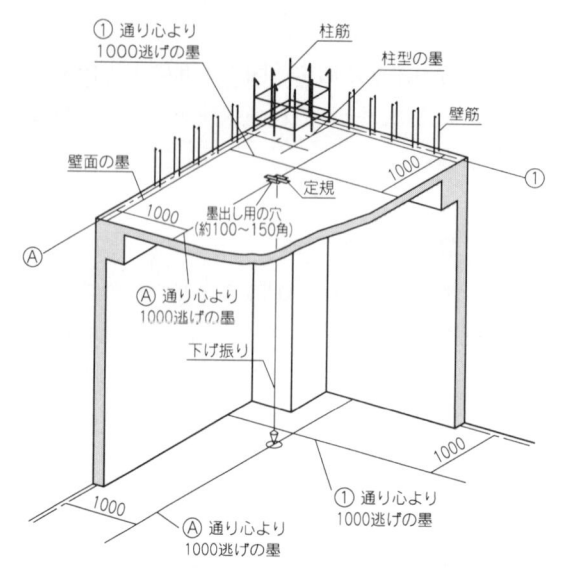

図4・10 上階への墨出し

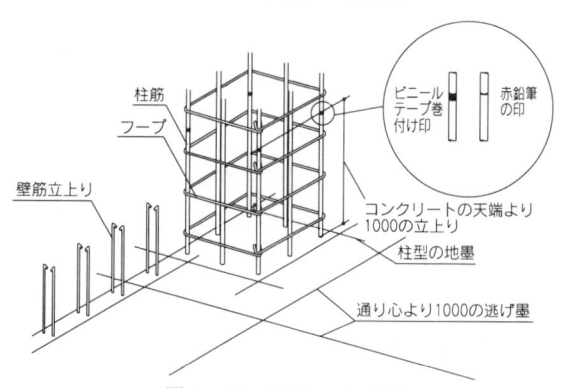

図4・11 陸墨の表示例

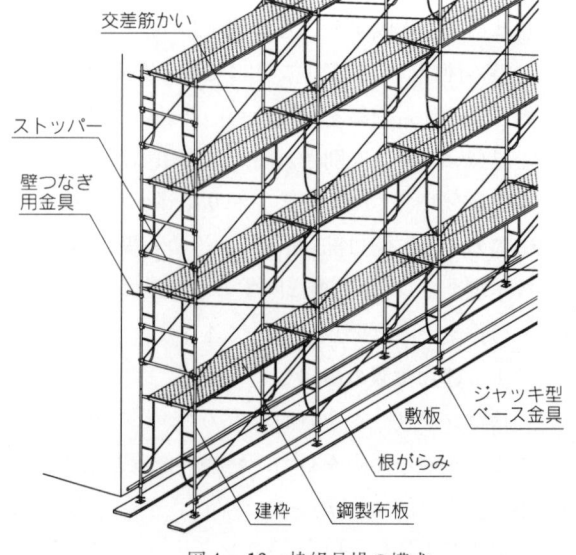

図4・12 枠組足場の構成

および仮設足場計画図（図2・14）に基づき，枠組足場と単管足場が併用されている。組立は，各階ごとに，これから建て込む階の高さより1～2段高く組み立てる。

(1) 枠組足場

枠組足場は，半製品化された建枠，布枠，筋かい枠等を組み立てる非常に能率のよい足場である。

組立は，まず地盤の上に敷板を敷き，その上に調節型ベース金具を設置する。次に，ベース金具に建枠を差し込み，布枠を架け渡し，筋かい枠を取り付ける。各枠の連結部にはピンを差し込み，上下の建枠を緊結する場合はアームロックを取り付ける。最後に，作業床である鋼製足場板を建枠に架け渡し，つかみ金具で固定する。作業者が昇降するための階段を架け，最上部には手すりを取り付ける。

構造体への壁つなぎは，労働安全規則に基づき，垂直方向9m以内，水平方向8m以内の間隔で行う。

(2) 単管足場

単管足場には，本足場，抱足場，ブラケット足場がある。

本足場は，2列の建地(支柱)に布(水平材)を渡し，それらを腕木(根太)でつなぎ，腕木の上に足場板を敷いて作業床とする足場である。

組立は，まず，敷板を地盤に敷き，その上に固定型ベース金具を配置する。次に建地をベース金具に差し込み，布を水平に建地に架け渡す。腕木は建地および布に直交クランプで緊結する。筋かいは45°の角度で架け渡し，自在クランプで緊結する。

なお，地上最下部の布の高さは2m以下，壁つなぎの間隔は垂直方向5m以内，水平方向5.5m以内，足場板の幅は20cm以上，厚さ3.5cm以上，長さ3.6m以上のものを使用することなどが，労働安全規則で定められている。

図4・13 枠組足場の組立

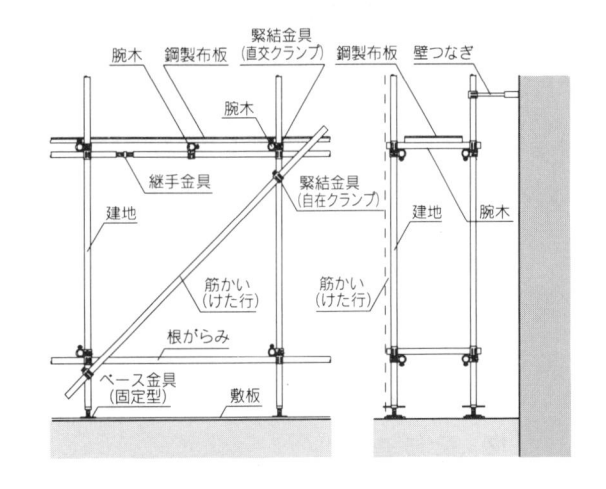

図4・14 単管足場の構成

図4・15 単管足場の組立

4・4 鉄筋工事

1. 概説

鉄筋はコンクリートと一体となって，安全な構造体を造るための骨格である。構造体を堅固にするために，鉄筋は所定の位置に正しく配筋されなければならない。鉄筋工事は躯体品質を確保するうえで重要な役割を担う工事であり，特にコンクリート打設後では修正等ができないため，施工担当者に課された責任は大きい。

(1) 鉄筋の構造的役割

鉄筋コンクリート造における鉄筋の主要な役割は，引張り強度の乏しいコンクリートの補強である。曲げによる引張り応力に対する補強としては，柱・梁主筋やスラブ筋があり，また，せん断による斜めの引張り応力に対する補強として，あばら筋，帯筋，壁筋がある。さらに，鉄筋には引張りに対する補強のほかに，圧縮部材の補強，主筋やコンクリートの拘束，コンクリートのひび割れ防止などの役割がある。

(2) 配筋基準

(a) 鉄筋のかぶり厚さ

鉄筋のかぶり厚さとは，鉄筋表面とこれを覆うコンクリート表面までの最短距離をいう。構造躯体の耐火性や耐久性，構造安定性を満足するように，JASS 5では最少かぶり厚さが規定されている（図4・17）。

(b) 鉄筋間隔

鉄筋間隔とは，隣接する鉄筋の心心間隔，鉄筋のあきとは，隣接する鉄筋の表面間最短距離をいう。鉄筋のあきは，コンクリートが分離することなく密実に打ち込まれ，鉄筋とコンクリートの間の付着による応力伝達が十分に行われるように，必要最小値が定められている（図4・18）。

図4・16 地震による柱の破壊例

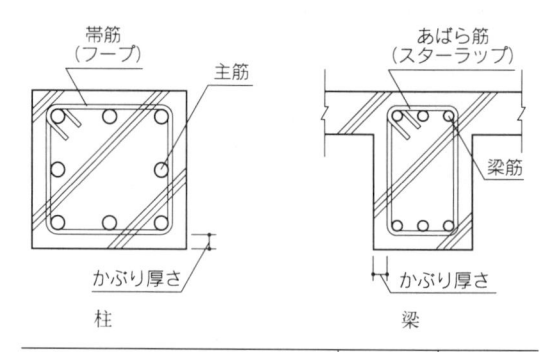

柱／梁

部位			仕上げなし	仕上げあり
土に接しない部分	屋根スラブ 床スラブ 非耐力壁	屋内	30	20
		屋外	30	20
	柱 梁 耐力壁	屋内	30	30
		屋外	40	30
	擁壁		40	40
土に接する部分	柱・梁・床スラブ・耐力壁		40	40
	基礎・擁壁		60	60

図4・17 鉄筋のかぶり厚さ

断面形状		あき
異形鉄筋	間隔 D あき D	・呼び名の数値の1.5倍以上 ・粗骨材最大寸法の1.25倍以上 ・25mm以上
丸鋼	間隔 d あき d	・鉄筋径の1.5倍以上 ・粗骨材最大寸法の1.25倍以上 ・25mm以上

図4・18 鉄筋の間隔およびあき

4・4 鉄筋工事

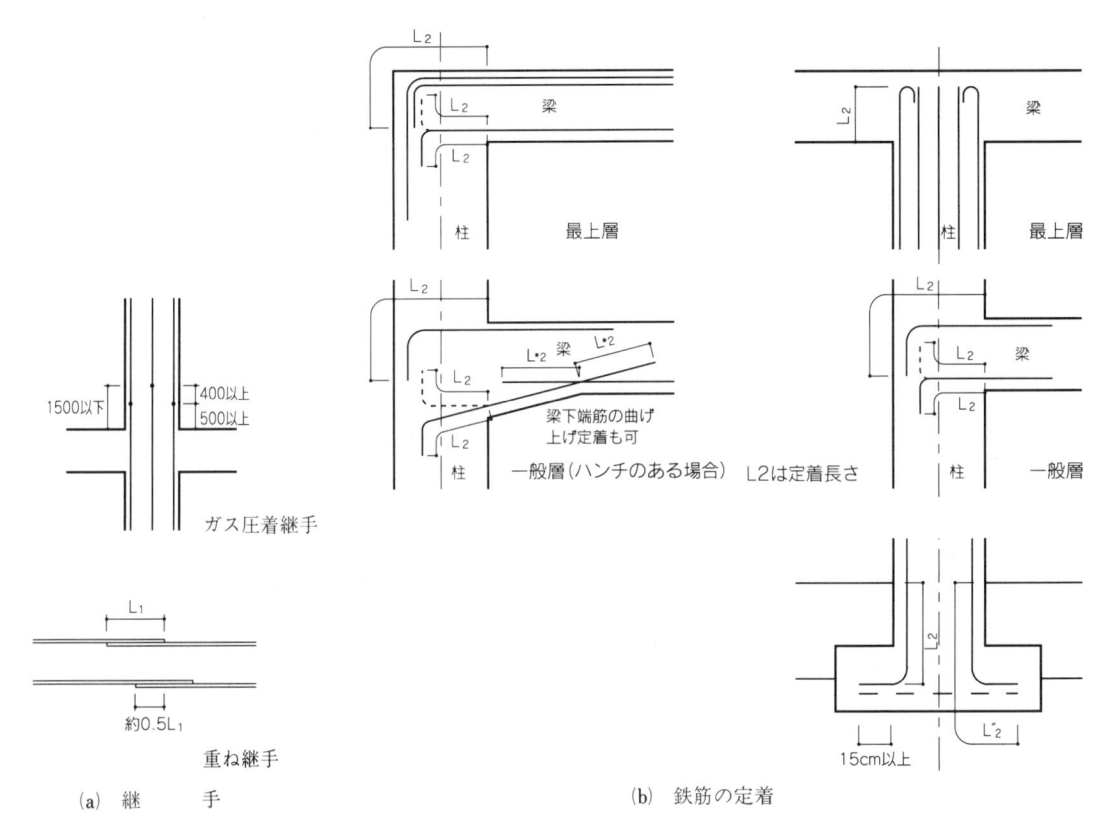

図4・19 鉄筋の継手と定着

(a) 継手
(b) 鉄筋の定着

(c) 継手

現場に搬入された鉄筋を連続させるための接合,あるいは異なる太さの鉄筋相互の接合が継手である。鉄筋の継手位置は,原則として応力の小さいところとし,かつ1箇所に集中することなく相互にずらして設ける。

(d) 定着

鉄筋コンクリート部材では,一方の部材鉄筋を他方の部材内に所定の長さだけ延長して埋め込み,鉄筋周囲とコンクリートとの付着力により引き抜けなくする必要がある。これを定着といい,必要な延ばし込み長さを定着長さという。

(3) 鉄筋の構成と各部の名称

(a) 柱

軸方向に立てられた鉄筋を主筋,主筋を外側から巻くように所定の間隔で取り付けられている補強鉄筋を帯筋(フープ)という。帯筋はせん断力に抵抗する役割のほかに,主筋の座屈防止,コンクリートのはらみ出し防止の役割も果たす。

(b) 梁

梁には水平荷重の方向によって,上側にも引張り応力が生じることがあるので,梁材の上側部分にも引張り力を受け持つ主筋を配置することになる。また,梁が受けるせん断力に対する補強筋として,あばら筋(スターラップ)を適切な間隔で配置する。あばら筋は,主筋位置を固定するための役割も担う。

(c) 基礎梁

基礎梁のせいは,柱脚の剛性を高くするため一般階の梁よりも高くなる。梁せいが600 mm以上になると,あばら筋の座屈を防止するため

に腹筋を補強する。さらに，幅止め筋で固定することにより，あばら筋の移動を防ぐ。

(d) **床スラブ・屋根スラブ**

床スラブの鉄筋は，短辺方向の鉄筋を主筋，長辺方向の鉄筋を配力筋と呼び，主筋が外側になるよう配置する。床にあけられた開口部周辺にはコンクリートにひび割れが発生しやすいので，斜め方向に補強筋を入れる（図4・21）。

(e) **壁**

壁では縦横に格子状の鉄筋を組み，主筋の役割を果たすものが外側になるよう配置する。開口部を設ける場合は，床スラブと同様に，補強筋を挿入する。壁の配筋は，使われる場所（外周壁，間仕切壁など）や機能（耐震壁，耐力壁など）によって異なるので，配筋要領に十分留意する（図4・22）。

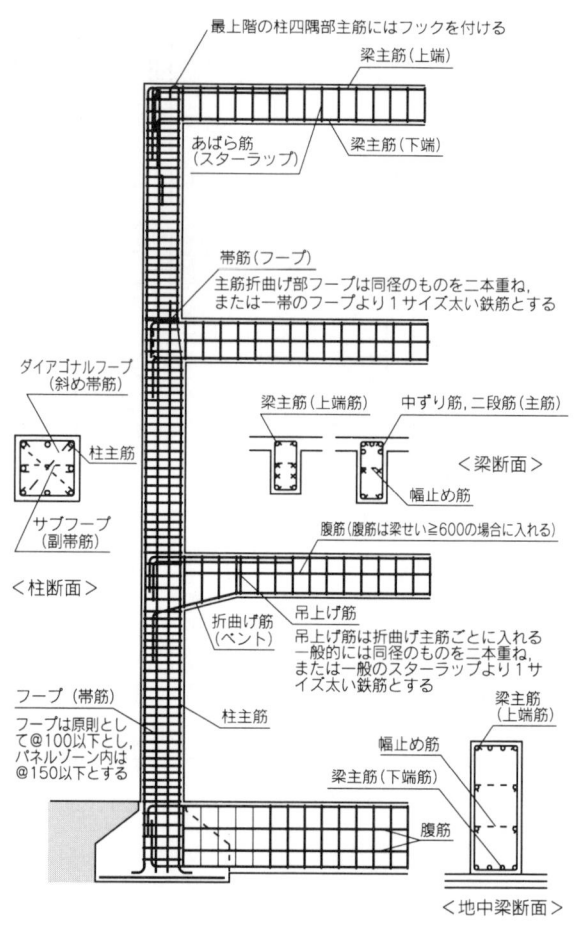

図4・20 柱，梁の鉄筋の構成と各部の名称

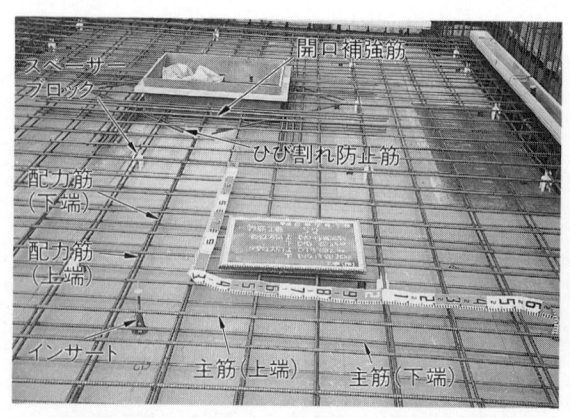

図4・21 床の鉄筋の構成と各部の名称

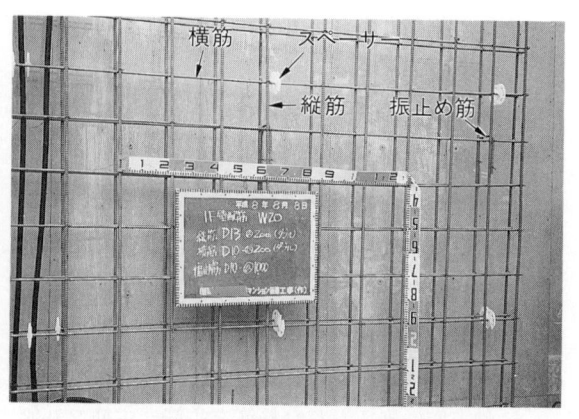

図4・22 壁の鉄筋の構成と各部の名称

2. 実例工事
(1) 概　　要

モデル現場は階高，梁せいが低く設計されており，主筋，せん断補強筋の間隔が密になっている。そのため，配筋やコンクリート打設が円滑に遂行できるよう，納まり図を作成し，配筋方法の詳細な検討を行った。

(2) 施工準備
(a) 設計図書の確認と検討

鉄筋工事に関係のある設計図には，構造図(特記仕様書，配筋基準図，各種伏図，断面図，軸組図，断面表，架構配筋詳細図，各部配筋詳細図)，建築図，設備図がある。合理的で，高い品質を実現する施工を行うためには，施工段階でこれらの図面類とJASS 5等の仕様書の内容から使用材料の種類および数量，配筋基準，組立方法，納め方などを十分に把握し，問題点を事前に解決しておく必要がある。

(b) 施工計画の立案

① 工程計画の検討　鉄筋コンクリート造では，鉄筋と型枠の組立は共同作業で進められるが，型枠工事の工程が主体となるた

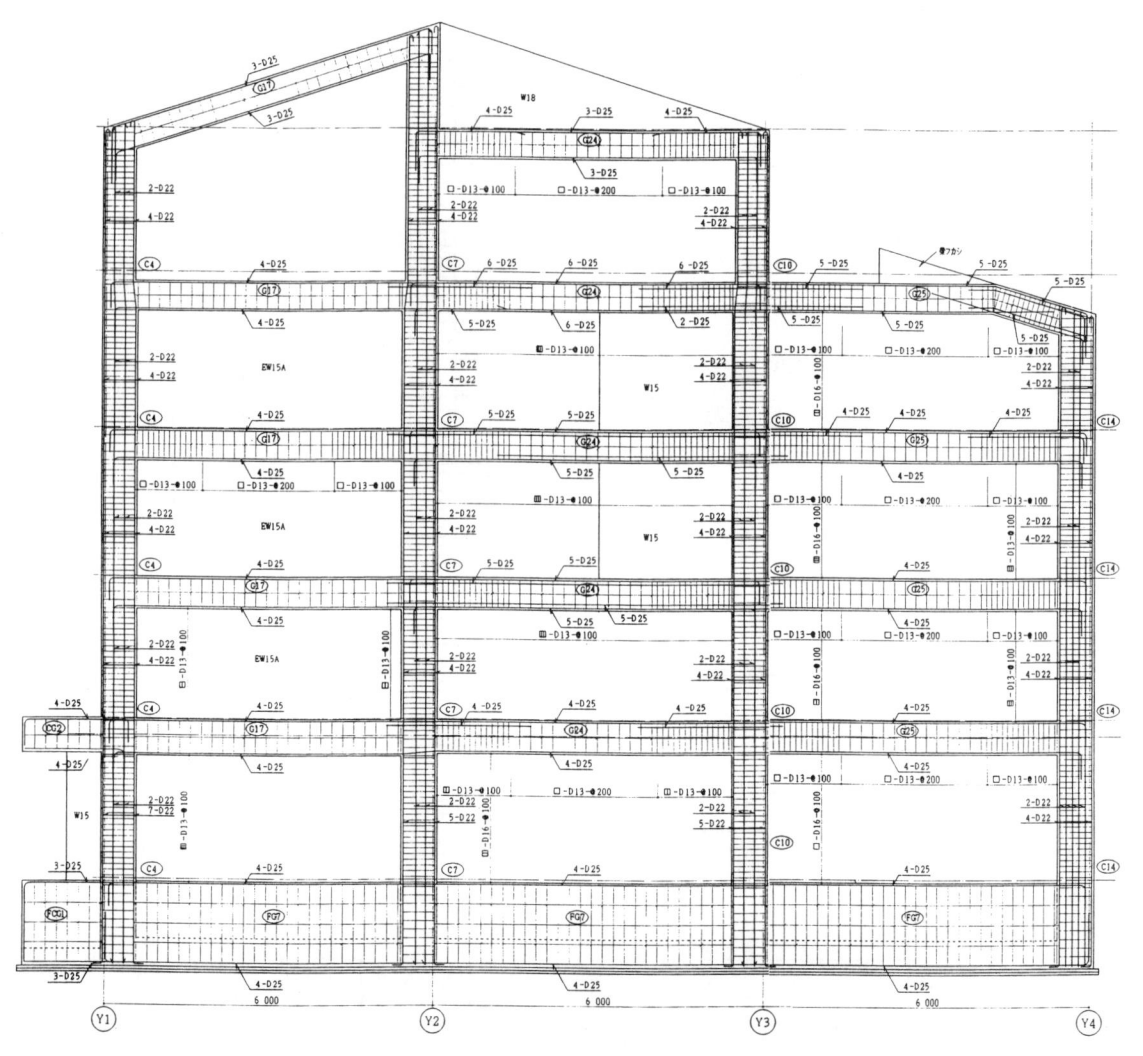

図4・23　モデル現場の配筋詳細図

め，鉄筋工事の工程は，型枠工事に準ずることが多い。工程は躯体の標準施工サイクル工程を基に，できるだけ労務が平準化するように計画する。さらに，資材の搬入，圧接継手等の試験および組立後の配筋検査等も見込んだ工程を組む。

② 工法の検討　材料の加工・組立や運搬の省力化が可能である鉄筋先組工法（図4・24）の採用や，柱帯筋のループ状からスパイラル状への変更，継手の変更などについて検討する。工法を変更する際には，必ず設計者の了解を得る。

③ 運搬および仮設計画の検討　運搬計画では，加工場から作業所までの場外運搬と，作業所内での揚重や水平移動等の場内運搬について検討する。鉄筋材料の運搬は，その量からみても躯体工事全体の仮設計画に大きな影響を及ぼすものであり，揚重量等から妥当な揚重機を選定し，また，荷揚げステージや通路の確保などを適切に行う。

④ 施工図の作成　仕様書，配筋基準図，構造設計図およびコンクリート施工図に基づき，事前に確認，検討された事項を反映しながら鉄筋の施工図を作成する。特に，配筋が複雑な箇所やコンクリート打設が難しいと予測される箇所については，詳細な組立図や納まり図を作成する。

図4・24* 先組鉄筋

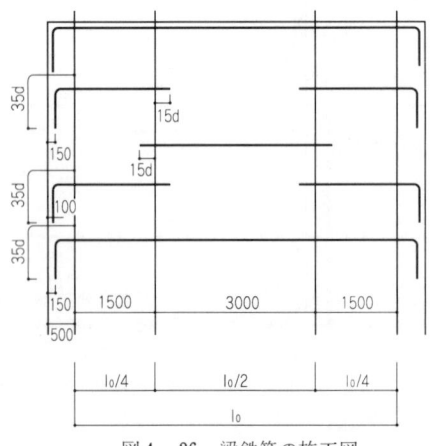

図4・26 梁鉄筋の施工図

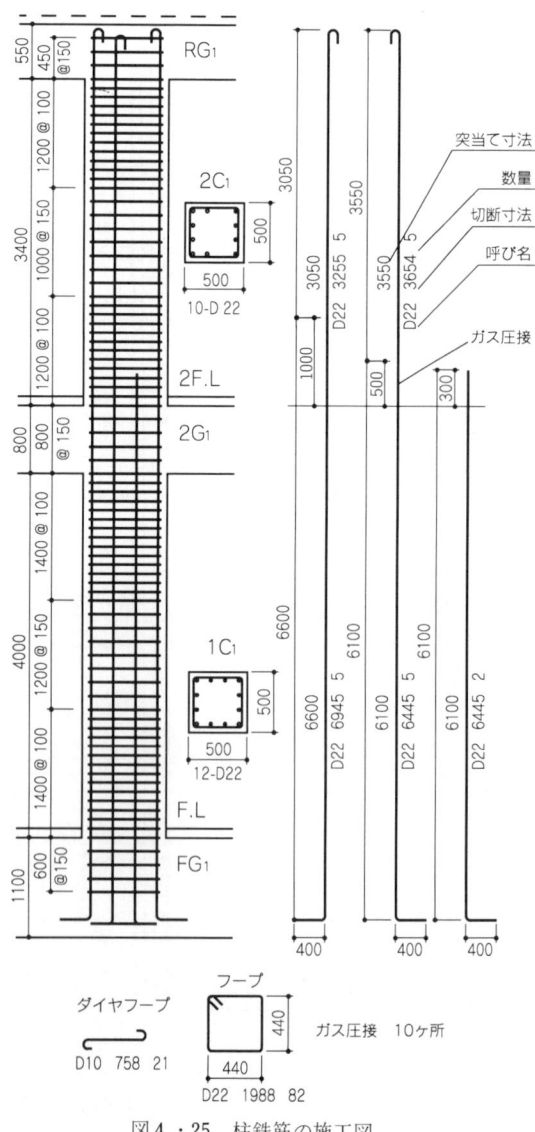

図4・25 柱鉄筋の施工図

施工図には，鉄筋の種類・径・本数，鉄筋ごとの働き寸法，かぶり厚さ，定着長さ，継手位置等を記載する。鉄筋の施工図を基に，鉄筋専門工事業者に加工図の作成および加工作業の指示を行う。

⑤ 材料および工事の発注　設計図書および施工図より，鉄筋の材質別，径別，長さ別の本数を算出し，メーカーに発注する。納入時期は，施工現場の組立工程および専門工事業者の加工工程を考慮して決定する。最近では，鉄筋材料を直接専門工事業者の加工場へ搬入し，保管および加工を依頼することが多い。

鉄筋の加工の詳細，施工方法，建込み順序，材料管理方法等について鉄筋工事業者と，事前に打合せを行い，現場の工程や型枠工事，コンクリート工事との関連性も十分に検討し，搬入，加工，組立等の全般的な日程を決定する。

荷卸しの際に搬入された鉄筋に対して，鉄筋に添付してある材料標示表（プレート）と，メーカーから提出されたミルシート（鋼材検査証明書）とを照合して，JISに定められた規格品であることを確認する。さらに，種類・径・長さ・数量をチェックし，曲がりや欠損など外観上の不具合の有無を確認する。ただし，加工された鉄筋が現場に搬入される際には，プレート等がついていないので，鉄筋に刻印されたメーカーごとのマークでチェックする。

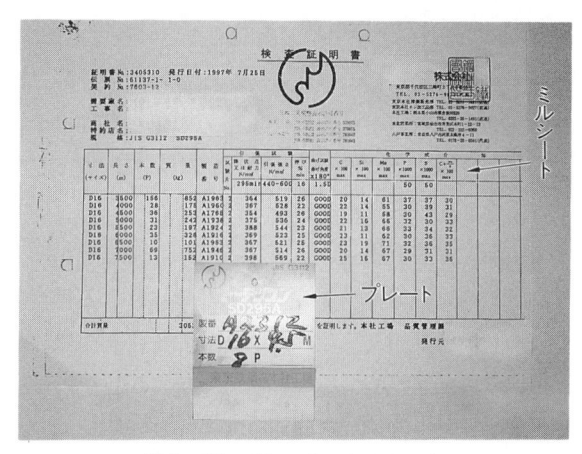

図4・27　プレート，ミルシート

図4・28　自動鉄筋折曲げ機

(3) 鉄筋の加工

鉄筋は配筋基準図，施工図および鉄筋加工図に基づき，必要な寸法に切断し，折り曲げられる。切断はシアカッターまたは電動のこぎりで，折曲げはベンダー等の機械を用いて行う。鉄筋の曲げ加工は，熱処理を行うと鋼材としての性能が変わるので，常温加工とする。丸鋼，

折曲げ角度	折曲げ図		SD295A, SD295B SD345, SDR295, SDR345		使用箇所
			D16 以下	D19 〜D38	
180°	（図）	D	3d 以上	4d 以上	柱・梁の主筋，杭基礎のベース筋，D16以上の鉄筋
135°	（図）	D	3d 以上	4d 以上	あばら筋，帯筋，スパイラル筋，D13以下の鉄筋
90°	（図）	D	3d 以上	4d 以上	T形およびL形の梁のあばら筋

図4・29　鉄筋末端部のフックの形状

あばら筋・帯筋，柱・梁出隅部などの鉄筋には，末端部にフックを付ける。

加工段階の不具合は，現場での組立工程に大きな影響を及ぼすため，要所については加工見本を作成し，出来上がりの確認を行う。

(4) 鉄筋の組立

鉄筋コンクリート造の地上部分における鉄筋の一般的な組立手順は，①柱筋の圧接・組立，②壁の配筋，③大梁の配筋・圧接，④小梁の配筋・圧接，⑤スラブ配筋，⑥その他の部分，である。

組立作業では，所定の位置に正しく配筋し，コンクリートの打込み完了まで移動しないように堅固に保持することが重要である。また，型枠工事および設備工事などと混在しながら作業が行われるため，各々の作業手順や作業量を理解したうえで工事を行う。

鉄筋の組立にあたっては，鉄筋の定着長さ，継手位置，開口部補強を配筋基準に従い正しく行うことはもちろんのこと，要所に適切なスペーサーやバーサポート等を配置し，所定のかぶり厚さや鉄筋間隔を確保する。また，鉄筋の交差する箇所では，コンクリート打設中に鉄筋が移動しないように，結束線で堅固に緊結する。

(5) 鉄筋の継手作業

鉄筋の継手には，重ね継手，ガス圧接継手を用いるのが一般的であるが，太径の鉄筋には，機械継手が用いられる。ガス圧接継手は，種類の異なる鉄筋どうし，また，同一種でも径の差が7mmを超える場合には，原則として行ってはならない。作業に際しては，鉄筋の材質や圧接装置，また，圧接工の技量，天候等による施工不良が生じやすいので，十分な管理が必要である。特に，圧接面の研磨や突合わせによって生じるすき間の管理が重要である。また，強風・降雨時には作業を行わないようにする。なお，圧接工には技量資格が必要なので，事前に

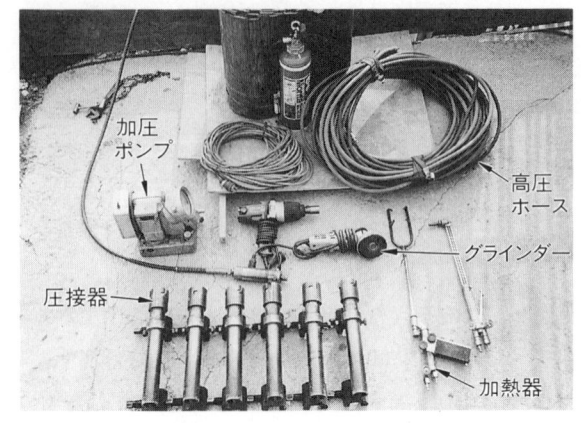

図4・30 圧接装置

図4・31 圧縮継手の検査

図4・32* 柱鉄筋の機械継手

4・4 鉄筋工事

必ず確認する。

圧接完了後には，圧接部全数に対して膨らみの直径，長さ，ずれなどの外観検査を行い，さらに，超音波探傷法（CT 法）または引張り試験法による抜取り検査を行う。

(6) **各部の配筋**

(a) **柱の配筋**

柱の配筋に先立って，下階のコンクリート内に打ち込まれた主筋の位置が所定のかぶり厚さを満たしているかを，地墨を基に確認する。正確な位置からずれている場合は，主筋の足下部を緩やかに曲げて修正する台直しを行う。台直しの方法によっては，躯体に致命的な欠陥が生じるので，構造担当者と十分に打合せをしてから作業を行う。

① 主筋・帯筋の配置　柱主筋は X・Y 方向で本数が異なることが多いので，間違いのないよう配置する。帯筋は柱主筋を圧接する前に入れておく（図4・33）。

② 主筋の圧接　上下主筋のリブを合わせ，中心がずれないよう圧接器を取り付けたのち，所要の加熱温度・時間を確保して確実に行う（図4・34）。

図4・33　主筋に預け入れられた帯筋

図4・34　柱主筋の圧接

図4・35　帯筋位置のマーキング 　　図4・36　帯筋の取付け 　　図4・37　スペーサーの取付け

③ 帯筋の取付け　定規を用いて主筋に帯筋位置をマーキングし，それに合わせて帯筋を取り付ける。4隅の主筋と帯筋との間にすき間ができないように，しっかりと結束する(図4・35, 36)。

④ スペーサーの取付け　帯筋にかぶり厚さおよび鉄筋相互の位置を保持するためのスペーサーを取り付ける(図4・37)。

(b) **壁の配筋**

壁の配筋作業に際しては，耐震壁，帳壁など，壁の種類により配筋仕様が異なることに注意し，また，開口やスリーブの位置を正確に把握しておく。

① 縦・横筋の配筋　鉄筋位置の割付け後に，縦筋，横筋の順で配筋を行い，スペーサーを所定の間隔に取り付ける。

　次に，反対側の壁配筋を行い，内外の鉄筋間隔を正しく保持するための幅止め筋を所定の位置に挿入し，結束する。さらに，スペーサーを取り付ける。

② 補強筋の配筋　開口部周囲の補強筋やひび割れ防止筋を，他の鉄筋とのあきやかぶり厚さを確認しながら確実に配筋する。

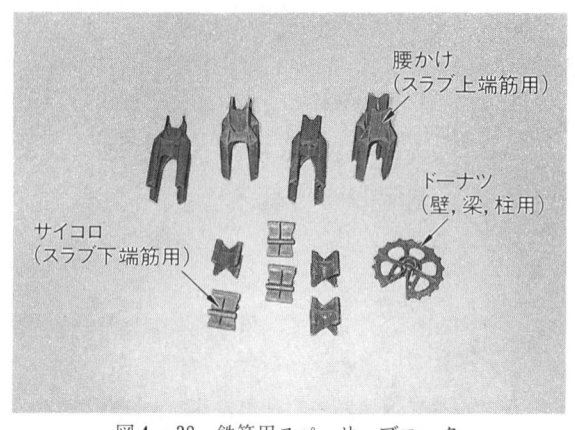

図4・38　鉄筋用スペーサーブロック

図4・39　内壁鉄筋の配筋

図4・40　外壁の外側鉄筋の配筋

図4・41　外壁の内側鉄筋の配筋

(c) 梁の配筋

一般的に梁の組立は，梁型枠の上ですべてを組んでから落とし込むので，落とし込み後の位置修正等が困難になる。したがって，落とし込み前に，梁の寸法や柱筋との位置関係を確実におさえ，適切なかぶり厚さ，あき間隔が確保できるようにする。

① 上下主筋の配筋　まず，梁下主筋受け用の桟木を渡し，配置する（図4・42）。次に，梁上主筋受け用のうまを設け，パイプを渡し，その上で配筋する（図4・43）。パネルゾーンの帯筋は入れ忘れることが多いので，下主筋の配筋後，上主筋の配筋前にあらかじめ柱主筋に預け入れておく（図4・44）。主筋の圧接は，柱主筋と同じ要領で行う。

② あばら筋の取付け　下主筋を桟木ごと持ち上げて上下主筋の間隔を少し狭めたのち，あばら筋を所定の間隔に取り付ける。

③ 上下主筋の結束　あばら筋と上下主筋を結束したのち，正しい位置に腹筋・幅止め筋を挿入・結束し，さらに，あばら筋にスペーサーを取り付ける。この時点で，柱主筋に預け入れておいた帯筋を結束する。なお，梁貫通スリーブ位置の補強筋の挿入時期については，設備工事業者と協議し，決定する。

図4・42　梁下主筋の配筋

図4・43　梁上主筋の配筋

図4・44　パネルゾーンの帯筋の結束

図4・45　あばら筋の取付け

④ 梁筋の落とし込み　上主筋受け用のうまを取り外し，梁筋を水平に保ちながら所定の位置に落とし込む。その際，梁下のかぶり厚さを確保するための梁底用バーサポートや，上主筋下のかんざし筋を設置する（図4・46）。

パネルゾーンの柱主筋では，スペーサーが遊んでしまいやすいので，梁筋落とし込み後，スラブ型枠に柱筋用スペーサーをしっかり固定する。

図4・46　梁筋の落とし込み

図4・47　スラブ筋の配筋

図4・48　スラブ開口部の補強の配筋

(d)　床スラブの配筋

床スラブの配筋作業は，設備配管・各種インサート取付け工事と相前後することが多いので，事前に取付け位置や作業工程について確認する。また，インシュレーション材の設置位置や，型枠搬出用の開口等の位置を確認し，作業に着手する。

① 下端筋・上端筋の配筋　清掃したスラブ型枠面に配筋間隔をマーキングし，配筋ピッチに合わせ，まず下端筋の主筋（短辺方向），配力筋（長辺方向）の順で配置し，結束する。次に，上端筋を配力筋，主筋の順に配筋する。また，所定の位置にスラブ開口部補強筋，ひび割れ防止筋を配筋する（図4・48）。

② スペーサーの取付け　かぶり厚さを確保するために，下端筋の主筋の下および上端筋の配力筋の下に，所定の間隔でスペーサーブロックを配置する（図4・49）。

(e)　階段の配筋

階段は，構造形式により片持ち方式とスラブ方式に大別される。片持ち方式では，壁から段鼻部分への鉄筋が主筋となるが，その主筋の壁への定着，配筋位置の確保および壁筋補強が重要となる。一方，スラブ方式では，傾斜方向の鉄筋が主筋の役割を果たしており，それらを梁に確実に定着させることがポイントとなる（図4・50）。

図4・49　スペーサーの取付け

図4・51　鉄筋検査風景

図4・50　階段の配筋

図4・52　柱配筋の検査

(7) 差し筋

　直上階の腰壁や後打ちの庇など，コンクリート打設階の各部分に定着しておく必要のある鉄筋(差し筋)を，位置を確認し配筋する。これらの鉄筋は，コンクリート打設時に動きやすいので，受け筋等を用いて確実に緊結しておく。

(8) 配筋検査

　配筋完了後，コンクリート打設前に，必ず配筋検査を実施する。検査は，官庁と構造設計者によって行われるのが一般的である。検査項目には，鉄筋の本数・材質，スペーサーの間隔，継手の位置・長さ・形状，定着長さ，かぶり厚さ，鉄筋相互のあきなどがある。

　指摘された不具合箇所は，コンクリート打設前に必ず修正する。なお，柱および壁の配筋状態は，すべてが完了してからでは見えなくなってしまうので，そのつど自主的な検査を実施するとともに，官公庁提出用の記録写真を撮影しておく。

4・5 型枠工事

1. 概説

コンクリートは，現場で流動体であるフレッシュコンクリートを型枠内に打設して形成する。すなわち，型枠は躯体を形成するための鋳型である。プレキャストコンクリートを除き，型枠は工事ごとに組み立てることになる。

型枠はコンクリートが必要強度に達するまで，所定の形状と精度を確保しなくてはならず，型枠工事は躯体の品質を大きく左右する。しかし，一方で，型枠は建物完成時にはまったく残らない仮設物であるので，経済性を追求し，合理化を図る必要がある。そのためには，綿密な計画を立て慎重な施工を行うとともに，できるだけ型枠を標準化，大型化し，運搬，組立の機械化を図ることが望ましい。

型枠工事の計画にあたっては，設計図書を基に，納まり，施工性，他工事との関連などを十分に検討し，問題点を抽出して対策を立て，材料，工法等を選別し，施工計画を立て施工図を作成する。また構造スリットの仕様，位置に応じて，取付方法には細心の注意を払う。

(1) 型枠の役割

フレッシュコンクリートを型枠内に流し込むと，比重2.3のコンクリートは，型枠側面に大きな圧力(側圧)を加える。この打設時の圧力に対し，型枠が変形・破壊しないようにしなくてはならない。また，型枠のすき間からのコンクリートの流出を防ぐとともに，型枠継目の目違いや変形が生じないよう精度を確保する。

型枠設計用のコンクリート側圧は，JASS 5で決められているが，一般的な型枠については特に強度計算を行わず，経験に基づいて施工する場合が多い。

(2) 型枠の構成と各部の名称

(a) せき板

せき板とは，側圧を支え，コンクリートの流出を防ぐための，コンクリートと接する板で，材料としては合板（コンクリート型枠用合板）

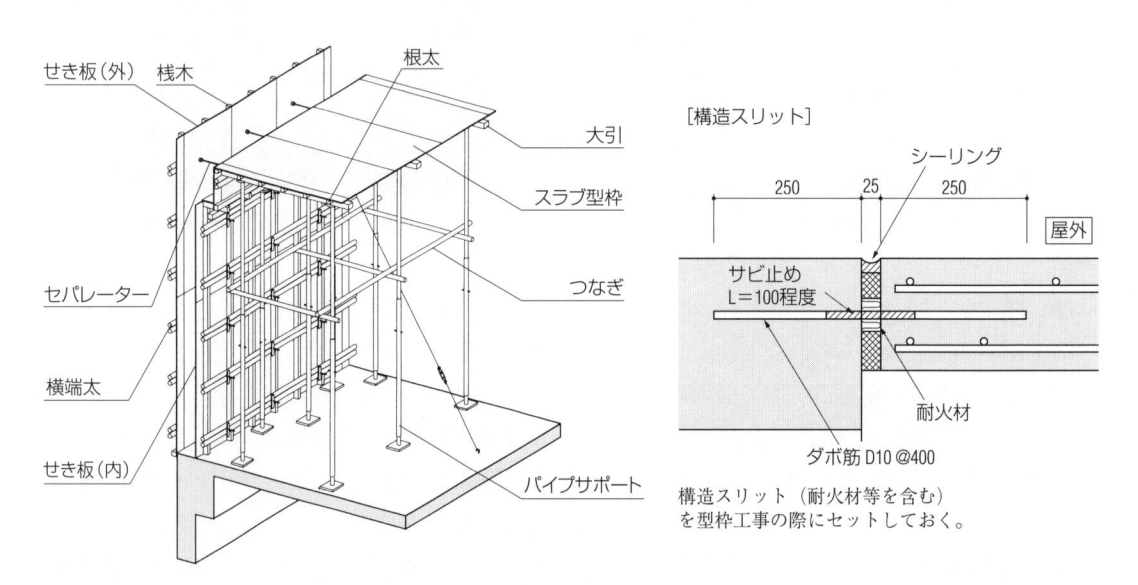

図4・53 型枠の構成と各部の名称

が主であるが，ほかに鋼板，アルミ板等がある。

(b) 桟　木

せき板を押さえて補強するための木材のことで，縦方向を縦桟，横方向を横桟という。材料としては米栂（べいつが）が多く使われ，寸法は 50 mm × 30 mm 程度が一般的である。

(c) 端　太（ばた）

型枠を支えて締付け金具に荷重を伝えるもので，縦方向を縦端太，横方向を横端太という。一般には鋼管，角形鋼管および軽量形鋼などの鋼材が多い。

(d) 大引・根太

梁，スラブの型枠を受けるもので，根太には鋼管，大引には端太角（100 mm × 100 mm の木材）が用いられることが多い。

(e) 支　柱（サポート）

梁，スラブ等のコンクリート型枠のたわみ・変形を防ぎ，コンクリートが固まって鉄筋コンクリートとしての強度が出るまで，コンクリートの重さを支えるための材で，長さの調整機能をもった鋼製パイプのものが一般的である。

(f) 型枠締付け金物（フォームタイ）

壁などの相対するせき板間の間隔を一定に保ち，側圧を支えるために，型枠を貫通させて相互に結ぶ締付け金具をいい，セパレーター，木コン（Pコン），ボルト，座金等から構成されている。締付け金具は，図4・56に示すように，いくつかの種類のものが様々な壁の厚さに対応できるように用意されている。

(g) はく離材

はく離材は，コンクリートと型枠のせき板との付着を防ぎ，解体後の清掃を容易にする目的で用いられる。油性，パラフィン性など多種類のものがあるが，最近は，はく離材があらかじめコーティングされたせき板を利用することが多い。

図4・54　梁下のサポート

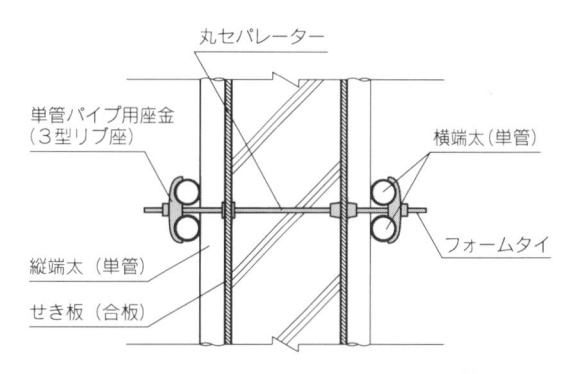

図4・55　型枠締付け金物の構成と使用例

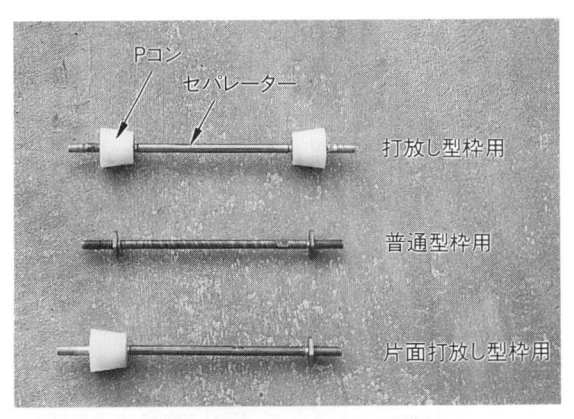

図4・56　セパレーターの種類

2. 実例工事

(1) 概　　要

モデル現場では、内外壁共に、コンクリート面に直接仕上げを施す仕様となっており、コンクリート打上がり面に高い精度が要求されるため、打放しコンクリートと同様の型枠計画で工事が行われた。

(2) 施工準備

(a) 設計図書の確認と検討

鉄筋工事の場合と同様に、仕様書、建築図、構造図、設備図、付帯施設図などを十分に照合し、①不明確な内容、②施工上の問題点、③施工上変更したい事項などを摘出し、施工前に対処方法を決定しておく。特に、普通型枠・打放し型枠の区分を確認することは重要である。

(b) 施工計画の立案

① 工程計画の検討　型枠工事は、躯体工事の中で最も工数のかかる工事であるため、鉄筋工事等との関連を調整し、できるだけ工期短縮が図れるよう有機的で円滑な作業工程を組む。特に、型枠工事の歩掛りは、建物の形状や各部位の形状の複雑さにより大きく異なるので、その把握を十分に行う。

② 転用計画の検討　型枠の転用計画では、できるだけ少ない材料をできるだけ多く反復使用することにより、コストダウンを図ることを目標とする。躯体工事の施工期間、型枠の存置期間、作業手順等の工程要因と、材料の耐用限界、減失率等の材料的要因とをあわせて検討し、適正な型枠の量を算出し、その円滑な転用を図る。

③ 運搬・揚重計画の検討　型枠工事用材料の搬入・荷揚げは、多量の材料を短期間に取り扱うことになるので、作業工程に応じた適切な搬入、小運搬、荷揚げの計画を立てる。材料置場の位置と面積、荷揚げ用開口部の位置、取込み場所の位置、揚重機の位置・能力、台数なども工程を大きく左右するので、効率的な作業動線になるように十分配慮する。

(c) 施工図の作成

型枠工事に必要な施工図は、コンクリート部分の寸法・形状を正確に示した「コンクリート施工図」である。施工図の作成にあたっては、設計図書のみの情報では完全な内容とすることはできないので、各工事との取合い部分の納まりや、複数の設計図の間で矛盾していたりする

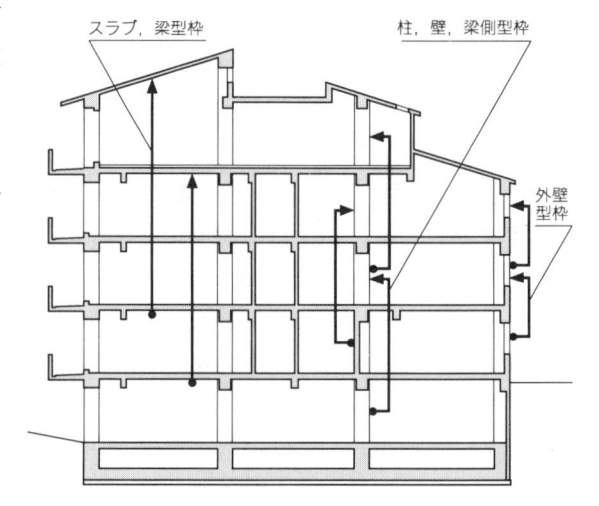

図4・57　型枠の転用計画

図4・58　型枠一時置場

4・5 型枠工事

不明確な寸法を一つ一つ解明し，決定していきながら完成させていく。特に，局部的な取合いについては，原寸図を作成して検討し，明確にしたものをフィードバックする。

型枠の加工，割付け，組立図等は，コンクリート施工図を基本として作成される。施工図（平面・断面）には，躯体各部および開口部の記号や寸法，位置，埋込み金物・アンカー類の位置と種類，打継ぎ目地・ひび割れ防止目地の位置と大きさ，躯体貫通スリーブの位置等を記載する。

(d) 工事の発注

最近はほとんどの場合，材料，加工，組立のすべてを型枠工事業者に一式発注する。型枠工事業者とは，事前に，加工の詳細，施工方法，転用計画，建込み順序，揚重・足場等の仮設計画について打合せを行い，搬入，加工，組立等の全般的な日程を決定する。なお，その際に，受入れ材のチェックおよび各種の検査（墨出し，型枠精度等）についても，時期と方法について取決めを行う。

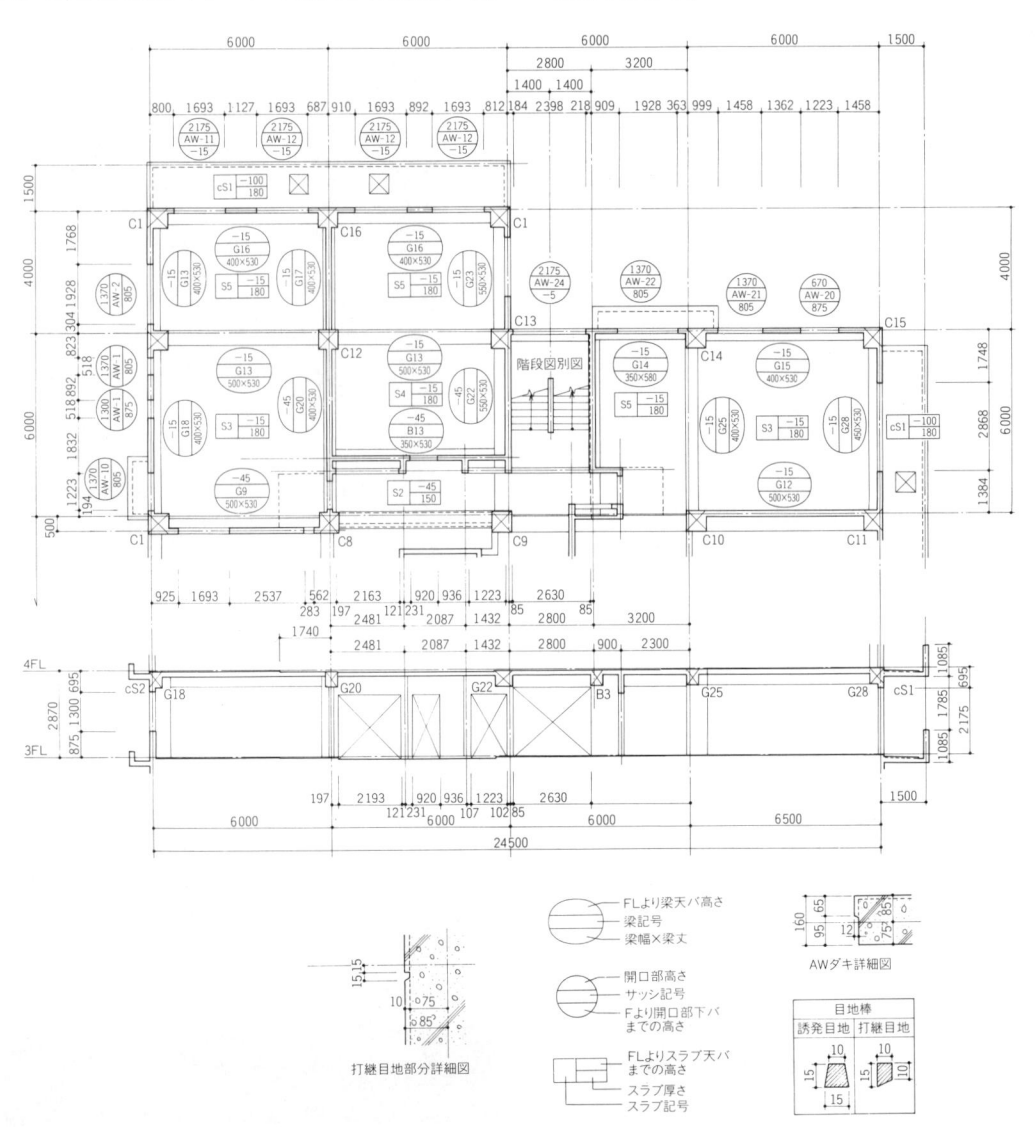

図4・59 コンクリート施工図

(3) 型枠の加工

型枠の加工は，多くの場合，加工場でコンクリート施工図に基づいて行われる。柱型・梁型・階段・特殊部位等の下ごしらえを必要とする部分については，別に加工図を作成する。加工に際しては，型枠組立計画に従い，材料の転用を常に考慮し，むだのない型取り，寸法割付けを行う。また，切断，穴あけについては正確に墨を打ち，ささくれのないように注意する。さらに，金物，木れんが，箱入れ等については，正確に墨出しを行い型枠に取り付ける。

図4・60　型枠の加工風景

(4) 型枠の組立

鉄筋コンクリート造の地上部分における型枠は，まず，地墨に沿って敷桟端太を取り付け，①柱，②外壁外部側，③梁，外壁内部側および内壁，④スラブ，⑤階段等その他の部分，の順に建て込まれるのが一般的である。

型枠の組立作業は，鉄筋工事，設備工事，足場の組立作業等と並行して行われるので，相互間の連携を十分にとりながら工事を進める。

組立にあたっては，正確な寸法で，水平・垂直を正しくとり，引通しよく建て入れる。特に，せき板は，コンクリートに食い込まないよう，また，目違いやすき間が生じないように組み立てる。

型枠の固定は，コンクリートの側圧，作業荷重，打設時の振動・衝撃に耐えるよう，かつ解体までの間にゆがみや反りが生じないよう確実に行う。また，解体の際に，せき板・支保材を損傷したり，コンクリートに衝撃を与えるなどの無理な脱型とならないような組立て方をする。

なお，モデル現場では，スラブ型枠の一部に透明パネルを用いることにより，型枠作業中，内部を明るくし，作業環境の向上を図った。

図4・61　墨　　出　　し

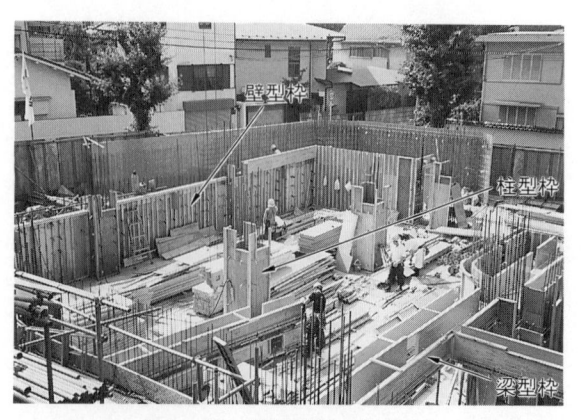

図4・62　型枠の建込み風景

4・5 型枠工事

(5) **一般階各部の組立**

(a) **柱型枠の組立**

① 柱の下ごしらえ　柱の加工は，梁型，壁等の接続部を切り欠いた合板の外側の端部等に桟木を取り付けて，1枚のパネルとして加工することが多い。そして，組立時に高さがわかりやすいように床面より1m上がりに陸墨を付けておく。加工後，搬入された型枠は，型枠割付図に従ってセパレーター位置にドリルで穴をあけ，仕上げが打放しであれば型枠の内側に木コンを取り付ける。また，内部仕上げ工事（木製の幅木等）に必要な木れんがや，打放し用の面木も所定の位置にあらかじめ取り付けておく。

② 型枠パネルの建込み　すでに取り付けてあった敷桟に合わせて，下ごしらえされた柱型枠パネルを取り付ける。

③ セパレーター・フォームタイの取付け　型枠パネルの内側からセパレーターを差し込んで取り付け，その後，パネルの外側からセパレーター頭部にフォームタイをねじ込む。

④ 対面パネル・隣接パネルの組立　対面パネルの穴に，すでに取り付けられたセパレーターの頭部を差し込みながら垂直に立てる。さらに，桟木を用いて隣接パネルを組み合わせる。

⑤ 端太の取付け　縦端太を番線で緊結しながらパネルに取り付け，その上に横端太を通し，座金を当て，フォームタイのナットを締め付け，横端太を固定する。

⑥ 型枠の固定　組み上がった型枠が正しい位置から動かないように，チェーンとサポートで，床スラブから支持する。

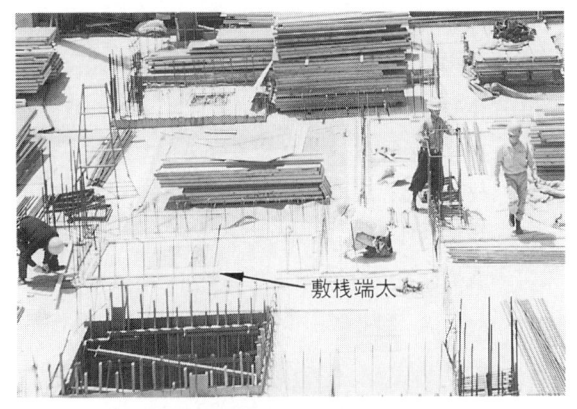

図4・63　敷桟端太の取付け

図4・64　対面パネルの組立て

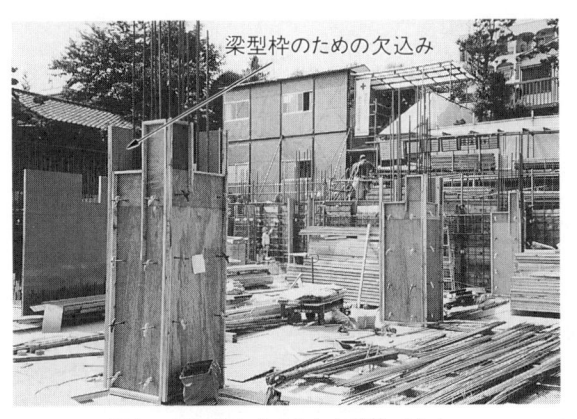

図4・65　組み立てられた型枠パネル

(b) 梁型枠の組立

① 梁型枠の下ごしらえ　梁の型枠は，底板と2枚の側板で構成されているが，柱と同様にパネルにして組み立てる。梁型枠の構成には，2つのタイプがあるが，モデル現場では，主に側面型枠を定尺パネルとし，底型枠を正規の梁内法寸法とした。

大梁には小梁が取り付くことが多いが，その場合は，大梁の側面のパネルに小梁の欠込みをしておく（図4・70）。

② 型枠の建込み　梁型枠の建込みは，事前に床上で箱形に下ごしらえした型枠を，柱間に架け渡す方法が一般的であり，モデル現場でもこの方法で行った。

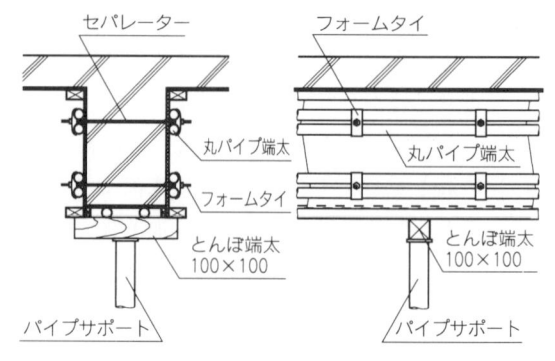

図4・66　梁型枠の構成方法

図4・67　梁型枠の下ごしらえ

図4・69　パイプサポートによる梁型枠の支持

図4・68　梁型枠の建込み

図4・70　大梁の建込み完了

4・5 型枠工事

(c) 壁型枠の組立

① 壁型枠の下ごしらえ　壁のように面積の大きい部材は，コンクリート施工図を基に，定尺合板以外の補助材が最少になるよう割り付ける。化粧打放し壁については，設計監理者とパネル割付けおよびセパレーター位置（木コン位置）の確認をして計画する（図4・71）。

② 開口部型枠の下ごしらえ　壁型枠の組立て時には出入口や窓，設備用配管および機器ボックス類のせき板等も並行して施工される。開口部に付属するサッシ類の取付け用アンカー金物，木れんが等も施工図と照合し，寸法，個数を間違いなく取り付ける（図4・72）。

③ 型枠の建込み　モデル現場では，割付図に従って，事前に階高に合わせた大型パネルを下ごしらえし，外部から順次上階に

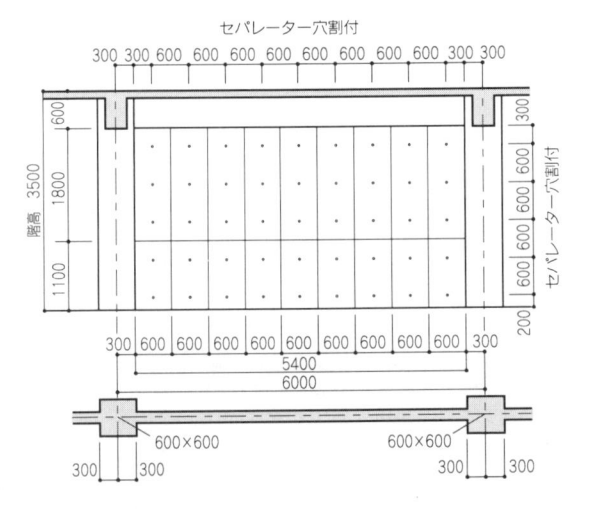

図4・71　壁型枠の割付け例

図4・73　足下部の根巻き金具

図4・72　開口枠の取付け

図4・74　型枠の建込み

せり上げて転用していく方法を採用した。壁型枠の足下は、柱型枠と同様にベース金物や桟木で根巻きを行う。

④ フォームタイの締付け　型枠の締付けは、すべてのフォームタイを平均的に締め付けるようにし、締め過ぎによる合板パネルの湾曲を防ぐ。

(d) スラブ型枠の組立

スラブ型枠の施工に際し、事前に必ず柱、壁の型枠の通りや、出隅・入隅の垂直等を確認し、必要があれば修正しておく。

① 大引・桟木・根太・サポートの取付け

大引を梁型枠に仮止めし、その上に大引の振止め用の桟木を取り付ける。サポートを立て起こしたのち、大引の上に所定の間隔で根太を敷き込む。

② せき板合板張り　床の周囲から中央に向かう要領で、スラブせき板を桟木に釘止めする。その際、せき板が梁型枠面に食い込まないようにする。

③ 埋込み金物・インサート類の取付け

天井仕上げ用吊りボルト類、アンカーボルトなどの埋込み金物およびスリーブ類を、施工図に基づき、落ちのないよう正確に取り付ける。また、断熱材等の敷込みが必要なものも忘れないようにする(図4・78)。

図4・75　フォームタイの締付け

図4・76　根太の敷込み

図4・77　せき板合板張り

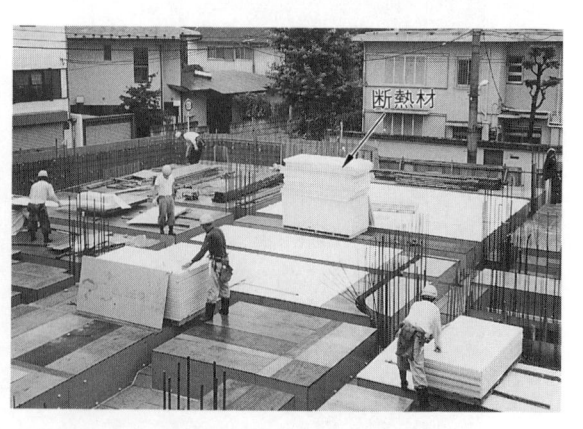

図4・78　断熱材の敷込み

④ パイプサポートの調整　床型枠は，コンクリート打設時の荷重により中央部が垂れ下がるおそれがあるので，遊びのないようパイプサポートを締め付け，調整しておく（図4・79）。

(e) 階段型枠の組立

階段は，その構造や意匠によって種々の形状があり，型枠の施工の中でも，最も手間のかかる部分である。

① 型枠の下ごしらえ　階段の下ごしらえは，まずパネルを敷いて作図のための床をつくり，その上に階高，踊り場の高さ，階段の長さ，蹴上げ，踏み面（ふみづら）等を原寸で描く。その原寸図上に合わせて材料を置き，墨付けを行って，段の部分の切欠きや桟木の取付けを行い，1枚のパネルに加工し，仮組みする。

② 型枠の建込み　仮組みしたパネルを分解し，敷桟の上にまず側板パネルを建て込み，次に底板を取り付ける。さらに，配筋完了後に段形状のせき板を取り付ける。

(6) 型枠検査

型枠建込み終了後，コンクリート打設の前に型枠工事全般にわたって最終検査を行う。型枠の施工不良，精度不良は，打設後のはつり等の不要な作業を引き起こすばかりでなく，構造強度に不安をもたらすとともに，建物の出来映えに大きな影響を及ぼすことになるので，検査は綿密かつ確実に行う。

検査項目には，建込み検査，建入れ検査，通り検査，床レベルの水平精度検査，各部分の断面や開口部の寸法検査がある（図4・82）。

(7) 型枠の取外し

型枠の取外しは，せき板やサポートを上階で用いる型枠として少しでも多く転用させ，後工事の着手および作業空間をつくるために，全体の工程計画の中で，それぞれの部材の存置期間

図4・79　パイプサポートの組立

図4・80　階段型枠の原寸図の作成

図4・81　階段型枠の組立

を確保した合理的な解体計画に従って進める。

(a) 型枠の存置期間

せき板およびサポートの存置期間に関しては，日本建築学会の「建築工事標準仕様書JASS 5」で定められている。ただし，化粧打放しコンクリートの場合等では，設計事務所によってはさらに長い存置期間を定めているところもあるので特記仕様書に従う。

スラブ下や梁下のサポートの存置期間については，コンクリート圧縮強度が設計基準強度の100％出ていることを確認しなければ，取外しができないことになっている。そのため，現場ではコンクリート打設日に供試体を採っておき，適当な時期に圧縮試験を行い，強度を確認する。

設計基準強度が出る前に上階へせき板を転用したり，資材・機器類の搬出を円滑に行うための方法として，いったんせき板や根太・大引を取り外し，再びサポートのみを建て直す盛替えがある。しかし，本来望ましい作業ではないので，盛替えを行う際には，建設省告示や各資料に沿った構造計算を行い，安全を確認する必要がある。

(b) 取外し作業

取外し作業は危険をともなうため，解体専門業者が行う。せき板の取外しは，まず柱，壁，梁側型枠，次いで梁底，床型枠の手順で行う。

せき板の取外しに際しては，コンクリートが破損しないよう丁寧に行う。取り外されたせき板等は上階へ転用するため，釘仕舞を行い，付着したコンクリート等をきれいに除去する。これをけれんという。

図4・82 型枠の建入れ検査

図4・83 型枠の取外し

4・6 コンクリート工事

1. 概説

コンクリート工事は，コンクリートそのものの製造と，コンクリートの打設の2つに大別される。

現在では，コンクリートを施工現場で製造することはほとんどなく，工場で製造されたレディーミクストコンクリート（生コン）を使用するのが一般的である。

(1) コンクリートの性質

コンクリートは水和反応で硬化し，固まるにつれて徐々に収縮する。硬化後の乾燥収縮によってひび割れが生じると，漏水等が発生したり，コンクリートの中性化や鉄筋の錆発生等を促進させ，強度を低下させることになる。すなわち，コンクリート工事はその良否によって耐久性に大きな違いが生じる。施工にあたっては，良質な材料を選定し，適切な調合設計により密実なコンクリートを打設することが重要である。

(2) コンクリートの種類

JASS 5 では，使用する骨材により，コンクリートを普通コンクリート，軽量コンクリートの2つに大きく分類している。また，コンクリートの使用材料，施工条件，要求性能などの違いによる区分がなされている。特殊なコンクリートの採用にあたっては，使用部位・施工部位別に仕様書に特記し，施工計画，品質管理計画などが円滑に立案できるようにしておく。

(3) コンクリートの品質と基準強度

コンクリートは，型枠内の隅々にまでコンクリートがいきわたるためのワーカビリティー，標準養生による材齢28日における圧縮強度，ひび割れ，中性化・凍結融解等に対する抵抗性などに関する適切な品質を有していなければならない。

コンクリートの品質基準強度（Fg）については，構造安全性に必要な圧縮強度である設計基準強度（Fc）と，表面の劣化や鉄筋の腐食に抵抗するために必要な強度である耐久設計基準強度（Fd）に 3 N/mm² を割増した算定値のうち，大きいほうの値をとることがJASS 5 で定められている。

図4・84 コンクリート打設準備

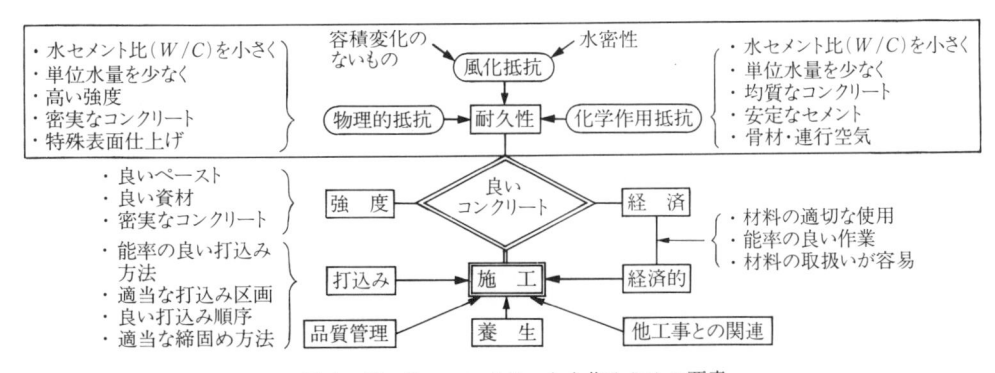

図4・85 良いコンクリートを作るための要素

表4・1　特殊なコンクリートの特徴

特殊なコンクリート	JASS 5の定義
寒中コンクリート	コンクリート打込み後の養生期間に，コンクリートが凍結する恐れのある場合に施工されるコンクリート。打込み時のコンクリート温度は，およそ10〜20℃とし，初期養生の打切りは，コンクリートの圧縮強度$5N/mm^2$が得られるまでとする。
暑中コンクリート	気温が高く，コンクリートのスランプの低下や水分の急激な蒸発などの恐れがある場合に施工されるコンクリート。荷卸し時のコンクリート温度は35℃以下とする。
軽量コンクリート	設計基準強度が$36N/mm^2$以下。気泡単位容積質量が$1.4〜2.1t/m^3$範囲に含まれるもの。空気量は5%を標準とする。
流動化コンクリート	あらかじめ練り混ぜられたコンクリートに流動化剤を添加し，これを撹拌して流動性を増大させたコンクリート。流動化コンクリートのスランプは21cm以下とし，また，スランプの増大量は6cm以下とする。ベースコンクリートの単位水量は$185kg/m^3$以下とする。
高流動コンクリート	高い流動性と材料分離抵抗性をもち，練混ぜ運搬・打込み時に有害な材料分離を生じることなく，ほとんど振動・締固めなしに型枠内および鉄筋周囲に密実に充填できるコンクリート。
高強度コンクリート	設計基準強度が$36N/mm^2$を越えるコンクリート。設計基準強度が36〜$50N/mm^2$未満の場合は，スランプ23cm以下，またはスランプフロー50cm以下，$50〜60N/mm^2$以下の場合は，スランプフロー50cm以下とする。原則として，垂直部材と水平部材を分割打設とする。
プレストレストコンクリート	緊張したPC鋼材の引張力をコンクリートに伝えることによって強度を増すもの。現場で施工されるプレストレストコンクリート工事および工場において製造されるもので，PC鋼材への緊張が先のプレテンション方式あるいは後のポストテンション方式とがある。設計基準強度は，プレテンション方式の場合は，$35N/mm^2$以上，ポストテンション方式の場合は$24N/mm^2$以上。
プレキャスト複合コンクリート	プレキャストコンクリート部材を構造体の一部に使用し，現場打ちコンクリートと一体化して製造する鉄筋コンクリート建物。現場打ちコンクリートの鉄筋と，プレキャストコンクリート部材とのあきは25mm以上。
マスコンクリート	部材断面の最小寸法が80cm以上で，かつ水和熱によるコンクリートの内部最高温度と外気温との差が25℃以上になると予想されるコンクリート。供試体の養生方法は標準養生で，荷卸し時のコンクリート温度は35℃以下とする。
海水の作用を受けるコンクリート	海水または海水滴の劣化作用を受ける恐れがある部分のコンクリート。海水作用の区分も3つに区分されている。かぶり厚さは防錆処理鉄筋，普通鉄筋によって規定されている。
凍結融解作用を受けるコンクリート	硬化したコンクリートが長期間にわたり凍結融解作用を受けるコンクリート。凍害危険度が2〜5の地域に通用する。

2. 実例工事
(1) 概　　要

モデル現場でのコンクリートの圧送は，ブーム付きポンプ車を用い，密実なコンクリートになるよう，高周波バイブレーターおよび木づちによる締固めを十分に行いながら打設された。

(2) 施工準備
(a) 設計図書の確認と検討

コンクリートの打設区分・打設手順を検討するために，建物の平面形状や階高，各階ごとのコンクリート量，さらに防水性，遮音性などコンクリートに要求される性能について，設計図書および仕様書に基づいて確認する。また，構造設計の内容によって，打込みの難易度や手順等が異なるので，構造方式（ラーメン，壁式），屋根などの勾配スラブの有無，要求かぶり厚さの許容値，鉄筋が混み合ってコンクリートのまわりにくい箇所等を確認しておく。

(b) レディーミクストコンクリートの発注

レディーミクストコンクリート工場は，原則としてJIS表示許可を取得し，資格を有する技術者が常駐している工場を選定する。JASS 5では工場から現場までの運搬時間だけでなく，コンクリート打設終了までの所要時間が規定されており，これを満足する距離内にある工場を選定しなければならない。さらに，工場の出荷能力，品質管理能力，使用骨材の種類等についても事前に検討しておく。

コンクリートの発注にあたっては，一般的には，設計図書および仕様書の内容を基に，コン

図4・86　コンクリート打設風景

図4・87　コンクリート打設風景

図4・88　生コン配合報告書の例

クリートの種類，骨材の品質，呼び強度，スランプを指示する。工場よりコンクリート配合計画書(報告書)，セメント試験成績書，骨材の試験成績書等を提出させ，調合設計条件，使用材料，調合内容等が適合していることを確認する。

(c) コンクリート打設計画の立案

① 生コンの受入れ　生コンの受入れでは，生コン車の動線，コンクリートポンプ車の配置，品質試験の実施場所を定め，あわせて生コン車の待機場所，誘導方法についても検討する。コンクリートポンプ車を道路上に配置する場合は，道路使用許可が必要となる。

② 打設工法の検討　打設工法には，柱・壁部分を階高の半分，あるいは梁下まで打設したのちに，梁・スラブを打設する「回し打ち」と，一方の端から1度に柱・壁・梁・スラブまで打設し，順次打込み箇所を移動していく「片押し打ち」とがある。それぞれの長所・短所を十分吟味し，打設後のコンクリートに欠陥が生じないよう，打設部位に見合った方法を選択する。

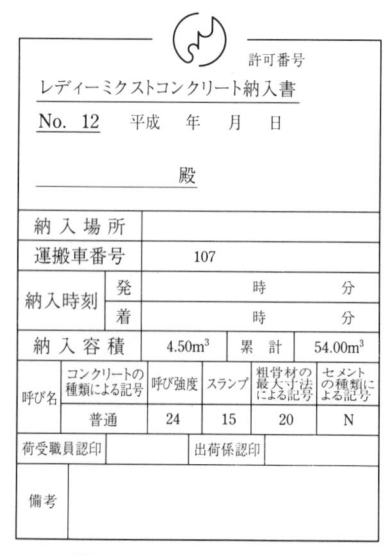

図4・89　生コン納入伝票の例

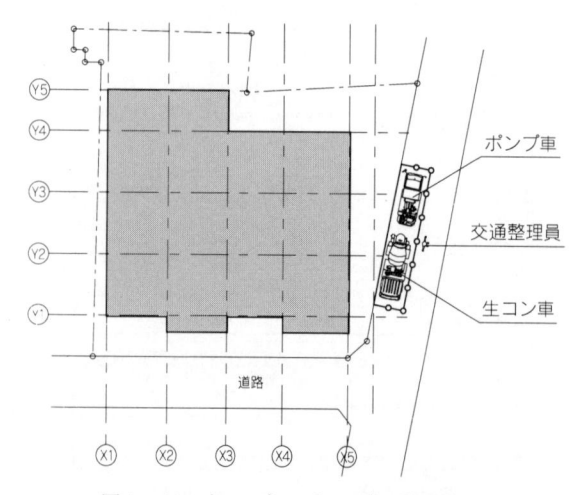

図4・90　生コン車・ポンプ車の配置計画

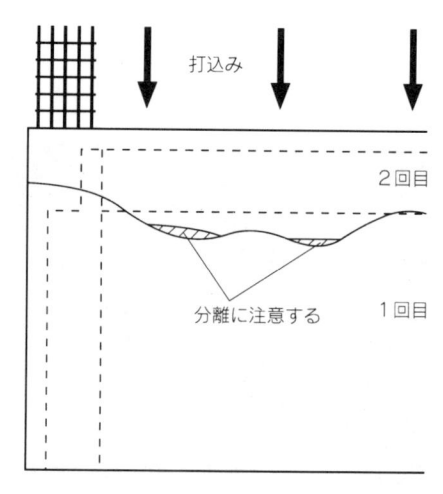

図4・91　壁への打設(回し打ち工法)

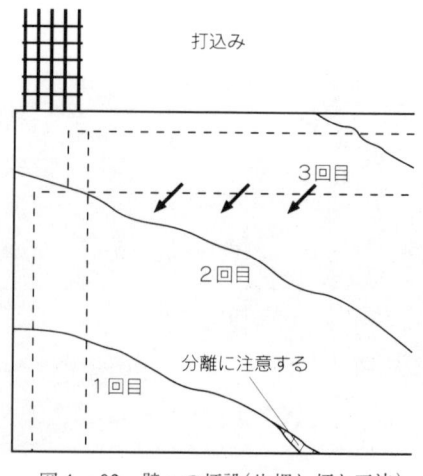

図4・92　壁への打設(片押し打ち工法)

③ 打設量，打設区画の検討　1日の打設量は，工程，施工手順，打継位置等を検討して総合的に設定する。打設区画は，ポンプ車の能力，生コン工場の供給能力，打込みの難易度，気象条件を把握したうえで決定する。

生コン車の配車が早すぎると待機場所での待ち時間が長くなり，遅くなると圧送の中断が生じ，コンクリートの品質に大きな影響を及ぼすことになる。そのため，生コン工場と密接な連絡をとり，現場での生コン車の待ち時間を極力なくし，コンクリート練混ぜ後の所定時間内に打設が完了できるようにする。コンクリート練混ぜから打込み終了までの時間の限度は，外気温が25℃未満で120分，25℃以上で90分とすることが，JASS 5で定められている。

④ 打設が複雑な箇所および打継ぎ部の検討　打込み高さが高い部分や，階段，開口部まわり，斜めスラブ等，コンクリート打設が難しい箇所では施工不良が生じやすいので，事前にコンクリート打設要領を作成し，作業関係者に周知徹底する。

また，コンクリートの打継ぎ部分は強度はもちろんのこと，防水，鉄筋の防錆に対しても弱点となりやすい。応力の少ないところなど，適切な打継ぎ箇所を検討する。

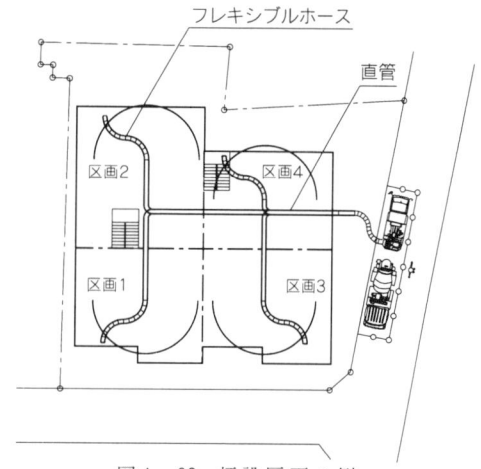

図4・93　打設区画の例

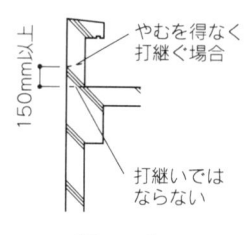

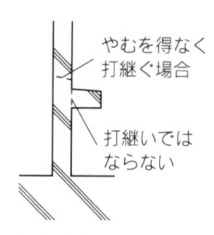

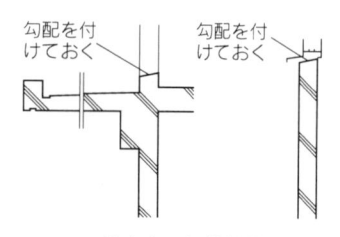

図4・94　防水上注意すべき打継ぎ部分

表4・2　コンクリートの運搬機器

運搬機器	運搬方向	可能な運搬距離(m)	標準運搬量	動力	主な用途	スランプの範囲(cm)	備考
コンクリートポンプ	鉛直 水平	～500 ～200	20～70 (m³/h)	内燃機関 電動盤	一般・長距離・高所	8～21	圧送負荷による機種選定必要，ディストリビュータあり
コンクリートバケット	水平 鉛直	～100 ～30	15～20 (m³/h)	クレーン使用	一般・高所 RC・スリップフォーム工法	8～21	揚重時間計画重要
カート	水平	10～60	0.05～0.1 (m³/台)	人力	少量運搬 水平専用	12～21	桟橋必要
ベルトコンベア	水平 やや勾配	5～100	5～20 (m³/h)	電動	水平専用	5～15	分離傾向あり，ディストリビュータあり
シュート	鉛直 斜め	～20 ～5	10～50 (m³/h)	重力	高落差場所打ち杭	12～21	分離傾向あり，ディストリビュータあり

(3) コンクリートの打設

打設にあたっては，前日までに鉄筋，型枠，埋込み金物類などについて検査を完了し，設計者，工事監理者の承認を受ける。また，型枠内は清掃し，せき板や打継ぎ部分に散水しておく。さらに，生コン業者，圧送業者，打設業者および関連施工業者と打合せを行い，当日の打設量，打設方法，コンクリートの種類と品質，打設開始・終了時刻等について周知徹底する。

(a) 打設作業

均質で一体化したコンクリート躯体を造り上げるために，まず注意すべき点は，コンクリートが分離しないように打設することである。型枠内のコンクリートの横流しや高い位置からの落とし込み打設では，コンクリートが分離しやすく，「す」や豆板等のジャンカが生じやすくなるため，打設目的の位置にできるだけホースを近づけ，コンクリートの落下高さを小さくする配慮が必要である。

また，計画された打設区画内では，コールドジョイント，豆板，沈み，ひび割れ等の欠陥が発生しない範囲で，コンクリートが一体となるよう中継ぎせず連続して打ち込む。さらに，打設時の圧力により，鉄筋，型枠，スペーサーおよびバーサポート等がずれて，かぶり厚さ不足が生じないように注意する。

(b) 締固め

締固めの目的は，打設されたコンクリートを鉄筋，設備配管などの埋設物の周囲や型枠の隅々まで充填させ，かつ運搬および打設中に混入した空気を排除することである。締固めでは，一般に棒状振動機（バイブレーター），木づちが用いられる。バイブレーターの使用に際しては，長時間の加振によるコンクリートの分離や，先

図4・95 ポンプ車による圧送

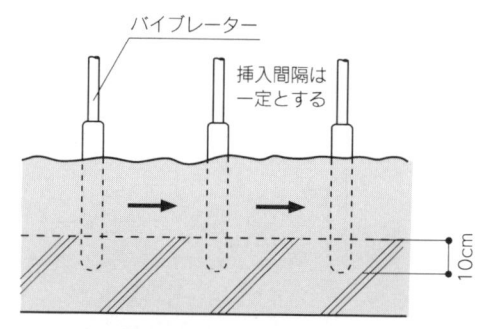

図4・97 バイブレーターの使用方法

図4・96 バイブレーターによる締固め

図4・98 木づちによる締固め

端部の接触による鉄筋，型枠等のずれに十分注意を払う。壁の下部や躯体の断面形状等の理由から振動機が使用できない部位では，突き棒，木づちなどで突いたり，たたいたりする方法を併用する。

(c) **各部位の打設・締固め**

① 柱　柱は一方向からだけ打ち込むことは避け，梁から落とし込み，締め固める。打込み高さが高いとコンクリートが帯筋などに当たり分離してしまうので，2〜3層に分けて打ち込む。

② 梁　端部から，全せいを同時に打ち込む。主筋，あばら筋の上にはスラブ筋が重なっており，コンクリートの落とし込みが容易ではないため，柱側などから打ち足し確実に充填する。

③ 壁　打設用の落とし口を多数設け，片流れが生じないように打ち込む。また，柱と同様に，1度に梁上端まで打ち上げず，1回の打上げ高さを小さくし，十分に締め固めてから上部を打つ。開口部の下などでは，コンクリートの充填が確認できるような工夫をする。

また，構造スリット等のはいっている箇所は，両側から均等に打ち上げていかないと片押しとなり，スリットが動く危険性があるので注意する。

④ スラブ　1箇所にコンクリートが盛り上がるのを避け，均等に配分して打ち込み，締め固める。また，打設中に人やホースが乗ることによる，鉄筋が下がる等のスラブ配筋の乱れがないように注意する。防水立上り部は，クラック発生による漏水を防ぐようスラブと同時に打ち込む。さらに，スラブ厚が一定になるよう，均し板(トンボ)等を用いて平滑にする。モデル現場の勾配

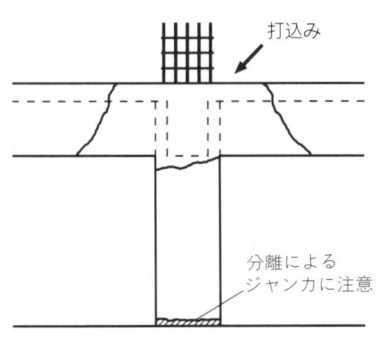

図4・99　柱への打設

図4・101　床スラブへの打設

図4・100　柱への打設

図4・102　勾配屋根スラブへの打設

屋根では，流れ方向と直角に，打継ぎ用の流れ止め金網を1m間隔に取り付け，打設した。

⑤ 階 段　下段から1段ずつ，コンクリートの充填を確認しながら打ち込む。急いで上まで打設すると，下段でコンクリートがあふれ出るので注意する。

(d) コンクリート上面の仕上げ

コンクリート打設終了後，木ごてや金ごてで天端均しをする。その際，コンクリートの沈みによるひび割れ，粗骨材の分離，ブリージング等の欠陥が生じないよう十分に押さえる。適当な硬さになったのちに，中押え，最終押えにより仕上げる。コンクリート表面仕上げは，仕上げ材の有無や種類によって求められる精度が異なるので，施工図に基づき，レベルを見ながら確実に行う。

(4) コンクリートの養生

養生の目的には，乾燥や凍結の防止，水和反応の促進，躯体変形や応力によるひび割れの防止等がある。直射日光や高温によるコンクリート表面の乾燥を防ぐためには，散水やシートを掛ける等の湿潤養生，防風・遮光養生を行う。冬季の凍結防止には，シート養生や，必要に応じて採暖を行う。

コンクリート硬化初期段階に振動・衝撃が加わると，コンクリートが損傷し，所定の強度が発現できなくなることがあるので，コンクリート打設後少なくとも1日間は，歩行，資材の積載，施工作業を行わないようにする。

(5) コンクリートの品質管理と検査

(a) 使用材料の検査

コンクリート品質管理責任者は，生コン工場から提出される検査成績書に基づき，コンクリートに使用するセメント，骨材，水および混和材料の種類・品質が設計図書および工事監理者の承認事項に適合していることを確認する。

図4・103　コンクリート上面の均し

図4・104　金ごてによる押さえ

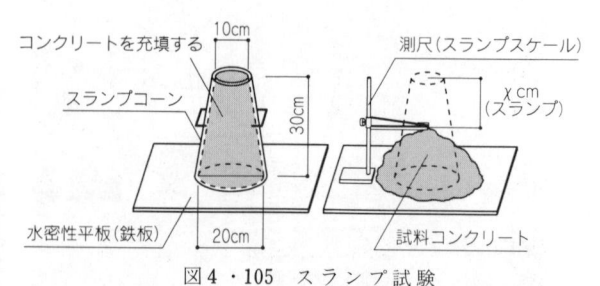

図4・105　スランプ試験

(b) 生コンの受入検査

受入検査は，生コンの荷卸し地点で実施する。

検査・試験項目には，フロー値，スランプ，空気量，温度，塩化物測定などがある。試験に際しては，生コン業者にまかせるのではなく，必ず立ち会い，コンクリートの採取方法，試験体の作製および試験方法が正しく行われているかを確認する。試験結果が要求性能を満たしていない場合は，荷卸しせずに工場に送り返し，原因を調べ，必要に応じて調合補正を行う。

(c) 構造体コンクリートの圧縮強度の検査

構造体コンクリートの圧縮強度の検査は，構造体に打ち込まれたコンクリート強度が，設計基準強度あるいは耐久設計基準強度を満足していることを確認するため，また，型枠取外し時期を決定するために行われる。

供試体の採取は打設日・打設工区ごと，かつ打込み量が $150 m^3$ を超えるときは，$150 m^3$ ごとに区分して採取する。1回の試験には3個の供試体を用い，適当な間隔をあけた3台の運搬車から1個ずつ，合計3個採取する。採取した供試体の養生方法は，材齢28日の場合は標準養生または現場水中養生とし，材齢28日を超える場合は現場封かん養生とする。

(d) コンクリートの仕上り状態の検査

仕上り状態の検査は，一般的には表面の平坦さや色むら等のコンクリート表面の肌合いと，欠け，す，気泡，豆板等のジャンカやコールドジョイント等の打込み時に生じる欠陥の有無について行う。JASS 5 ではコンクリートの平坦さの標準値が設定されているが，最近ではコンクリート面がそのまま現れる仕上げが多く，標準値以内でも不陸が目立つことがあるので，設計における要求性能に見合った対応が必要となる。

(6) コンクリート不良箇所の処置

打ち上がったコンクリートに発生した，ジャンカ，コールドジョイント，気泡，欠け等は，その種類や程度に応じた補修を行う。補修の必要性は建物用途，部位によって異なるので，最終的には工事監理者の判断に従って対処する。

図 4・106　生コン受入検査

図 4・107　打上がり風景

図 4・108*　ジ ャ ン カ

4・7 地下階工事・最上階工事

1. 地下階工事

地下階工事の通常の手順は，ほぼ一般階工事の手順と同様であるが，モデル現場において一般階と異なる点は，外周の壁型枠の建込みが山留め壁を利用した工法であること（山留め壁親杭にセパレーターを固定している），地中からの漏水を防ぐために打継ぎ箇所およびセパレーター等に止水処置をしていること，躯体コンクリートに防水材を混入する作業が行われていること等である。

図4・109 柱筋および柱型枠組立

図4・112 梁・スラブ配筋

図4・110 山留め壁側壁配筋

図4・113 内部壁端太および梁・スラブサポート

図4・111 梁・壁型枠組立

図4・114 地下柱・壁・梁および1階床コンクリート打設

2. 最上階工事

最上階の躯体施工手順も，一般階とほぼ同様である。最上階が一般階の床と異なる点は，防水勾配，勾配屋根等でスラブ勾配をつけることが多いこと，また，パラペット，設備機器や広告塔の基礎等がスラブ上にさらに立ち上がる場合が多いことである。また，配筋時には，ひび割れ防止等の補強筋を入れるケースが多く，コンクリート打設時には排水ドレーンが一緒に打ち込まれることも多いこと等がある。モデル現場では，3寸2分（32/100）の屋根勾配をコンクリートスラブで構成しており，コンクリート打設時には，流れ防止のための流れ止め金網の設置や，コンクリートスランプ等の配合計画での工夫が図られている。

図4・115　型枠工事

図4・118　せき板の設置

図4・116　勾配屋根梁型枠組

図4・119　配　　筋

図4・117　勾配屋根型枠組立

図4・120　勾配屋根コンクリート打設

4・8 躯体工事中における設備工事

躯体工事中の設備工事は、躯体打上がり後の本格的な設備工事の前段階の工事であるが、間違いや忘れがあった場合、躯体工事の品質に大きな影響を与える。

工事に先立ち、各種の施工図（配管図、スリーブ図等）を作図し、躯体との納まりを検討し、躯体補強を行い工事にかかる。

躯体工事中の設備工事は、大きく下記のように分けられる。

・地下躯体工事中および二重ピット内工事
・一般階躯体工事中
・最上階躯体工事中

1. 地下躯体工事中および二重ピット内設備工事

(a) 埋設配管を極力避けるためには、二重ピット内に配管を行なうことになる。その場合、口径の太いスリーブが地中梁を貫通することになるので、施工図段階でスリーブの位置・本数・レベルや間隔を検討し、梁の補強を考える。

(b) 地下の外壁貫通は、漏水の危険があるため、実管スリーブによる躯体打込みが必要となる。

(c) 地下の外壁への電気ボックス、配管の打込みは、躯体のひび割れや漏水の原因となるため、極力避けなければならない。

(d) その他、二重ピット内の点検用に人通口や床下点検口を計画する。

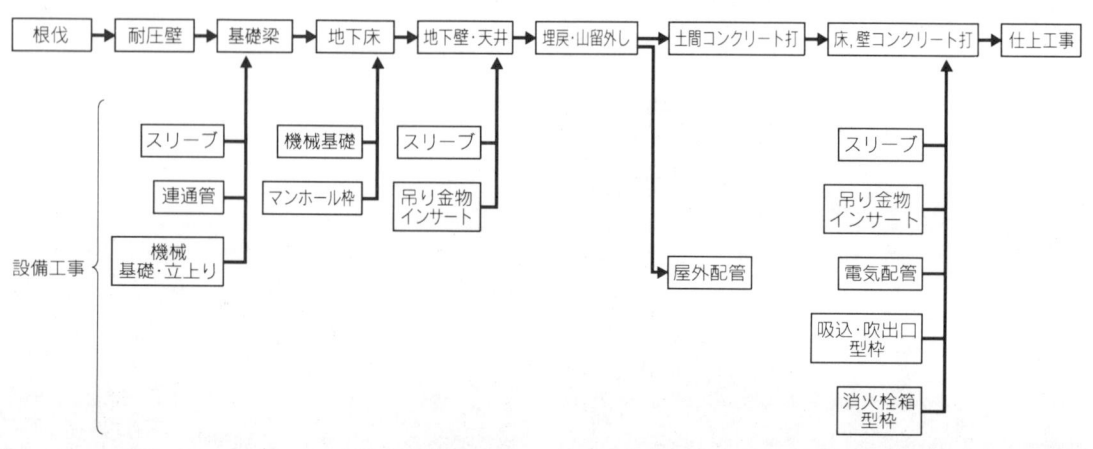

図4・121 躯体工事と設備工事の関連

図4・122 躯体工事中の設備工事

図4・123 地中梁を貫通するスリーブ

2．一般階躯体工事中の設備工事

(a) 柱および壁の鉄筋・型枠組立て中にタイミングよく下記の工事を行う。

① 電気工事
- 打込みボックス類の取付け（外壁や柱への打込みは極力避ける。）
- 電線を通す電線管の取付け（壁の中央付近に本数が多く密集しているときは、配管の間隔をあけて、コンクリートがまわりやすいようにする。）

② 衛生・空調換気設備
- スリーブ（給排気、冷媒管用）の取付けがあり、外壁がタイル張りの場合、目地にスリーブの位置を合わせる。また、口径の大きい場合は、スリーブ補強が必要となる。
- 躯体埋込み配管用のスリーブで、壁に配管が立ち上がり、仕上げ厚さが少ない場合には躯体を欠き込む必要がある。
- 箱スリーブ（換気扇や換気がらり用）を壁面に取り付ける場合には、開口補強筋が必要となる。

(b) スラブ上の鉄筋・型枠組立て中の設備工事内容とその要点

① 電気設備
- 打込みボックス類の取付け
- 電気配管の取付け
- 仮設照明の配線

② 衛生・空調設備
- スラブ貫通スリーブの取付け（パイプシャフト内）
- 天吊り機器、配管類のためのインサート類の墨出しおよび取付け
- スラブ箱スリーブの取付け

(c) コンクリート打設中の設備工事の要点

コンクリート打設中は、スリーブ、インサート類、ボックス類、電気の配管類の位置の狂いや不具合を点検し、手直しするため必ず立会いをする。

3．最上階躯体工事中の設備工事

(a) スラブ貫通スリーブは、防水上最も危険であるため、建築的な防水の納まりを検討した上で取り付ける（極力スラブ貫通は避け、ハト小屋の形状で、屋上へ配管、配線をするように考える）。

(b) 電気配管の最上階スラブへの埋設は、スラブにクラックが発生して漏水の原因となるため、極力避ける。最上階への配管は、ハト小屋形式や、防水のあごの部分より立ち上げる形式で計画する。

図4・124　電気ボックスの取付け

図4・125　電線管の取付け

第5章

防水工事

5・1	概　　説	106
5・2	工事の流れ	109
5・3	屋根防水工事	109
5・4	その他の防水工事	114
5・5	シーリング工事	115

5・1 概　　　説

1. 防水工事とは

防水工事は，防水材料を用いて，不透水性皮膜の防水層を形成する工事である。コンクリートは，それだけでは十分な防水性能をもたないため，雨水や地下水が建築物内部に浸入しないように，屋根・外壁・地下壁に防水処理を施す必要がある。また，水を多量に使用する浴室・便所などの床，壁にも部位に応じた適切な防水処理を施さなければならない。

防水材料は，常に雨水や日射などの過酷な環境にさらされている場所に用いられる。そのため，耐久性の確保が重要であり，それには施工の良否が大きく影響する。実際に，雨漏りのクレームは非常に多く，施主から最も嫌われるものである。

漏水は，防水層そのものの施工不良というより，防水下地や防水押さえ層の欠陥，パラペットまわりの施工不良，屋上付属物の不適切な取付け方法などに起因するものが多い。防水層のみならず，これらの部位についても確実な施工を行うことが不可欠である。雨露をしのぐことが建築物の重要な機能であることを十分理解し，確実な工事を遂行する必要がある。

防水工事では，防水層の施工が工事の中心となることはいうまでもないが，下地となるコンクリート面の処理も重要である。一般的な構法では，防水層はコンクリート面と密着している必要があり，下地面の乾燥状態，下地表面の平滑性などに細心の注意を払う。乾燥不十分なコンクリート面に生じる亀裂による防水層の破断を避けるために，水密なコンクリートを打設し，乾燥収縮を防ぐなどの対策を講じるとよい。

2. 防水工法の種類

防水工法は，防水層を構成する材料によって，メンブレン防水，ステンレスシート防水，ケイ酸質系塗布防水，モルタル防水の，4つに大きく分類される。また，メンブレン防水には，アスファルト防水，改質アスファルトシート防水，シート防水，塗膜防水の4種類がある。

(1) アスファルト防水

平らに均したコンクリート下地の上に，間にアスファルトルーフィングを挟みながら，溶融したアスファルトを数回流して，多層構造の防水層を形成するものである。防水層に厚みがあり，強度・耐久性を有するため，信頼性の高い代表的な防水工法となっている。アスファルトそのものが防水の役目をもっており，アスファルト層が厚いほど上等な防水となる。屋根だけでなく地下室・浴室・便所などにも使用される。

工事に必要な主な材料は，下地面と防水層の接着をよくするためのアスファルトプライマー，防水層を構成するアスファルトおよびアスファルトルーフィングである。アスファルト

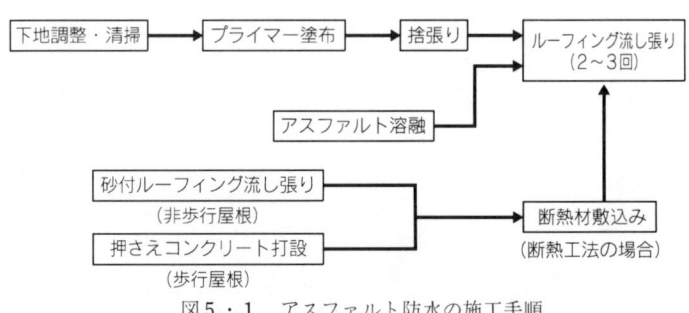

図5・1　アスファルト防水の施工手順

については，施工後の温度上昇に対して軟化しにくいこと，下地の挙動に追従できる柔軟性を有することを重視して材料を選定する。ルーフィングは，植物繊維，鉱物繊維，合成繊維などの原紙にアスファルトを含浸させたものであり，使用目的や要求性能に対応したいくつかの種類がある。

施工は図5・1に示すような手順で行われる。捨張りには，耐亀裂性に優れたストレッチルーフィング，網状ルーフィングなどを用い，防水上，弱点となるパラペット立上り部，ドレインまわりなどを重点的に行う。流し張りには，下地にルーフィングをしっかりと固定する密着工法と，下地の挙動による防水層破断を防止するため，部分的にだけ密着させる絶縁工法とがある。

(2) シート防水

合成ゴム系，プラスチック系のシート状ルーフィング材を，接着剤を用いてコンクリート下地面に張り付け，シートどうしは防水的に接合

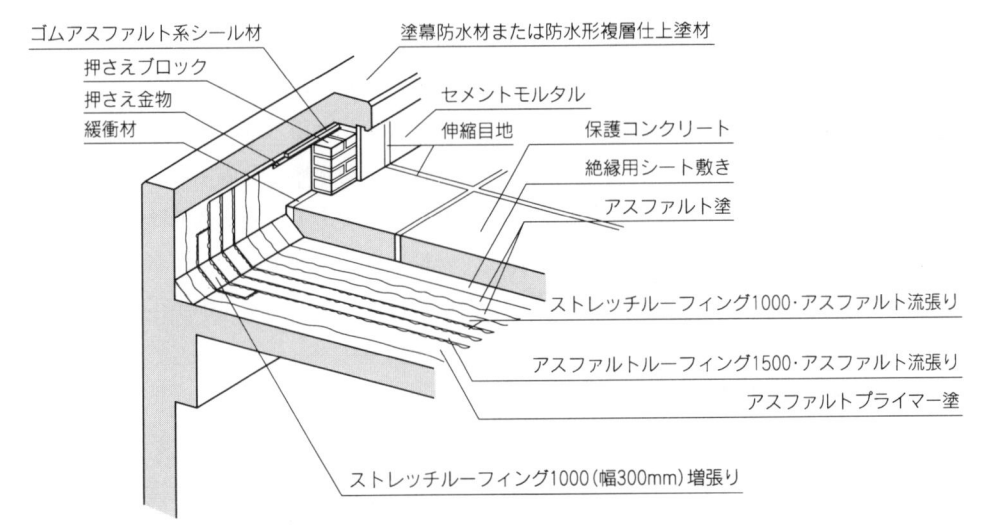

図5・2 アスファルト防水の納まり例

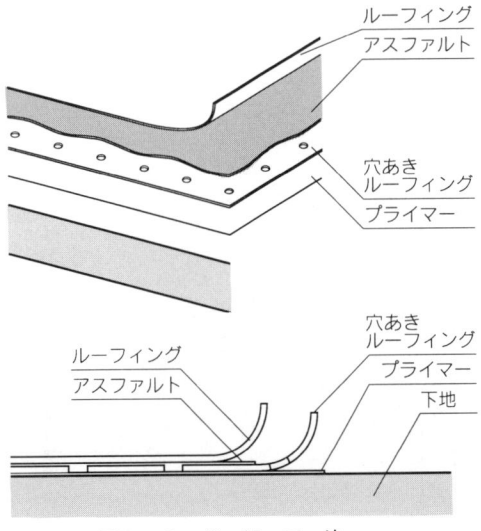

図5・3 絶縁工法

し，1つの層による防水層とする工法である。屋根など広く平坦な面の施工に適する。

主な長所として，常温で施工でき，省力化が可能であること，ルーフィングに弾力があるため，下地の挙動に対して追従しやすいことなどがある。しかし，アスファルト防水と異なり，多くの層で構成されておらず，1層のルーフィングの性能がそのまま防水の性能を決定するため，確実な施工が必要となる。特に，入隅部やシートどうしの接合部が防水上の弱点となりやすい。施工手順を図5・4に示す。

シート防水はアスファルト防水に比べ，層厚が薄いため，下地の突起などがシートの張付けに大きな影響を与える。施工に際しては，下地調整を入念に行う必要がある。

(3) 塗膜防水

合成高分子材料の液体を，コンクリート下地に直接塗布し，継目のないゴム皮膜の防水層を形成する工法である。

冷間施工のため作業性がよく，細かな部分に施工できるが，防水層が薄いため，強度・耐久性に限度がある。そのため，重要な箇所には繊維補強したものが用いられる。工法の採用にあたっては，施工箇所の条件を十分考慮しなければならない。また，塗り厚さの管理が難しいため，大きな面積での使用は避けるべきである。

(4) ステンレスシート防水

ステンレスシートの両端を折り曲げて溝型に成形し，立上り部どうしを現場でのシーム溶接によって連続溶接することにより，防水層を形成する工法である。特に，耐久性を重視する場所で使用される。

(5) モルタル防水

モルタルに防水剤を混入したものを下地に塗り付け，防水層を形成する工法である。防水層が無機質であるため耐久性はあるが，クラックがはいりやすい不完全な防水であり，重要な場所には使用されない。地下二重壁や湧水層などに用いる。

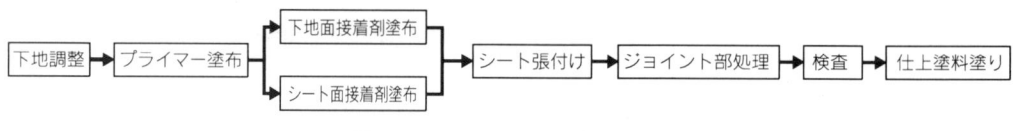

図5・4 シート防水の施工手順

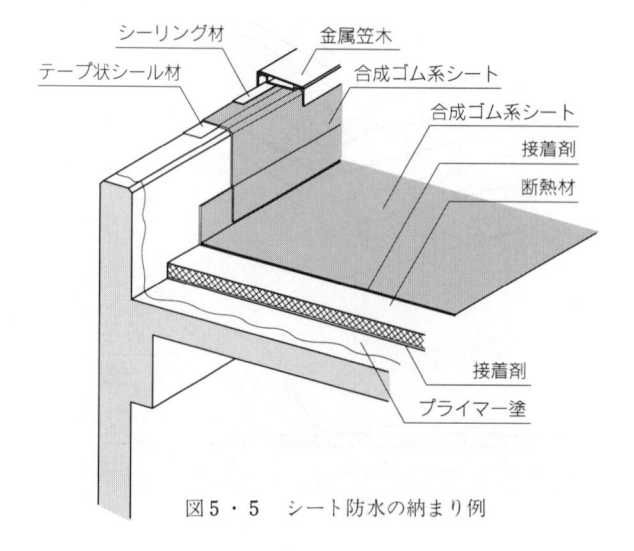

図5・5 シート防水の納まり例

5・2 工事の流れ

防水工事は，下地コンクリートの十分な乾燥後に実施するのが理想であるが，現実には防水工事が完了しないと，内部工事にとりかかれないため，躯体工事を終えたのち直ちに防水工事を行うのが普通である。屋根の防水工事は，塔屋の外壁やパラペットの工事が完了しないと着手できないので，これらの前工程は早く済ませておかなくてはならない。外部の防水工事は天候の影響を直接受けるので，施工実施日が制限されることを認識しておく必要がある。室内における防水工事は，面積が狭く，設備配管等が混在していることも多い。また，作業箇所も各階にわたるので，特に防水層を後から貫通することがないように下地の処理や各仕上げ工事の工程などに留意して適切な工程計画を立てなくてはならない。

5・3 屋根防水工事

1. 工事概要

モデル現場では，最上階は勾配屋根部分（アスファルトシングル葺）が多く，防水工事は屋上の一部（中央部）とルーフバルコニー部分のみとなっている。防水仕様としては，図5・7

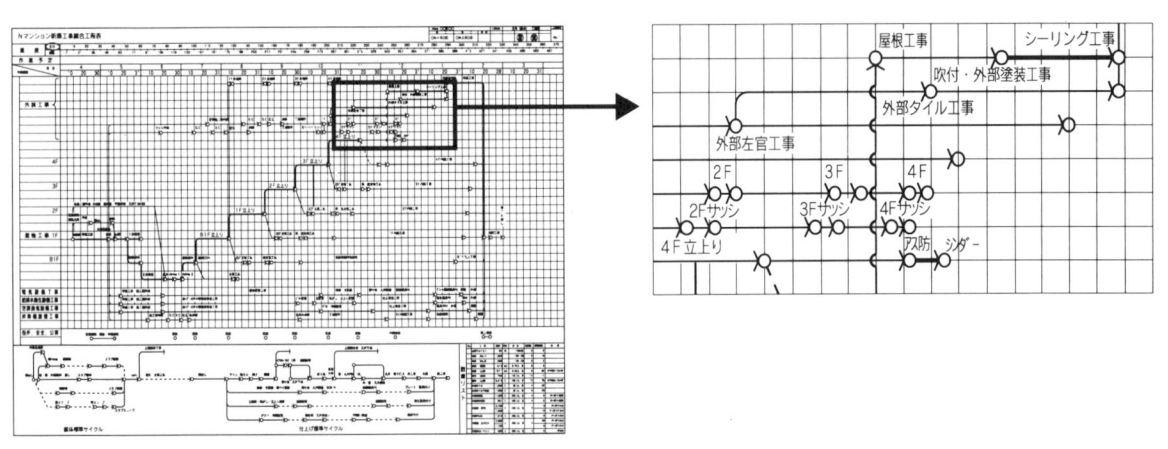

図5・6 工事の流れ

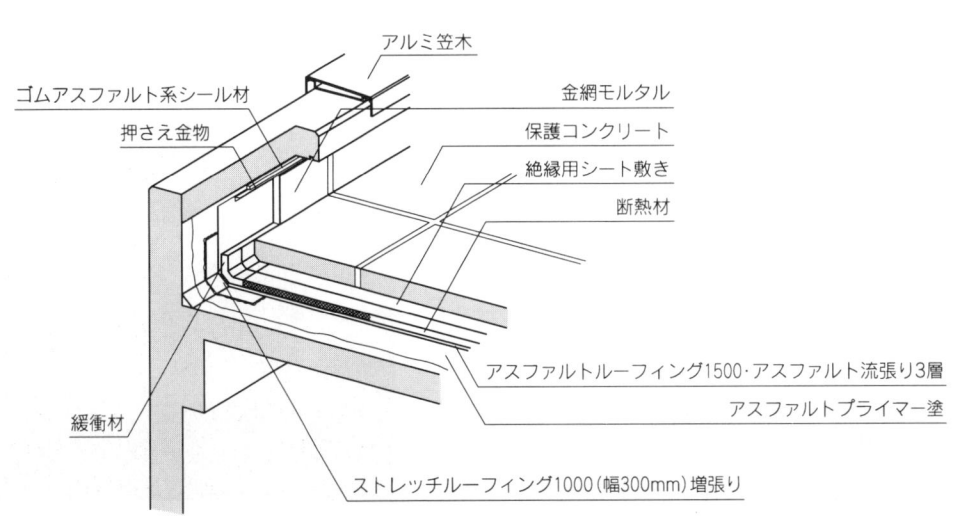

図5・7 モデル現場の防水仕様

のような，押さえ層をもつ歩行用アスファルト断熱工法が採用され，パラペット天端にはアルミ笠木が用いられている。

2. 施　　工

アスファルト断熱防水工事は，次に述べるような手順で施工される。

(1) 施工計画

施工図・仕様書に基づいて，建物の部位ごとに防水仕様と下地の種類，保護層や断熱層との関係を把握し，納まりの検討を行う。特に防水上の欠陥が出やすい箇所を十分に把握し，入念に検討する。また，防水工事は下地の乾燥状態が重要なので，十分な乾燥養生期間がとれる工程とする。

設計者，防水材メーカー，防水工事施工会社と納まり等の協議を行い，それに基づき，施工会社に施工要領書を提出させ，内容のチェックをする。

(2) 下地の確認と処理

防水工事に着手する前に，以下の項目について下地の状態を確認し，適合しない部分があれば事前に補修する。

① コンクリート面に不陸やひび割れが少なく，突起物およびレイタンスやごみ等が付着していないこと。
② スラブ勾配がとれていること。
③ 水平面と垂直面の出隅には幅30 mm，入隅には幅70 mm程度の面が設けてあること。
④ 立上り部の垂直面どうしの出隅・入隅には，面幅30 mm程度の面取りがされていること。
⑤ ルーフドレンの取付け高さ，位置が排水に適していること。
⑥ 下地の乾燥状態は含水率10％以下であること。

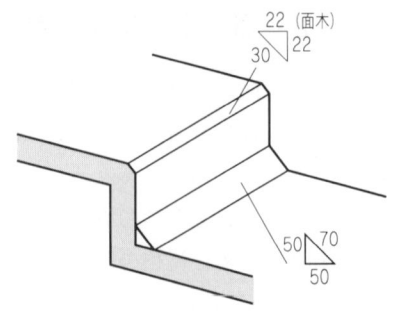

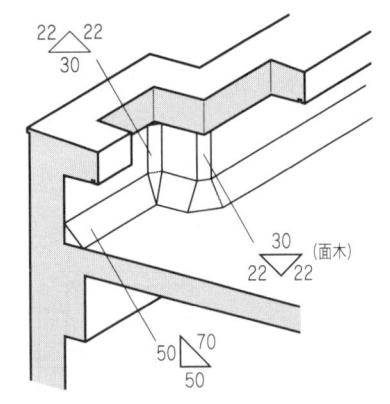

図5・8　防水下地の出隅・入隅

図5・9　プライマー塗り

(3) アスファルトプライマーの塗布

アスファルトプライマーは，防水層をコンクリート下地に密着させる重要な役割をもっているので，よく下地に浸透させ，定められた量を刷毛を用いて均一に1回で塗布する。特に，立上り面とその上端部の施工に留意するとともに，下地以外の部分を汚さないよう注意する。

(4) アスファルトの溶融

アスファルトは，常温では固体であり，これを小塊に割って釜で溶融して使用する。アスファルトの溶融温度は，アスファルトの軟化点に170℃を加えた温度を上限とする。温度は，隔測温度計またはガラス棒型水銀温度計を用いて，30分ごとに必ず測定する。

図5・10 アスファルト溶融釜

(5) ルーフィング類の張付け

アスファルト防水層は，アスファルトとルーフィングを交互に流してつくった層をいう。

アスファルトの流し張りは，図5・11のように，ルーフィングの鼻先に溶融した所定の容量のアスファルトを200〜220℃以下にならないように，ひしゃくで流しながら，ルーフィングを水下から水上へ押し広げて張り付ける。その際，耳浮き，気泡，しわ等が生じないように，はみ出すぐらいの量のアスファルトを流しながら，平均に押し均して密着させる。

アスファルトルーフィングの継目は，縦横とも100 mm重ね合わせ，全層を通じて上下層の継目が同一箇所とならないよう，ずらして張る（図5・12）。

図5・11 流し張り

(6) 立上り部の増し張り

立上り部は，下地処理後に一般の平場部分に先立ち，ストレッチルーフィングによる増し張りを行う。立上り部のルーフィングの張付けは，図5・13のように，ルーフィングを床面に張り付けたのちに，アスファルトをかけながら，立上りへルーフィングを押し付けて張り上げる。立上り部分のアスファルトルーフィング類は，

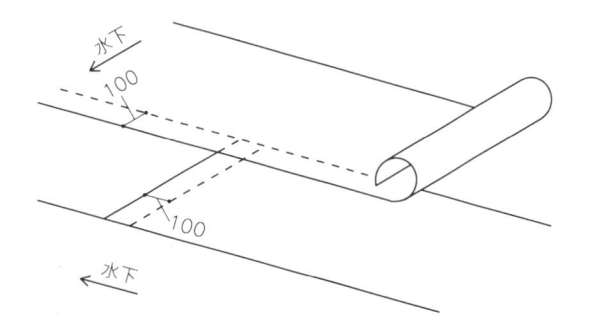

図5・12 ルーフィング類の重ね幅

各層とも床面に150mm以上かかるように張る。

立上り部の防水末端の各ルーフィングの位置は、同じ高さとし、ステンレスまたはアルミ製のアングル等の耐久性のある金物で押さえ、アスファルトコーチングで処理する。

(7) ドレインまわり

ドレインまわりは、雨水がたまることを避けるため、ドレインの縁および周辺増し張りの範囲となるコンクリートスラブを、一般スラブ面より増し張り厚さ分程度下げておく。

ドレインまわりは、一般の平場部分のルーフィング類の張付けに先立って、幅200mm程度のストレッチルーフィングを、ドレインのつばとスラブ面にかかるように増し張りする。防水層の末端部には、ゴムアスファルト系のシール材を張り付ける（図5・14）。

(8) 断熱材の張付け

断熱材の張付けは、防水層の最終工程であるアスファルトの上塗りが終了し、膨れおよび損傷等がないことを確認したのちに行う。アスファルトあるいはアスファルト系の接着剤等を用いた点付けによって、断熱材の小口にすき間のないよう張り付ける。

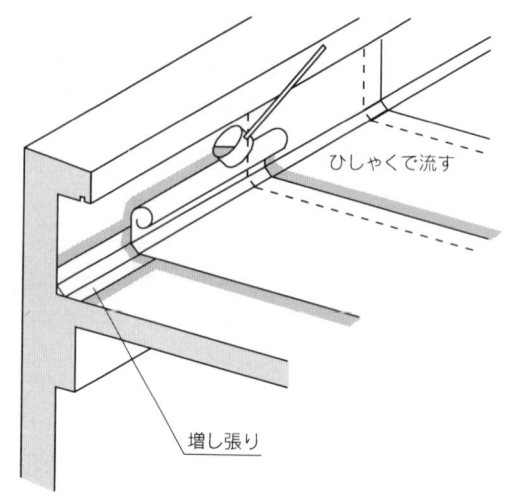

図5・13 立上り部のルーフィングの張付け

さらに、その上に絶縁用シートを幅100mm程度重ねて敷く。立上り面には30mm程度張り上げるようにし、風で飛散しないよう部分的に粘着テープ等を用いて固定する。

(9) 防水押さえ

防水押さえは、歩行用の屋根だけでなく非歩行用屋根においても、防水層に加わる種々の外力の影響を軽減あるいは遮断することによって、防水層の耐用年限を伸ばす重要な役割をもっている。

防水押さえには、現在ではほとんどの場合、

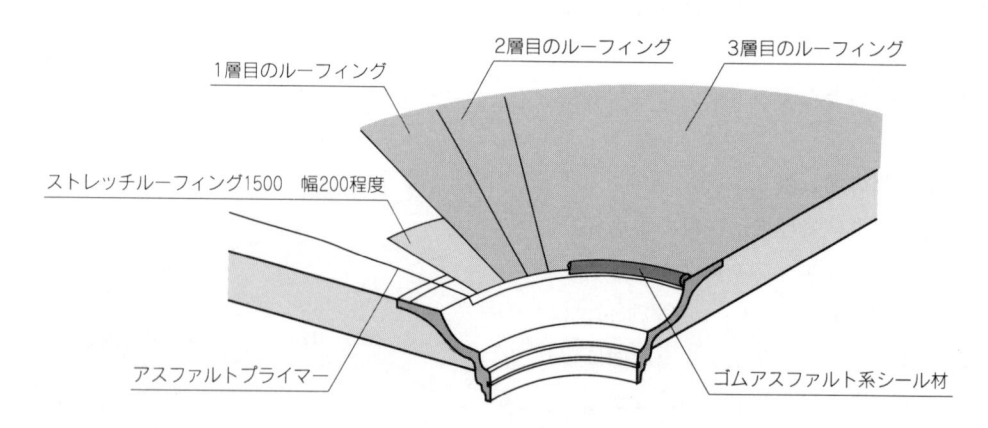

図5・14 ドレイン回りの施工

普通コンクリートが使用されている。厚さは60 mm 以上とし，ひび割れ防止のための溶接金網を挿入し，3 m 内外ごとに伸縮目地（幅25 mm 程度）を入れる。また，立上り部周辺では，コーナーに緩衝材を入れるとともに，排水溝がある場合は排水溝際から150〜200 mm の位置に，排水溝がない場合は立上りから600 mm 以内に伸縮目地を入れる。

なお，立上り部の押さえには，れんが，ブロック積み，現場打ちコンクリート，乾式パネル，砂付きルーフィング等を用いた様々な工法がある。れんが，ブロックは防水層から20 mm 以上離して積み，防水層との間には空隙が生じないようモルタルを充塡する。仕上げモルタルの目地は，床の伸縮目地と同じ位置およびその中間の位置となるよう 1.5 m 内外に割り付けた位置に入れる。

(10) 検　　査

アスファルト防水工事が完了すると，断熱材を張り付ける前に，目視検査および水張り試験を行う。

目視検査では，漏水事故の生じやすいドレンまわり，立上り部や出入口等の張り仕舞，重ねジョイント，設備機器や手すり等の基礎まわり等の納まりを重点的に検査し，防水層の膨れや傷についても入念に調べる。

さらに実際に漏水や逸水がないかどうかを，屋外の場合は10 cm 程度水を張って試験する。水張り試験は，24〜48時間放置して漏水を調べるが，面積の広い場合は，ドレンまわり等の重要な箇所を選んで行う。

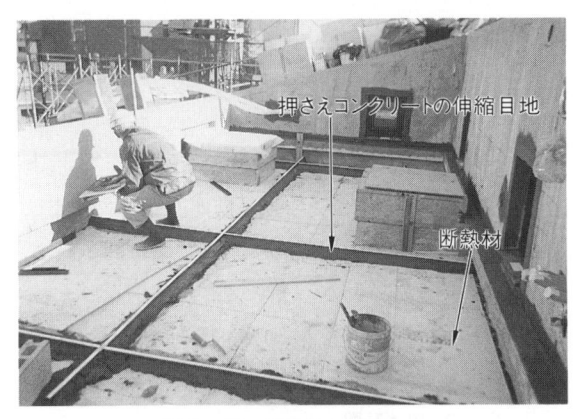

図5・15　断熱材の張付け

図5・16　防水押さえコンクリートの打設

図5・17　水張り試験

5・4　その他の防水工事

1．概　　説

その他の防水工事の対象としては，地下外壁・湧水槽・受水槽等の地下防水，浴室・厨房・便所・駐車場等の室内防水，外壁開口部・斜め壁等の地上外壁防水，そして，外部出入口まわりや植込み等の防水があげられる。

2．工事概要

モデル現場では，浴室はユニットバスを用いており，防水工事はなく，また，地下壁も室内が駐車場で，しかも地下水位が低いため，外防水や二重壁等は特には施していない。

3．施　　工

ここでは，一般的な地下防水工事について説明する。

(1) **地下外壁防水**

地下外壁は，防水を躯体の外側に施す外防水をとることが好ましいが，敷地いっぱいに建設される場合では，工事費等の理由から内側で処理することが多い。その最も一般的なものが，二重壁による構法である（図5・18）。外防水ができない場合には，壁体の内側で完全に防水することは難しいため，外壁の打継ぎ箇所などから浸水した場合に備えて，浸入した水を二重壁内の排水溝に設けた水抜き穴等で排水ピット内へ導き，室内側への浸入を防ぐような設計とする。

二重壁を設けた場合でも，地下外壁の止水は極力躯体で行うことを原則とし，躯体コンクリートの水密性を確保するとともに，打継ぎ箇所等には止水板等を設ける。さらに，地下壁のコールドジョイント，豆板，ひび割れ等の欠陥部は，U形にはつり，防水性のあるモルタル等を密実に充填する。また，セパレーターにはPコンを使用し，防水モルタルを充填する等の止水処理を行う。

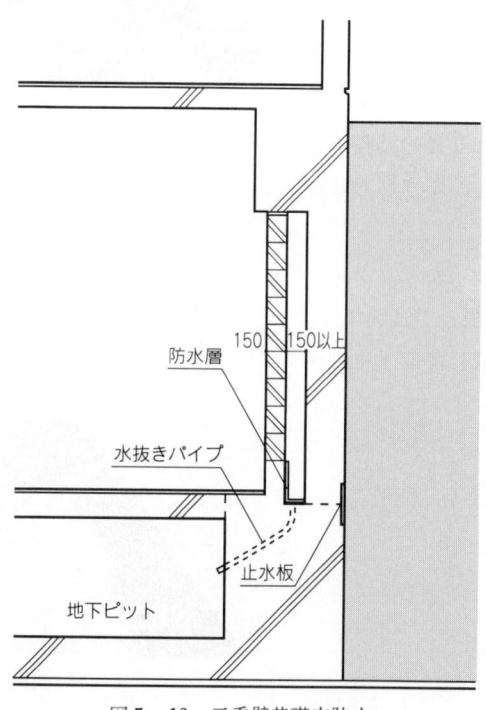

図5・18　二重壁基礎内防水

5・5 シーリング工事

1. 概説

シーリング工事は，建築物の各種部材間の接合部やすき間などの変形を意図的に計画した目地に，防水性をもつシーリング材を充てんまたは接着する工事で，防水・気密性能を付与した防水線を形成することを目的としたものである。屋根防水のように面状の防水層を形成する工事に対し，シーリング工事は線状の防水部位を構築する防水工事といえる。具体的には，外部に面するサッシまわり，ALC版のジョイント部，コンクリートの打継ぎ箇所などに用いられる。

シーリング材は，被着体との接着性がよく，被着体の伸縮や変形に対し，長期的に追従できる弾力性と耐久性を有する必要がある。シーリング材には，アクリル系，ウレタン系，ポリサルファイド系，シリコーン系などの材料があり，例えば，挙動のある目地では伸び率が大きい材料を使用するなど，使用箇所に応じた材料の選定が必要である。

シーリング材は，形態的にみると，不定形シーリング材と定形シーリング材に大別される。不定形シーリング材は，施工前は粘度の高い液状をしており，充てん後に硬化して弾力性のあるゴム状になるものである。硬化のメカニズムによって1成分型，2成分型がある。定形シーリング材には，弾力性のある合成ゴムや塩化ビニル樹脂等をH型，Y型などの断面に押し出し，成形したガスケットなどがある。

挙動のある目地の場合，目地底にもシーリング材が接着すると，3面接着の状態になり，目地挙動による応力が局部のシーリング材に集中し，破断しやすくなる。そこで，シーリング材の目地底への接着を絶縁し，自由に伸縮できるように，バックアップ材を装てんし，2面接着とする。

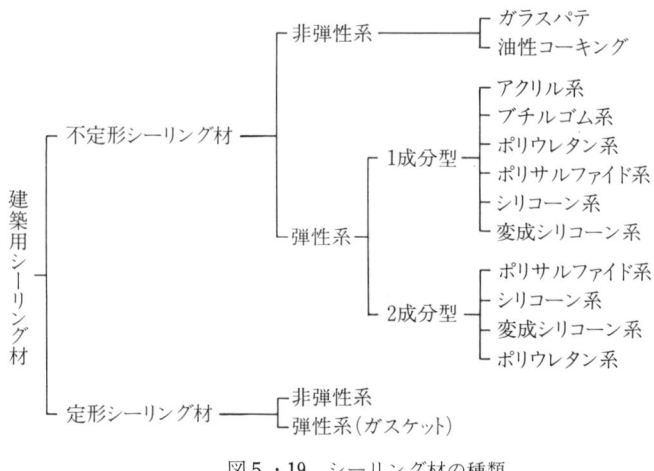

図5・19 シーリング材の種類

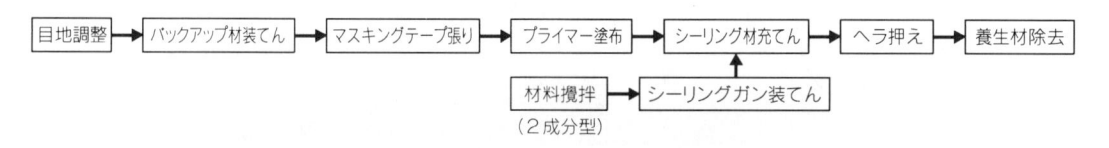

図5・20 シーリング工事の作業手順

2. 工事概要

モデル現場における主なシーリング工事は，コンクリートの打継ぎ目地，誘発目地，構造スリット目地およびサッシなどの開口部まわりである。

3. 施　工

シーリング材は建物の各部位に広く用いられているが，被着体の組合せの違いにより，要求される性能は異なる。シーリング材の誤った選択や施工不良がはく離や破断を招き，その結果の漏水事故も少なくないので，正しい施工方法を十分に理解しておく必要がある。

シーリング材の一般的な施工手順は，図5・20のとおりである。

(1) シーリング材の選定

シーリング材には多くの種類があり，それぞれ異なった性質をもっているので，使用目的および適用部位の諸条件に適した材料を選定することが重要である。

シーリング材は，その目的と性能によって，大きくワーキングジョイントとノンワーキングジョイントに分けることができる。

ワーキングジョイントの，目地に発生するムーブメントには，次にあげるようなものがある。

① 温度変化による部材の伸縮（金属笠木目地/サッシ間目地等）
② 地震による層間変位（カーテンウォールの目地/ALCスライド工法の目地等）
③ 風圧力による部材のたわみ（ガラス回り

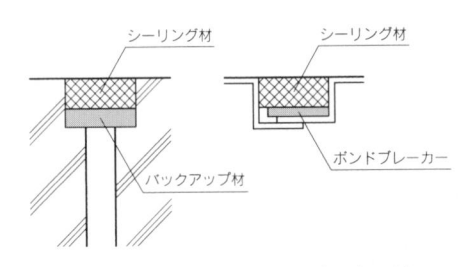

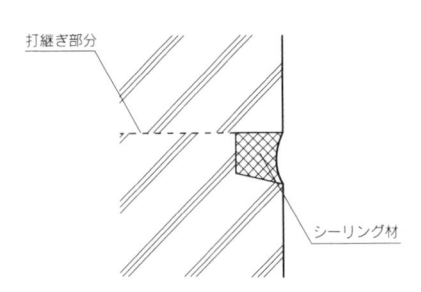

図5・21　ワーキングジョイントの例

図5・22　ノンワーキングジョイントの例

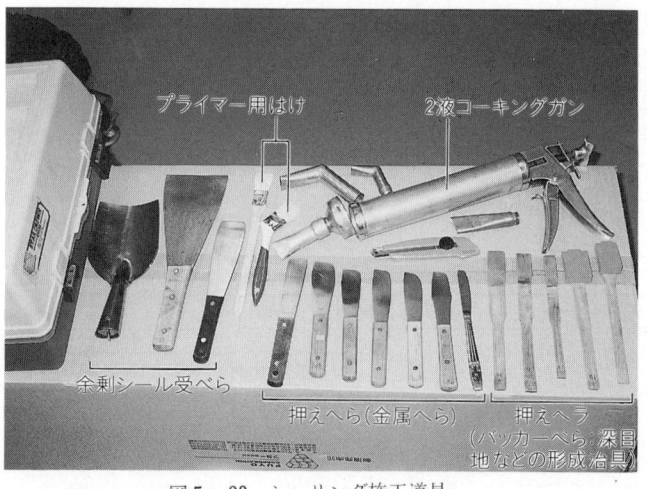

図5・23　シーリング施工道具

目地等）

④ 部材の含水率の変化による変形（セメント系ボード類の目地）

また，ノンワーキングジョイントには，コンクリート打継ぎ目地や，鉄筋コンクリート造のサッシ回り目地等がある。

シーリング材に関しては，被着体との相性の悪さに起因する汚染や化学変化による劣化も問題となることがあるので，十分に検討して選定する。

(2) 施工計画

設計図には，細かいディテールまでは示されていないことが多いので，施工図を作成したうえで以下の点を検討する。

① シーリング目地断面は適切か。
② シーリングの目地の通りはよいか。
③ シーリング材と被着体の適合性はよいか。
④ シーリング施工を正しくできるか。
⑤ 万一，シーリング材が切れた場合の排水機構は設けられているか。

また，シーリング工事は作業環境，気象条件により施工結果が大きく左右されやすい。コンクリート等の被着体の乾燥度によってもシーリング材の接着性に多大な影響があるので，施工期間の検討が重要である。

(3) 充てん箇所の点検

充てん作業にはいる前に，まず充てん箇所の被着面の状況を検査し，目地形状が設計図，施工図と食い違っていないかを確認する。また，被着面の清掃を完全に行う必要があるが，被着面の材質によって清掃方法が異なるので，ワイヤータワシ，サンドペーパー，トルエン処理等から適合する方法を選択する。

(4) バックアップ材の装てんとマスキングテープ張り

シーリング材は，コンクリート打継ぎ目地等のように，ほとんど挙動のない場面は3面接着でもよいが，その他の場合は2面接着が基本である。3面接着を防ぐためには，バックアップ材または，ボンドブレーカーを装てんする。バックアップ材は，雨などの水を吸うと乾燥しにくいので，シーリング材の充てんをする当日に装てんし，その日の工事範囲以外には装てんしないようにする。また，適正な深さにセットするためのジグを作製し，装てんするとよい。

次に，プライマーやシーリング材が装てん箇所以外の仕上げ材等に付着しないように，マスキングテープを張り，養生を行う。

(5) プライマーの塗布

プライマーは，被着体とシーリング材との接着性向上および被着体のシーリング材に対する吸水むら等の悪影響を除外するためのもので，

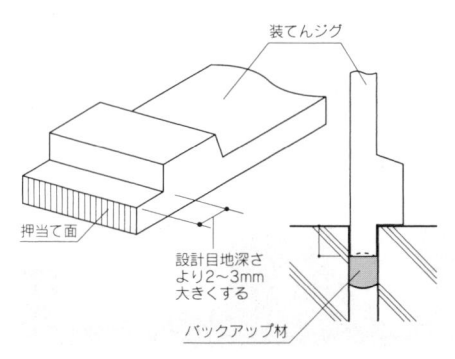

図5・24　バックアップ材装てんジグの例

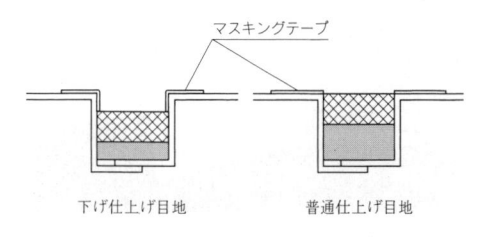

図5・25　マスキングテープの張り方

シーリング材とセットになって機能を発揮する重要な材料である。被着体に合ったプライマーの種類であることを確認することが重要である。

プライマーごとのオープンタイムを確認し，その時間内にシーリング材の充てんを行う。

(6) シーリング材の充てん

シーリング材の充てんは，プライマーの所定の乾燥時間経過後，目地断面に最適なノズルを使用して行う。シーリング材の吐出量に合わせた速度で，ガンを移動させ，目地の上端より若干盛り上がる程度に充てんする。

充てん後は，被着体とシーリング材をよくなじませ，打ち込み不足やはみ出しを補正するために，へら押さえを行う。このへら押さえの良し悪しがシーリング材の接着性を大きく左右するので，へらは目地に合わせて作製し，念入りに押さえながら平滑に仕上げる。

(7) マスキングテープの除去と目地の養生

へら押さえ後，直ちにマスキングテープを取り除く。長期間放置すると，テープの粘着剤が被着体に移行して見苦しくなる。

また，仕上げ後，タックフリー（指を触れてみて付着しない）の状態になるまでさわらないようにする。ほこりの付着，損傷，汚染等が心配となる箇所は，ビニールシート，合板等で養生する。

(8) 検　　査

施工途中に，実際に充てんした目地のシーリング材を切り取り，厚さ・硬化の度合，気泡混入の度合，引きはがし界面の状態等をチェックし，不良のある場合は施工方法の改善を行う。さらに，シール工事が完了した段階で，仕上り状態を検査し，手直し事項を明確にして補修する。

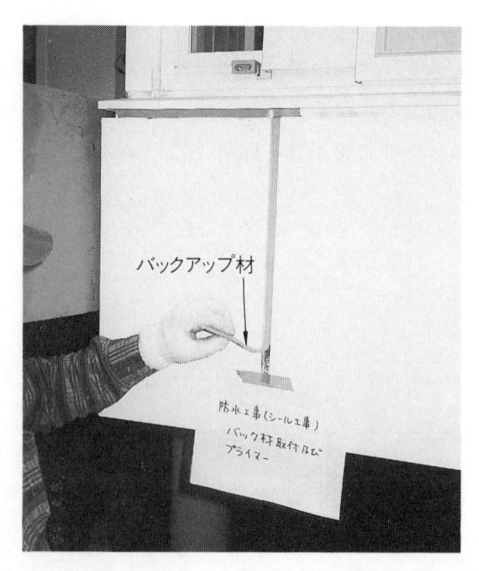

図5・26* バックアップ材の装てん

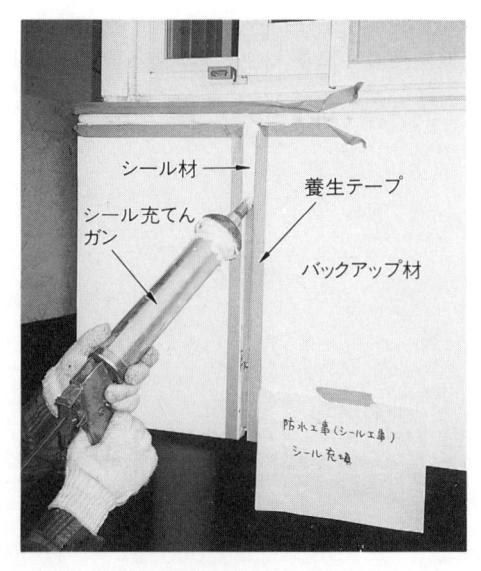

図5・27* シール材の充てん

第6章

仕上げ工事

6・1	仕上げ工事の内容	120
6・2	工事の流れ	122
6・3	屋根工事	124
6・4	左官工事	125
6・5	タイル工事	126
6・6	金属製建具工事	130
6・7	ガラス工事	133
6・8	石工事	135
6・9	金属工事	137
6・10	内装工事	139
6・11	吹付け工事	142
6・12	塗装工事	144
6・13	ユニット工事	146
6・14	断熱工事	147

6・1 仕上げ工事の内容

1. 仕上げ工事とは

　仕上げは，建築物の外観意匠および内部空間の質を決定づけるものであり，建築物の価値を大きく左右するものである。仕上げの大きな目的は，構造躯体を保護することと，構造体内外表面の美観性を高めることであり，目的達成に対し，適切な仕上げ材料を合理的に用い，また，施工方法にも十分考慮しながら，性能と品質を高める必要がある。特に各工事とも高い精度が要求されるため，十分な品質管理を行う。

　仕上げ材は，日々新しいものが生産されており，その選定にあたっては，必ず見本品を入手し，設計図書の規定に合致したものを選択する。

　施工は，防火性，耐候性，耐久性，美観性などの様々な要求性能を満足する方法で行う。

　仕上げ工事着手前に，間仕切壁や各室の展開図，開口部まわりの納まり図，さらに天井の割付図などの施工図を作成する。各工事の施工図は，工事ごとに工程計画に沿って作成し，他の仕上げ工事との関連や設備工事との取合いなどを明らかにしておく必要がある。仕上げ工事には，躯体工事段階での準備工事（インサート取付けなど）が必要なものもあり，躯体工事に反映できる時点までに施工図を作成しなければならない。

　仕上げの出来映えは，仕上げ材そのものの質だけでなく，仕上げ面を構成する下地の良否に大きく影響されることはいうまでもない。下地は仕上げ材の種類に応じて適切な精度を確保する必要があり，施工後の仕上げ材の浮き，はく離，はがれが生じないよう確実に施工する。

(1) 外部仕上げ

　外部仕上げは，人目に触れるため，その工事の良し悪しが建築物の出来映えを大きく左右す

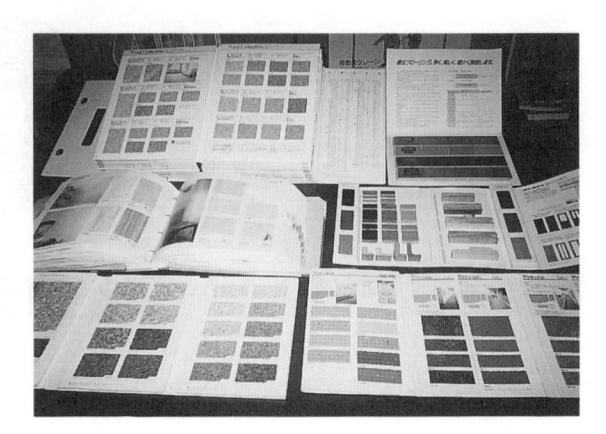

図6・1　仕上げ材の見本

図6・2　玄関の仕上げ

図6・3　洋室の仕上げ

ることになり，躯体工事に比べ厳しい精度が要求される。また，外的作用因子からの躯体の保護や防水の機能も重要であり，単なる化粧ではないことを十分認識し，工事を進める必要がある。

さらに，外部仕上げは常に外気にさらされるので，劣化による漏水，過度な汚れ，仕上げ材のはく離などを生じないよう品質の確保に十分留意し，施工を行わなければならない。工程計画は，外部で行われる作業であること，天候の影響を受けやすいことに留意し，余裕をもったものを作成する。

(2) 内部仕上げ

内部仕上げも，外部仕上げと同様，出来映えが厳しく評価されるものであるが，単に出来映えだけでなく，部位に応じた居住性に関係する諸性能を具備していなければならない。そのため，室空間の使用目的に適応した要求性能を把握しておく必要がある。

工事は，躯体が出来上がり，外部からの風雨が防止できる段階になってから着手する。

内部仕上げ工事は，非常に種類が多く，かつ狭い空間の中で並行して行われることが多いため，各工事の作業工程，取合い部の納まりなどについて事前に検討しておく必要がある。特に壁や天井内部に隠蔽される配線，配管，ダクトなどの設備工事との関連について十分に配慮する。内部仕上げ工事の特徴として繰り返しが多いことがあげられる。そのため，各職種が手待ちとならずに効率的に作業できる工程計画を立てる必要がある。さらに，材料の揚重・保管計画，完成後の養生計画なども重要なポイントである。

仕上げ工事には，種々の内容があるが，本書ではモデル現場で行われた仕上げ工事のみについて記述する。

図6・4　外部仕上げ

図6・5　内部仕上げ(台所)

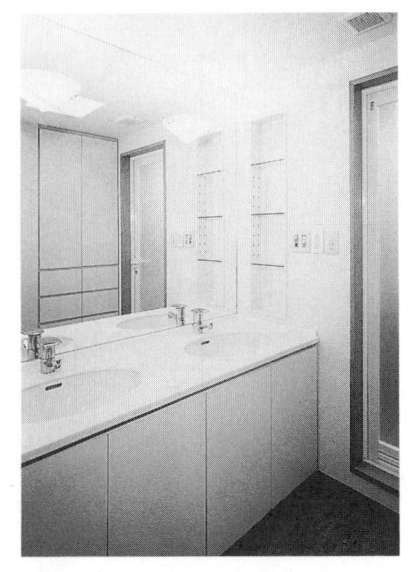

図6・6　内部仕上げ(洗面・脱衣室)

6・2 工事の流れ

仕上げ工事は，低層（3階建て程度）であれば，躯体工事が終わってから着手し，高層であれば，ある程度の階数の躯体が終了してから，下の階から順に工事にかかる。

1．仕上げ墨出し

仕上げを行う階の躯体の型枠が外され，支保工が片付けられると，内部外部ともに仕上げのための墨出しを行う。墨出しは躯体工事中にスラブへ出した逃げ墨（返り墨ともいう）を躯体の壁に立ち上げ，通り心からの寸法（いくら返りか）を記入する。また，壁面にレベル墨（基準FLより1メートル上がり）を打つ。その作業は墨出し大工と呼ばれる専門職が行う。逃げ墨により間仕切りの位置，窓の位置やシャフトの位置を決定する。

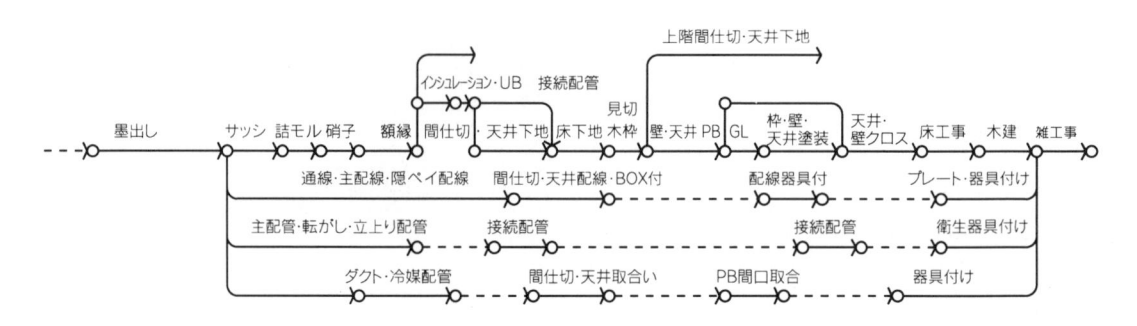

図6・7 仕上げ工事の流れ

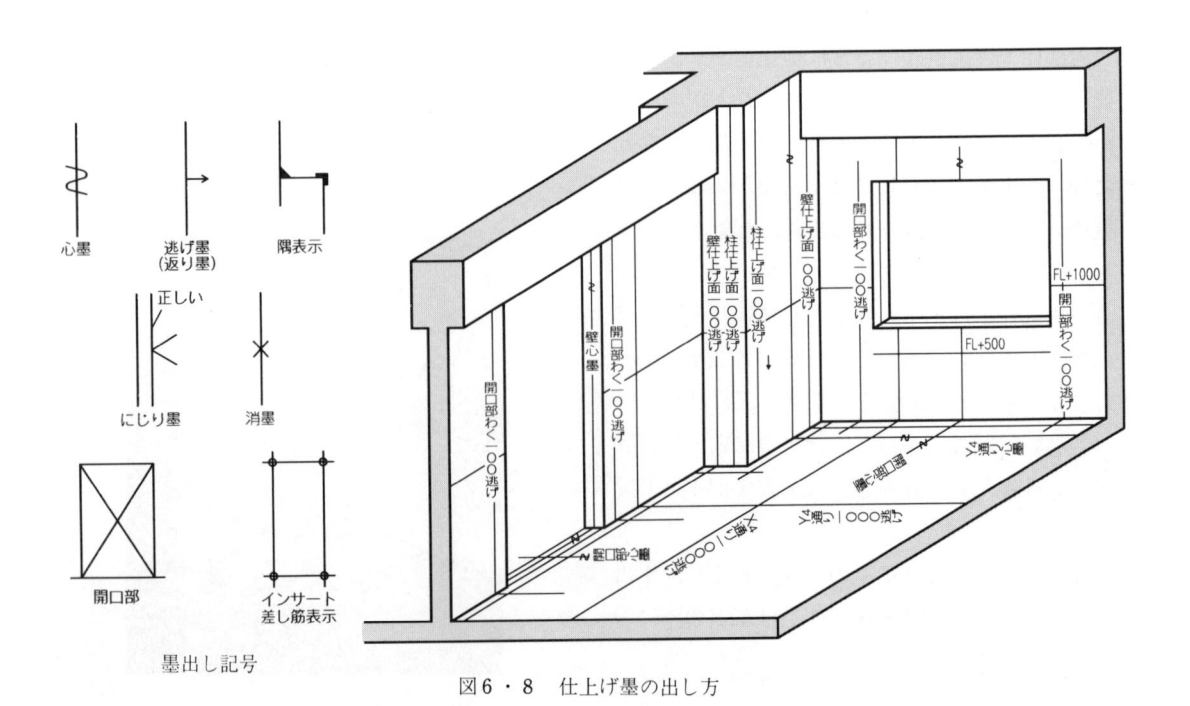

図6・8 仕上げ墨の出し方

図6・9 仕上げ墨出し（壁）

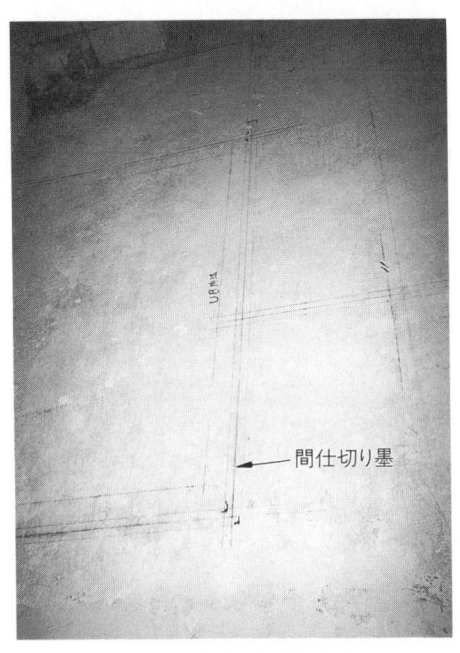

図6・10 仕上げ墨出し（床）

2．設備の配管

設備工事は，メインシャフト内のたて管工事を先行し，各室の枝管へと工事を進める。シャフトの位置や天井・床の仕上げ位置に注意し，配管工事を行う。

3．金属建具の取付け

外部仕上げと内部仕上げの境界となる金属建具（サッシ）の取付け工事が仕上げ工事の出発点となる。モデル現場でいえば，窓開口へのアルミサッシの取付け，玄関扉枠へのスチールサッシの取付けとなる。通常，扉本体は内部の仕上げが最終段階になってから取り付ける。

4．外部仕上げ

金属建具により内部と区分された外部は，逃げ墨に従ってタイルの割付けを行い，タイル下地の調整をする。また，コンクリート躯体の欠陥部を補修し，打継ぎ部分の防水処理を行う。

手すりのような取付け金物は，金属建具と同時期に取り付けると手直し工事が少なくなる。設備関係の外壁貫通配管は，タイルの割付けと関連するので，建築工事と十分に打ち合わせる必要がある。また，その部分は漏水の危険があるため，止水の納まりを検討する。

外壁の仕上げが完了すると外部足場を解体するが，それ以前に足場がなくてはできない，シーリング，クリーニング，ベントキャップの取付け等の作業をすべて終わらせる。

5．内装仕上げ

内部の仕上げ工事を進めるには，平面詳細図が必要となる。特に，モデル現場のような共同住宅の場合には様々な取合いが多く，1枚の平面詳細図の中に，総合図として建築・電気・設備の機器類を落とし込み，相互の関連を調整する。決定した平面詳細図を基に墨出しを行い，仕上げ工事を進める。

6・3 屋根工事

1. 概説

屋根は，建物の上部を覆い，雨・風・雪を防ぐ重要な機能が要求される部位である。信頼できる防水材料の出現によって，鉄筋コンクリート造の建物では陸屋根が多くなっているが，ここでは傾きをもつ屋根について述べることとする。

勾配屋根の下地は，鉄筋コンクリートで造る場合と，鉄骨などで骨組を造る場合とがある。屋根材としては，化粧スレート葺，金属板葺，アスファルトシングル葺等がある。傾斜の緩い場合は，鉄筋コンクリート造が多い。

2. 工事概要

モデル現場の勾配屋根は，鉄筋コンクリート造の上にアスファルト不燃シングル一文字葺で，勾配は 2/10～3/10 である。けらば・軒先・棟の処理は，アルミ金物押さえである。

3. 施工

設計図書に従って，施工要領書と見本品を取り寄せ，使用材料を決定する。施工にあたっては，下記の点に注意する。

(1) **気象条件**

次のような場合は，施工を見合わせる。
① 気温が特に低下している場合。
② 天候の急激な悪化が予想される場合。
③ 降雨・降雪直後で，下地の乾燥が期待できない場合。
④ 強風の場合。

(2) **下地の条件**

防水下地は平滑にして突起物のないようにし，下地はよく乾燥させる。

(3) **取付け手順**

アスファルト不燃シングル一文字葺の場合，次のような手順となる。
① 棟・軒先・けらばに金属製の水切りを取り付ける。
② 屋根全面のコンクリート部に，アスファルトプライマーをむらのないように塗布する。
③ プライマー乾燥後，下葺材のルーフィングを自着面を下にして張り付ける。
④ ルーフィングの上に，割付用の墨出しを行う。墨に従い，軒先よりアスファルトシングルを専用のセメントを用いて張り付ける。さらに，ズレを防ぐため所々に釘を打つ。

(4) 施工後はシングル面の汚れを防ぐため，できる限り乗らないようにする。

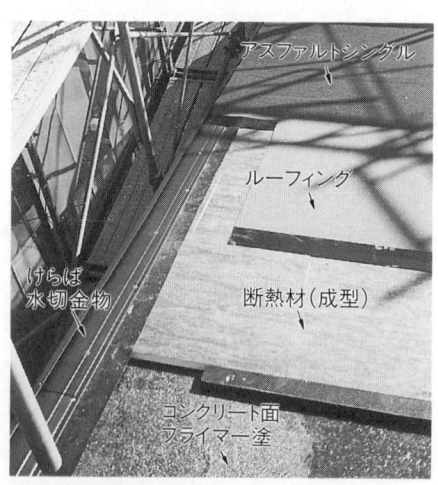

図6・11 水切りの取付け

図6・12 アスファルトシングルの張付け

6・4 左官工事

1. 概説

　左官工事は湿式工法のため，乾燥期間や養生期間が必要である。また，最終仕上げの出来映えに直接影響するため，施工には熟練が必要であり，個人差によるバラツキが問題となる。従来，左官工事で行っていた仕上げも，近年の施工効率に対する要求により，乾式の施工方法に変わりつつある。

　左官工事の種類としては，次のものがある。

(1) コンクリート打設中の床面の均しや直押さえ
(2) モルタル塗り
(3) プラスターやしっくい塗り
(4) コンクリート打放し面の補修やコンクリート直仕上げの全面補修

2. 工事概要

　モデル現場での左官工事は，次のようなものである。

(1) **コンクリート打設中の左官工事**
① 手すりやパラペットなどのコンクリート天端の直押さえ
② コンクリートの直床仕上げの押さえ

(2) **仕上げ下地の左官工事**
① 外壁タイルのコンクリート壁面直張り下地
② 吹付けタイルの下地補修塗り
③ コンクリート打放し仕上げの補修
④ 内部の壁・天井のビニールクロス張り仕上げのための，コンクリート直張り下地の補修やモルタル塗り
⑤ 長尺シート等の内部床仕上げのためのモルタル下地
⑥ 外部の防水下地や保護モルタル塗り

図6・13 コンクリート上面均し

図6・14 タイル直張り下地の補修

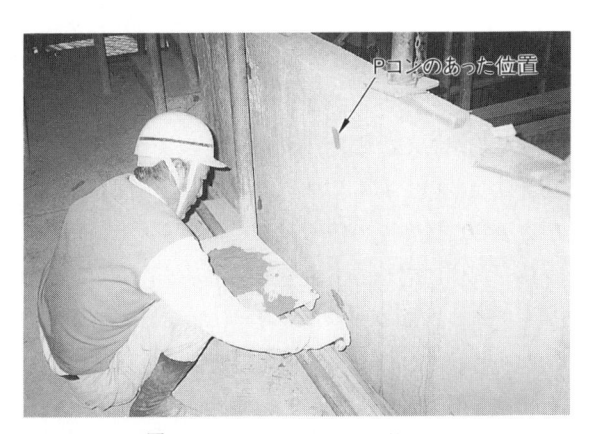

図6・15 コンクリート打放し補修

(3) 左官仕上げ
① 和室の新京壁塗り，ジュラク壁塗り
② 外部床のモルタル金ごて仕上げ

3. 施　工

コンクリート下地にセメントモルタル塗りを行う場合は，次のような事項に注意する。

① 乾燥収縮を少なくするために，過剰な水を減らし，砂の粒度に留意する。砂は細かすぎても粗すぎてもよくない。
② 下地との接着力を確保するために，下地表面の汚れを水洗いし，目荒しして接着面積を増す。また，下地に適当な水湿しを行い，ドライアウトを防ぐ。
③ やむをえず厚くなるところでは，1回の塗り厚を6mm以下とし，ひび割れに注意する。
④ 下地の異なるところでは，目地を設けるのが望ましい。

図6・16　内部壁下地塗り

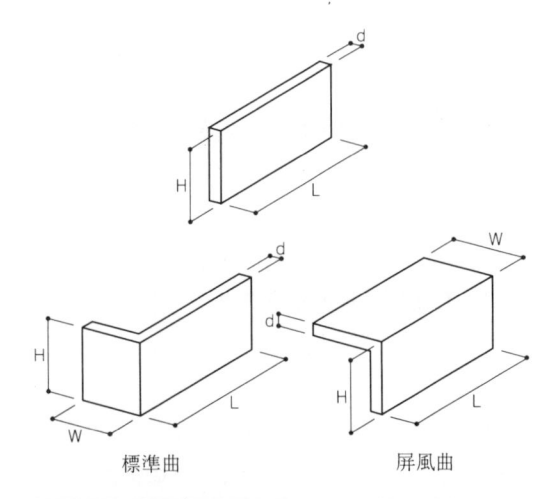

6・5　タイル工事

1. 概　説

タイルは，建物の外装に用いられるだけでなく，浴室，台所，便所などの水がかり部の美装や下地の保護を目的として広く使われている。

タイルの種類は，その素地によって磁器質・せっ器質，陶器質に分類され，その素地に対してうわ薬をかけるかどうかの，施ゆう・無ゆうの分別がある。また，図6・17のように形状・寸法は多様である。タイル張り工法も図6・18のように数多くの種類があり，タイルの種類，施工部位に応じて工法を選定する。

近年，外壁のタイルの経年によるはく落が問題視されているが，下地面の処置（高圧洗浄，目荒し等），オープンタイム，伸縮目地のとり方などが不適切な場合は，タイル張り施工時の問題に起因する場合が多い。

呼び名		L	H	W	d	呼び名		L	H	W	d
4丁掛	平	227	120	—	15	150ミリ角	平	150	150	—	12
	曲	168	120	50	16						
3丁掛	平	227	90	—	14	108ミリ角	平	108	108	—	8
	曲	168	90	50	14						
2丁掛	平	227	60	—	13	45 2丁	平	95	45	—	
	曲	168	60	50	13		曲	95	45	45	
小口	平	108	60	—	9	47ミリ角	平	47	47	—	
	曲	108	60	50	12		曲	47	47	47	
53角	平	150	90	—	9	40ミリ角	平	40	40	—	
	曲	115	90	35	15		曲	45	40	40	

図6・17　代表的なタイルの寸法，形状

6・5 タイル工事

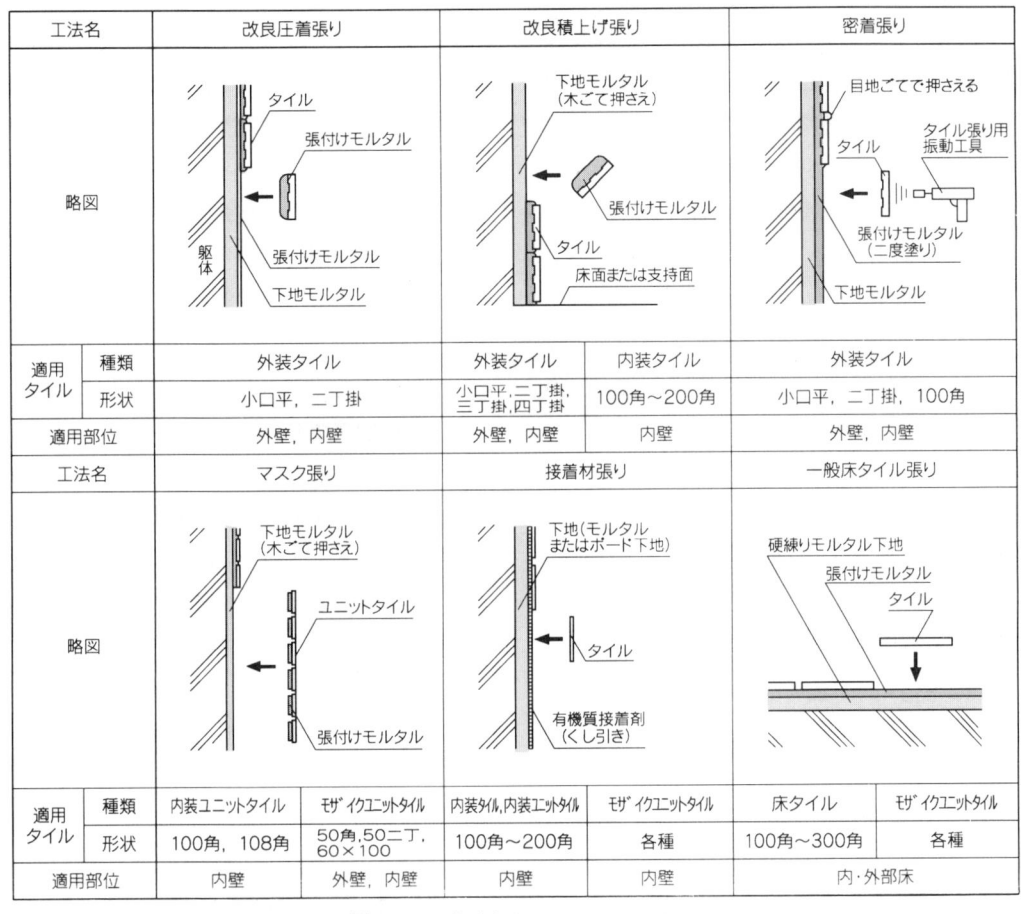

工法名	改良圧着張り	改良積上げ張り		密着張り
略図	(タイル／張付けモルタル／躯体／下地モルタル)	(下地モルタル(木ごて押さえ)／張付けモルタル／タイル／床面または支持面)		(目地ごてで押さえる／タイル／タイル張り用振動工具／張付けモルタル(二度塗り)／下地モルタル)
適用タイル　種類	外装タイル	外装タイル	内装タイル	外装タイル
形状	小口平，二丁掛	小口平，二丁掛，三丁掛，四丁掛	100角～200角	小口平，二丁掛，100角
適用部位	外壁，内壁	外壁，内壁	内壁	外壁，内壁

工法名	マスク張り		接着材張り		一般床タイル張り	
略図	(下地モルタル(木ごて押さえ)／ユニットタイル／張付けモルタル)		(下地(モルタルまたはボード下地)／タイル／有機質接着剤(くし引き))		(硬練りモルタル下地／張付けモルタル／タイル)	
適用タイル　種類	内装ユニットタイル	モザイクユニットタイル	内装タイル,内装ユニットタイル	モザイクユニットタイル	床タイル	モザイクユニットタイル
形状	100角，108角	50角,50二丁,60×100	100角～200角	各種	100角～300角	各種
適用部位	内壁	外壁，内壁	内壁	内壁	内・外部床	

図6・18　代表的なタイル張り工法

2．工事概要

モデル現場では，次のようなタイルが使われている。

　　外部壁　　二丁掛磁器タイル
　　外部床　　305　せっ器質タイル
　　　　　　　100　磁器質タイル
　　内部壁　　200　陶器質タイル

3．施　工

(1) 使用材料の確認

タイル張りした見本を作成して，監理者の承認を受ける。その際に，目地の大きさや深さ，目地の色を決めるとともに，張付けモルタル・目地モルタルを現場配合とするか，既製の配合品とするか等を決めておく。

その他の注意点としては，

① 外装タイルは，吸水性があっては使えない。特に吸水率の高いタイルは，冬期の凍結による割れや，はく落の危険がある。せっ器質タイルでは吸水率3％未満，磁器質タイルでは吸水率0％とする。

② タイルの裏足（接着をよくするための裏側の溝）の形状を確認する。特に外壁タイルにおいては，はく落の危険があるため留意する。

③ 床面には，原則として無ゆうタイルを使用する。

④ 特注品の場合は，生産に2か月ほどかかるので，早めに注文する。

(2) タイル割付図の作成

使用するタイルの寸法を確認し，設計図を基にしてタイル割付図を作成する。外装については，伸縮目地の位置，出隅・入隅や，窓などの開口部まわりの納まりを決めて，各種のタイル役物を使いながらタイルが整然と並ぶように割り付ける（図6・19）。

内部のタイル割付けは，柱型・梁型，給排水のパイプなどの位置を考慮して割り付ける。通常，給水管がタイルの目地心にくるように，割り付ける。

(3) 下地の精度確認

施工に先立ち，下地の不陸・浮き・汚れなどがないか，また，乾燥の程度に問題がないかな どを確認する。タイルの裏には水が回ることを前提とし，下地の段階で防水処理を施す。

モルタルの下地施工後は，夏期で7日，冬期で14日以上の養生期間をとることが望ましい。

モデル現場での外装タイル張りは，近年，事例の多いコンクリート直張り工法で施工した。

(4) タイルの張付け

割付図を基にして目地割りを行い，タイルが正しく割り付けられるかどうかを確認してから，張付けを行う。

(a) 外壁密着張り

① 下地を水湿ししたのち，張付けモルタルを2度塗りする。モデル現場では，1回目1～2mm厚，2回目4～5mm厚とした。1度に塗る範囲は2m²程度とする（図6・20）。

② タイルを張付けモルタルの面に当て，位置を決めて，振動工具(ビブラート)で密着

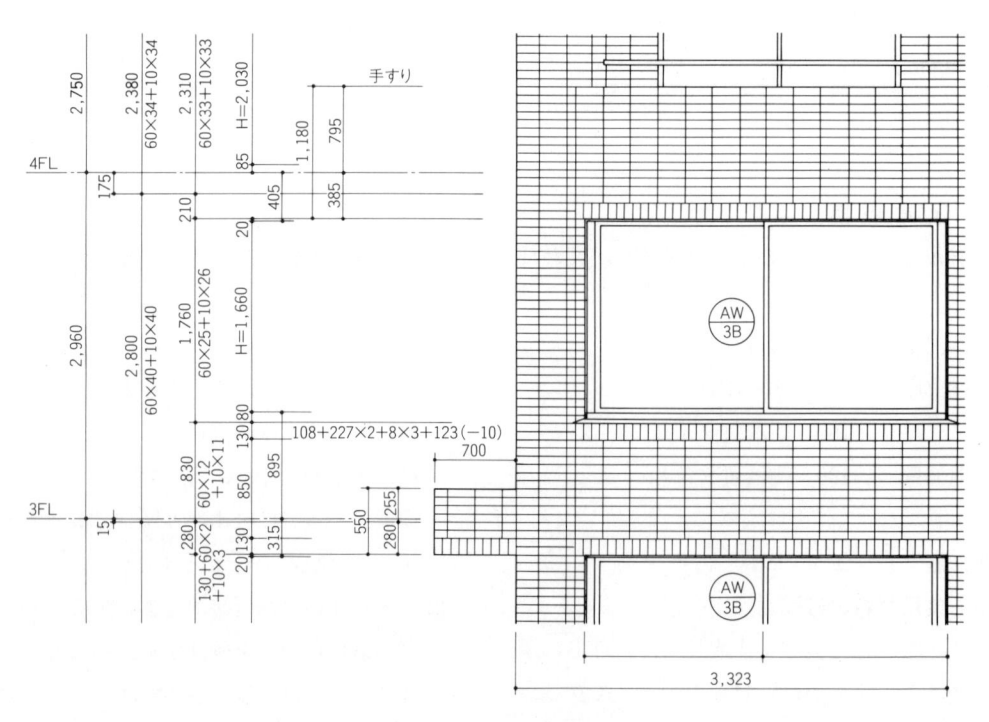

図6・19 タイル割付図

させる。モルタルの盛り上がりを確認し，20分以内に張り上げるよう注意する（図6・21）。

③　張付けモルタルの硬化を見計らい，目地底を清掃する。

(b)　**内部壁接着張り**

①　下地のゴミを除去したのち，下地面を押さえるように接着剤を塗り付け，塗布した接着剤にくし目を立てる。

②　1度に塗る面積は $2m^2$ 以内とする。接着剤のオープンタイム（下地に接着剤を塗ってからタイルを張るまでの時間）に留意し，タイルを圧着して張り付ける。

(c)　**内部床タイル張り**

①　下地コンクリート面を清掃してから，水打ちをして下地に湿りを与える。その上に硬練りモルタルを敷き，木ごてなどで所定の高さに均し固める。モデル現場では，敷モルタルを $30～50mm$ 厚とした。

②　セメントペーストを流し込み，その上にタイルを張り付ける。下地がモルタル塗りの場合は，張付けモルタルを塗り付け，その上にタイルを張り付ける。

(5)　**目地詰め**

目地詰めは，タイル張り後1日以上経過してから行うことが望ましい。目地に水湿しを行い，目地ごてで押さえる。目地切れのないように入念に塗り込む（図6・22）。

タイルの伸縮目地や，構造スリット部分のタイル目地は，シール材で処理をする。

図6・20　張付けモルタル塗り

図6・22　タイルの目地詰め

図6・21　外壁密着張り

図6・23　目地押さえ

4．検　　査

目地が硬化してから，テストハンマーを用いてタイルの浮き，はく離の検査などを行う。引張り試験によって所定の接着強度が出ているか検査をする場合もある。異常があれば，その部分を張り替える。

5．クリーニング（タイル洗い）

目地材の硬化後，タイル表面の水洗いを行う。タイルの表面についている目地材や，モルタルの汚れなどが著しいときは，塩酸の希釈液で洗う。酸洗い後は，タイル表面および目地材に酸が残らないように，直ちに十分水洗いをする。

6．予備品の保管

建物の完成引渡し時には，使用したタイルの予備品を残しておく。竣工後に手直しのため必要な場合があり，製品が廃番になっているおそれもあるためである。また，特注タイルは納期が遅くなるため，役物を含めて保管しておく。

6・6 金属製建具工事

1．概　　説

建具工事には，大きく分けて金属製建具工事と木製建具工事の2つがある。金属製建具は主に外壁面に用いられるが，防火上の理由で取り付けられる場合も多い。金属製建具の材質にはアルミニウム製，スチール製，ステンレス製などの種類があり，形状には，窓，扉，シャッターなどがある。外部に取り付ける金属製建具は，躯体工事と仕上げ工事の区切りとなる部分であり，その取付けは工程管理上のポイントとなる。また，仕上げ墨の基準となる重要な工事である。

2．工事概要

モデル現場では，外壁面の窓にはアルミニウム製建具が，各住戸の出入口には甲種防火戸である鋼製建具が，また，地階車庫の入口には鋼製シャッター，1階エントランス部分にはステンレス製建具が採用されている。

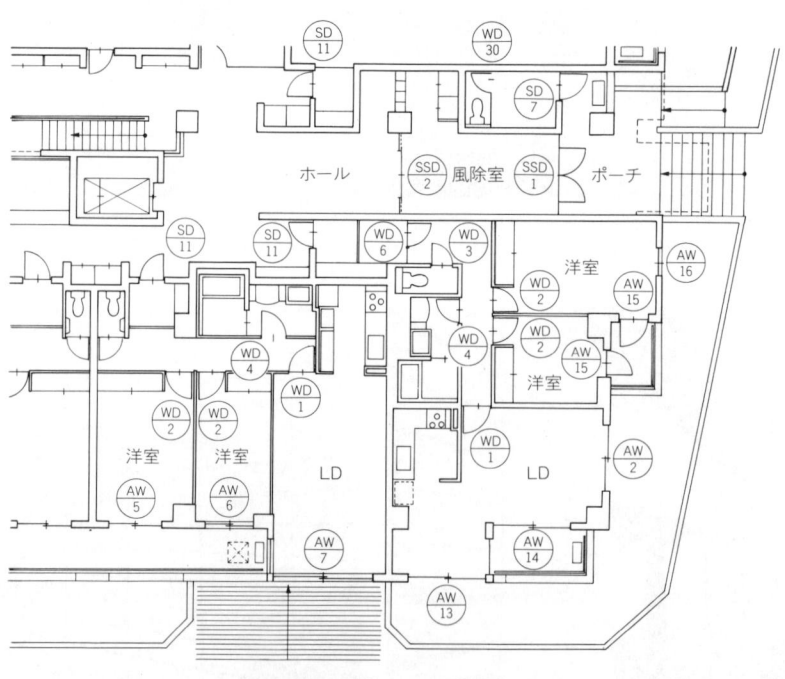

図6・24 建具キープラン図

建具工事は，設計図書では，キープラン図と建具表によって表現されている。図6・24，25は，モデル現場における実例である。

3．施　　工

(1)　施 工 図

金属製建具工事にあたっては，まず，施工図の作成を行い，図面の承認を得たのちに，工場で製作する。

施工図を作成する際には，材種，使用場所，個数，寸法，仕上り姿などを設計図より読み取る。次のような項目がチェックポイントとなる。

①　耐風圧性能，水密性能，防音性能，耐火性能などの各種性能の確認
②　金属製建具の表面の仕上げや被膜の確認
③　建具金物(扉であればノブ，丁番，自閉装置など)の確認
④　外壁仕上げのタイル張りや石張りの納まりによる建具寸法の確認
⑤　室内の床高さ，内法高さ，天井高さによる建具寸法の制限
⑥　金属製建具と躯体との取付け方法やアンカーの位置
⑦　ガラスの種類と厚みの確認
⑧　現場への搬入や荷揚げ方法のための形状の確認
⑨　表面の養生方法など

記号	使用場所	個数	姿	寸法 W	寸法 H	寸法 D	建具 材質・仕上	建具 厚	枠 材質・仕上	枠 形状	枠 寸法 見込×見付	ガラス	錠 箱錠	錠 本締	錠 その他	握玉・取手類 握玉	握玉・取手類 レバーハンドル	握玉・取手類 その他	吊金物類 蝶番	吊金物類 ピボットヒンジ	吊金物類 フロアヒンジ	吊金物類 オートヒンジ	吊金物類 ドアチェック	吊金物類 その他
WD 1	A-H　LD	18	1	850	2000		塩ビシート貼 既製品	36	塩ビシート貼 既製品	1	90×25	FLG 3		○	(空)(空)		○		○					
2	〃　洋　室	34	2	800	〃		〃	〃	〃	〃	〃	——		○	(サ)(シ)		○		○					
3	〃　便　所	18	3	600			〃	〃	〃	〃	〃	GG 2		○	(サ)(表) (非)		○		○					
4	A-F 洗面脱衣 H	16	3	750	1820		〃	〃	〃	〃	〃	〃		○	〃		○		○					
5	G　〃	2	〃	650	〃		〃	〃	〃	〃	〃			○			○		○					
6	E　廊　下	1	4	1190	2000		〃	〃	〃	〃	〃	FLG 5	——	——	——		○		○					
7	G　〃	2	5	1780	2200		〃	〃	〃	〃	〃	FLG 10 (タペストリー加工)	——	——	——			押棒			○			
8	G　キッチン	2	6	870	2000		〃	〃	〃	〃	〃		——	——	——			引手						Vレール
9	A-HUB 枠	18	7	716	〃		——		スプルスOP	3	90×25	——												
10	A クローゼット	3	8	1450	2275		塩ビシート貼 既製品	27	集成材塩ビシート貼	〃	〃	——						ツマミ						クローゼット 金具一式

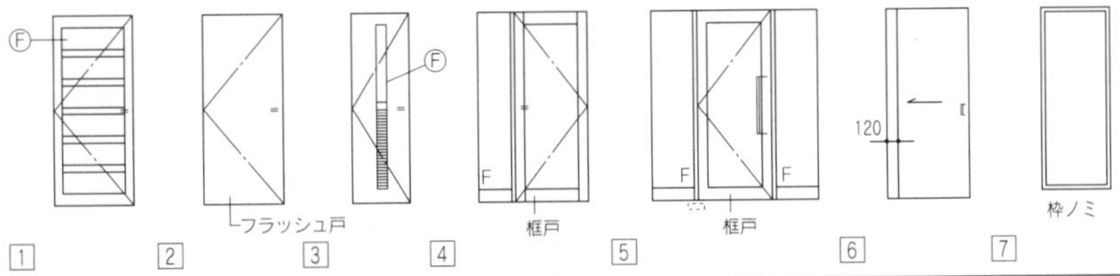

図6・25　建　　具　　表

(2) 製品検査

施工図の承認後工場で製作された製品は、出荷前に製品検査を受ける。

各部の寸法の測定や裏打ちシールの防水性、指定色との照合などを検査し、製品の養生方法の確認を行う。

(3) 取付け工事

コンクリートが所定の強度に達して支保工が外れると、金属製建具の取付けの墨出しを行う。

基準墨より建具の心、寄り、出入りの墨（サッシ墨）を出す。サッシ墨を基に取付けを行う（図6・26）。

下げ振りとくさびによって建具の位置を決めたのち、アンカーを溶接し固定する。その後、速やかに建具回りのモルタル埋め（外部に面する建具には防水材入りのモルタルを使用する）を行い、ガラスを入れて次の工程へ進む。

4. 養　生

取付けの終了後、建具の表面に傷や汚れが付かないように養生する。特に、皿板などの外部に面する部分は、仕上げ工事の途中でモルタルやタイルの落下によって傷がつく危険があるため、養生フイルムに加えて薄ベニヤによる養生を行う。また、可動部分は、養生してできるだけ開閉しないようにする。

5. クリーニング・調整

外部仕上げの最終段階でシールを打つ前に、外部の養生フィルムをはがし、クリーニングする。また、内部の壁のクロス張り、塗装仕上げ等の最終仕上げ直前に、フィルムをはがし粗清掃を行うとよい。最終仕上げののち、各所の機能検査、外観検査を行う。傷、汚れ、可動部の開閉具合、スピード等を全数量チェックする。金属製建具工事は、竣工後に最もクレームの多い工種の一つである。

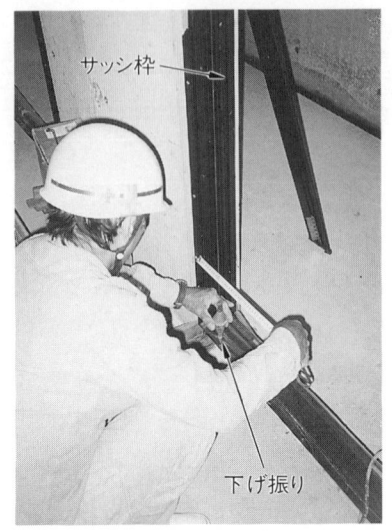

図6・26　サッシの取付け

図6・27　サッシ取付け用インサート

図6・28　サッシ回りのモルタル埋め

6・7 ガラス工事

1. 概説

ガラスは，現代では鉄・コンクリートとともに最も重要な建築材料の一つである。建築工事に使用されるガラスには，次のようなものがある。

(1) **フロート板ガラス**（厚さ3〜19 mm）

板ガラスの中で，最も一般的なガラスである。

(2) **網入りガラス**（厚さ6.8 mm，10 mm）

板ガラスの中に網が封入されているため，ガラスが割れても破片が落ちにくく，防火性がある。しかし，ガラス内に金属が封入されているので，切断面部分の強度は，フロート板ガラスよりも小さい。

(3) **熱線吸収板ガラス**（厚さ3〜15 mm）

太陽輻射熱を30〜40％程度吸収し，室内への熱の流入を防ぎ，冷房効果を高める板ガラスである。

(4) **熱線反射板ガラス**（厚さ6〜12 mm）

ガラス表面に薄い金属酸化膜をコーティングし，日射エネルギーを反射する板ガラスである。ミラー効果があり，美しい外観が得られる。

(5) **強化ガラス**（厚さ4〜15 mm）

フロート板ガラスに熱処理を施すことで，強度を3〜5倍にした加工ガラスである。割れたときにガラスが粒状になる。

このほかにも，2枚のガラスを用い，その間に乾燥空気層を設けた複層ガラスや，膜を挟み込んだ合わせガラスなどがある。

最近では，断熱性をより高めるためにガラス面に特殊金属膜をコーティングした低放射性ガラス（Low-Eガラス）や，窓面からの不要な電磁波を遮断する電磁遮蔽ガラスなど，今までには見られなかった性能を有するガラスが開発されている。また，視野の選択が可能であったり，液晶で透視性をコントロールするガラスなど，意匠性を高めたガラスもある。

図6・29　ガラスの取付け（ガラス注意のはり紙を貼る）

外部に面するガラス工事には，美観のほか，水密・気密・耐風圧・断熱・対結露・熱割れ防止・遮音性能などが要求される。また，場所によっては，法規上網入りガラスを使用しなくてはならず，適切な設計がなされているか確認する。

2. 工事概要

モデル現場では，共同住宅部分のアルミサッシには，フロート板ガラス・型板ガラスのほか，延焼のおそれのある部分には網入りガラス（菱ワイヤー入り6.8 mm）が使われている。また，建主の住宅部分には複層ガラス（3 mm + 3 mm, 6 mm + 6 mm, 5 mm + 6.8 mm）が，そして，エントランスの扉には強化ガラス（6 mm, 12 mm）が採用されている。

3. 施工

金属製建具が取り付けられた時点で，ガラスの寸法を採寸する。使用するガラスの厚さにより，枠へのかかり代寸法が決まる。

網入りガラスには，水抜き機構を備えたサッシを用いるとともに，シーリング材により水密性を確保する。塩ビビード工法を採用すると，ガラスの小口の網より錆が発生し，割れる原因となるからである。最近は，フロート板ガラス等でも，サッシ枠への取付けには，シーリング

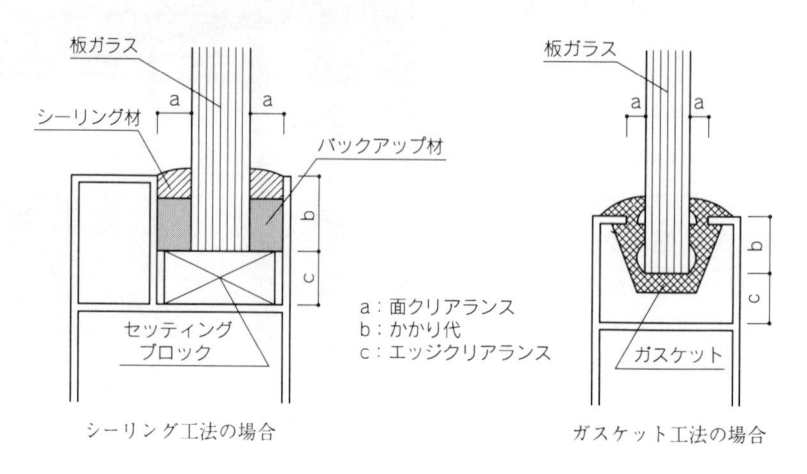

図6・30　ガラスのかかり代とエッジクリアランス

（シーリング工法の場合）
a：面クリアランス
b：かかり代
c：エッジクリアランス

（ガスケット工法の場合）

工法が用いられる場合が多い。

　複層ガラスは納期に時間がかかるので注意するとともに、サッシ枠のかかり代や面クリアランス・エッジクリアランス（セッティングブロックの位置と大きさ）、水抜き機構に留意する。現場での保管は直射日光を避け、風通しのよいところを選ぶ。

　モデル現場では、シリコン系のシーリング材を用いている。シーリング幅、かかり代とクリアランスは、実際に用いるガラスの厚さおよび使用条件に応じて決定する。

4．養生とクリーニング

　ガラスを入れる段階では、内部・外部ともまだ工事中であるため、破損防止のための注意を喚起するはり紙をし、溶接の火花による傷の対策を考える。また、ガラスに物を立てかけて影をつくると、熱割れの原因になることがあるので注意する。

　サッシのクリーニングと同時に、ガラスのクリーニングを行う。

6・8 石工事

1. 概説

内外装材に石材を使うことにより，高級感を高めることができる。石材は耐久性・耐火性・耐候性に優れた仕上げ材であり，外壁や床材には耐候性・耐久性のある花崗岩（一般的に御影石と呼ばれている）が多く使用され，内装には色や模様の美しい大理石が使用される場合が多い。

石材の代表的な種類や主な使用場所は，次のとおりである。

　花崗岩：内外の壁・床
　大理石：内部の床・壁，家具の甲板
　砂　岩：内外の壁，内部の床

石材の仕上げの種類は，粗面仕上げと磨き仕上げに分けられる

　粗面仕上げ：ジェットバーナー・ブラスト・小たたき・びしゃん・割りはだ・こぶ出し
　磨き仕上げ：本磨き・水磨き・粗磨き

壁の石張り工法としては，乾式工法・湿式工法・石先付けプレキャストコンクリート工法などがある。最近では外壁や床のエフロレッセンス対策として，撥水剤につけこんだものを使用したり，裏面処理した石を使用するケースが多くなっている。

また，石の種類によっては，施工後表面保護コーティングすることもある。

2. 工事概要

モデル現場ではエントランスホールの壁や床に大理石が用いられている。

3. 施工

(1) 壁の乾式工法の一般例

(a) 使用材料の確認
　・産地の確認（最近では中国産が多く，中国で加工まで行われることが多い）
　・サンプルの提出（色や仕上げ面の確認）

(b) 割付図を作成し係員の承認を得る　最大寸法は，幅1200 mm，高さ800 mmとし，面積で1 m² 以下とする。石厚は外壁で30 mm，内壁で25 mm 以上を確保する。外壁石張りの場合，6 mm 以上の目地を設け，シーリングする。

(c) 下地コンクリートの確認　石の裏へ水がまわることが予想されるため，コンクリートの表面で止水する。打ち継ぎ部分，Pコン部分，その他ジャンカ等コンクリート

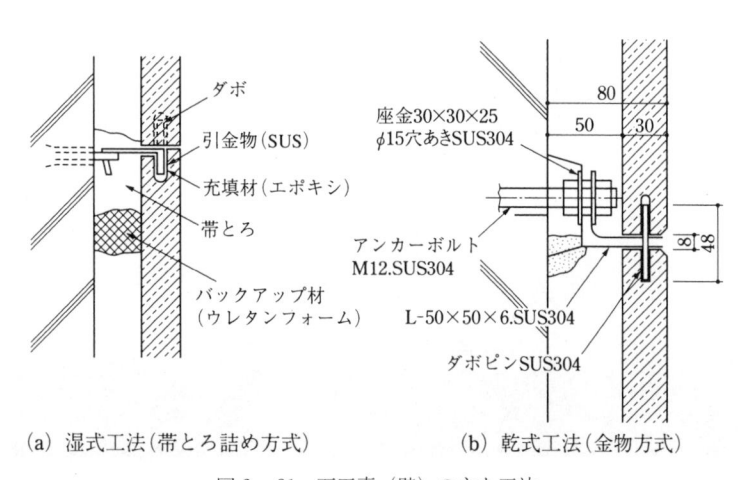

(a) 湿式工法（帯とろ詰め方式）　　(b) 乾式工法（金物方式）

図 6・31　石工事（壁）の主な工法

の欠陥部分を止水処置する。

(d) 石張付け工事　石割付図に基づき割り付け墨を出す。墨にあわせコンクリート用ボルトアンカー（SUS製）を打ち込み，ファスナー（SUS製）を取付ける。石にダボ穴をあけ，ファスナーと石のダボ穴にダボを差し込み，接着剤で固定する。

(e) シーリング工事　石張り完了後，ポリサルファイド系シーリング材にて目地をシールする。

(2) **床石張り工事（一般的な湿式工法例）**

外部の床石張り工法として，乾式工法（器具を使って石を浮かす）もあるが，最も一般的なものが湿式の床石張り工法である。

① 床の割付墨に合わせ，空練りモルタル（砂とセメントを練り混ぜたもの）を均一に敷き詰め，石を仮置きし，たたいてレベル調整を行う。

② レベルが決まった後，仮置きの石を静かに取外し空練りモルタルの上にセメントペーストを流し，再度取外した石を張り付ける。

③ 空練モルタルが硬化するまで立ち入り禁止として養生する。

④ 後日目地埋めを行う

図6・32　石工事の施工

図6・33　エントランスホールの石張り

6・9 金属工事

1．概説

金属工事で取り扱う材料とその構法には，数多くの種類のものがある。ここでは，建築工事でよく採用されるものに限定して，工事の進め方を述べる。

金属工事では，次にあげる金属がよく用いられる。

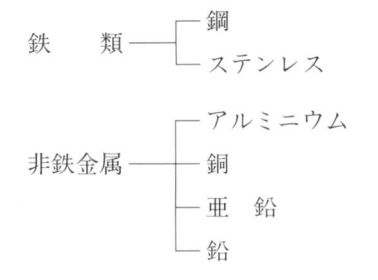

```
鉄　類 ┬ 鋼
       └ ステンレス

非鉄金属 ┬ アルミニウム
        ├ 銅
        ├ 亜　鉛
        └ 鉛
```

金属材料に要求される重要な性能に，耐食性・耐久性・耐候性がある。建物の立地条件・使用場所（内・外部）などを十分に検討し，設計図書で求める品質・性能等を確保できる金属を選ぶことが大切である。金属工事に含まれる工事には，次のような種類のものがある。

・製作金物工事（手すりなど特注製作物）
・既製金物工事（ルーフドレン，ノンスリップ等）
・雑金物工事（ラス，アンカーボルト等）
・軽量鉄骨下地工事（天井，壁下地工事）

2．工事概要

モデル現場では，次のような金属工事が行われた。

① 製作金物工事　階段，バルコニーの手すり（ステンレス製），エントランスのキャノピー（カラーステンレス製）
② 既製金物工事　屋上笠木（アルミ製），グレージング，点検口
③ 軽量鉄骨下地工事

図6・34　手すりの取付け

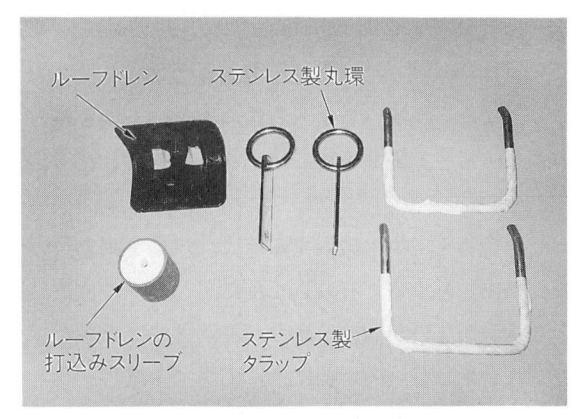

図6・35　既製金物

図6・36　軽量鉄骨壁下地

3. 施　工

製作金物工事は，金属建具工事と同様に施工図を作図し，監理者の承認を得てから製作する。

手すりなどについては，コンクリート工事に間に合うように作図し，アンカーをとるための準備をしておく。作図するにあたっては，金属の特性をよく理解しディテールを検討する。また，異種金属による電食に留意し，特にスチールを使用する場合は，適切な錆止め塗料を選定する。

手すりのように支持間隔が長い場合は，太陽の熱による金属の伸びに注意し，エキスパンションをとった納まりを考えるとよい。

また，現場への搬入方法や取付け方法を検討し，できる限り工場で仕上げてくることを考える。

金物を現場へ搬入する前に，現場実測を行い墨出しをする。打ち込まれたアンカーの位置にずれがないか調べ，また，実測寸法に大きなずれが生じている場合には，工場で手直しを行っておく。

屋上のアルミ笠木は既製金物であるが，施工図を起こし，割り付ける。コーナーの役物は，製作金物となる場合があるので，納期を確認しておく。

取り付けた金物は，製作金物・既製金物いずれも養生をする。

軽量鉄骨下地工事は，特に墨出しが重要である。床に間仕切り墨を出したのち，下げ振りで上部のスラブ下面に墨を移し，床とスラブ下面にライナーを固定する。ボードの割付けに合わせ，このライナーにスタッドを組み込んで立てる。300 mm 間隔が標準的である。ドアまわりなどは，開口部用のスタッドで補強する。

天井の軽鉄下地組みは，レベル墨より墨出しを行い，上部のスラブ下に打ち込まれている天井インサート金物から，吊りボルトを下ろし，軽量鉄骨を組んでいく。水平の高さは吊りボルトのナット等で調整する。

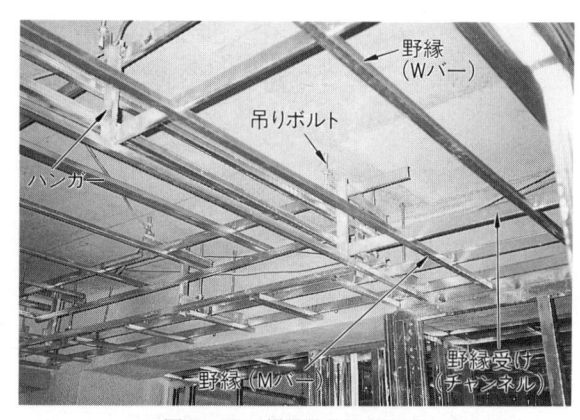

図 6・37　軽量鉄骨天井下地

6・10 内装工事

1. 概　説

内装工事は，床・壁・天井などの下地にボードやクロスなどを取り付ける仕上げ工事である。内装材は種類が多く，また，いろいろな工法が使われており，新製品も次々と開発され提供されているが，美観だけでなく，強度，防火性，安全性，快適性，耐久性などの所要性能を検討して選定する必要がある。

また，シックハウスとして社会問題化している接着剤等に含まれる揮発性有機化学物質の含有量については，基準値以下であることを確認する。

床仕上げについては，事務所系の建物ではOA機器の配線に対応したフロアー形式がとられ，タイルカーペットを仕上げ材として組み合わせることが主流となっている。一方，住宅では，カーペットからフローリングへと仕上げの主流が変化している。

内装の仕上げ材を決めるには，設計図の仕上表を基に，見本の現物サンプルを張ったカラースキムを作成し，施主の承認を得る（図6・38）。

2. 工事概要

モデル現場では，図6・39に示す材料を使って，床・壁・天井などの仕上げが行われている。

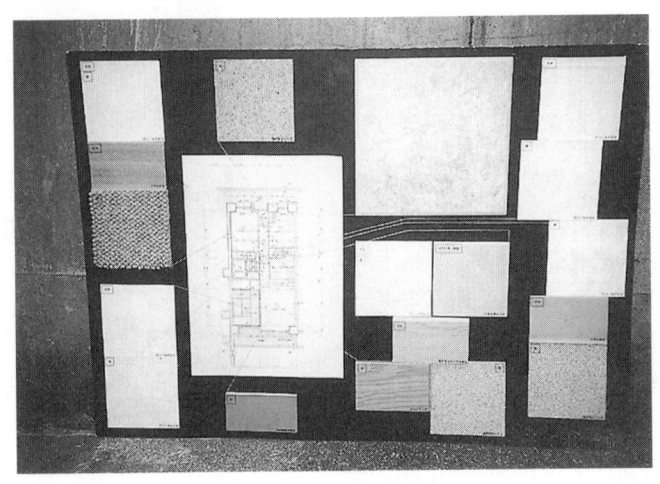

図6・38　カラースキム

	室　名	床	巾木・小壁	壁	天　井	その他
共用 2.3	EVホール・廊下	ノンスリップゴムタイル貼	ー	コンクリート打放 フッ素樹脂クリアー	珪カル板6+6　AEP	
				EVシャフト壁：外壁タイル	（目地パテ処理）	
	階段室	段板ノンスリップゴムタイル貼		コンクリート打放 フッ素樹脂クリアー	踊　場：コンクリート打放 AEP	
					段　板：スチール　SOP	
					最上階：珪カル板6+6　AEP	
共用 4.	EVホール	大理石⑦	ー	コンクリート打放シ フツ素樹脂クリアー	珪カル板6+6　シグマルト吹付	トップライト
		（模様貼り）				
		（コンクリートスラブ現7シ）				
	倉庫	コンクリートスラブ直押		コンクリート打放シ	コンクリートスラブ現7シ	
				C.B⑦100 化粧積		
住戸 A〜H	玄関	大理石⑦300 400□（規格品）	半硬質ビニル巾木	PB⑦12.5下地ビニルクロス貼	PB⑦9.5下地ビニルクロス貼	下足入,大理石,⑦25
		モルタル金ゴテ下地⑦17	H=90	（コンクリート打放 補修下地）		
	廊下	フローリング⑦15(L45)	↑	H=60	↑	
		コンクリートスラブ直押下地		（↑）		
	WC	長R塩ビシート貼り⑦2.0	↑	↑	↑	棚板（ポリ合板）　（一部手洗い）
		モルタル金ゴテ下地⑦13		（↑）		※タオル掛,ペーパーホルダー下地ハコンパネ12
	洗面・脱衣室	↑	↑	↑	↑	洗面化粧台　洗タクパン
				（↑）		※タオル掛下地ハコンパネ12
	リビング・ダイニング	フローリング⑦12(L45)	↑	↑	ビニルクロス貼	カーテンBox
		コンクリートスラブ補修		（↑）	コンクリート打放補修下地	※エアコン取付下地ハコンパネ12
	キッチン	↑	↑	PB⑦9.5下地 ビニルクロス貼	↑	システムキッチン
				(・一部半磁器質タイル貼り150")		
	洋室	フェルト⑦8下地カーペット⑦7	↑	PB⑦12.5下地ビニルクロス貼	ビニルクロス貼	カーテンBox,クロゼット
		コンクリートスラブ直押			コンクリート打放補修下地	※エアコン取付下地ハコンパネ12
	物入(Cタイプのみ)	長Rビニルシート貼り⑦2.0	↑	↑	PB⑦9.5下地 ビニルクロス貼	SUSパイプ32.5φ，ポリ合板
		モルタル金ゴテ下地⑦13				
	バルコニー	磁器タイル100"	モルタル金ゴテ	外壁タイル	コンクリート打放シ復層仕下地	・アルミ手摺,物干金物
				手摺：コンクリート打放 復層仕上		

図6・39　仕　上　表

3. 施　工

(1) 壁の仕上げ

モデル現場では，外周壁内側の内壁面の仕上げは，断熱材を吹き付けたのちに，プラスターボードのGL工法でビニールクロス下地をつくり，内部間仕切りは軽量鉄骨軸組にプラスターボードを張って下地を構成している。

(a) プラスターボード張り

① GL工法　専用のGLボンドをコンクリートの下地面に，ある間隔をもってダンゴ状にこてで塗り付けた上に，プラスターボードをたたくようにして張り付ける（図6・40）。

② ビス止め工法　軽量鉄骨下地や木軸下地に，ねじを用いてプラスターボードを張り付ける。

地下部分や水場まわりでは，耐水ボードを使用したり，ステンレス製のビスを使う場合がある。

防音や遮音のためにボードを二重にする場合は，下地となるボードと上張りのボードのジョイントが重ならないように張る。

(b) ジョイント部の処理

プラスターボードのジョイント部の処理方法は，最終仕上げの種類によって多少異なる。塗装仕上げの場合は，ジョイント部に寒冷紗と呼ばれる布製のテープを張り，パテで平らにしごく。これはジョイント部のひび割れを防ぐためである。ビニールクロス仕上げの場合は，ジョイント部やビス頭をパテ処理する。ひび割れの発生しやすい場所には，あらかじめ亀裂誘発目地を入れておくとよい。

(c) クロス張り

使用材料は，見本張りしたカラースキムを提出し，施主の承認を得てから施工する。クロス張りは仕上げ工事の最終工程のため，枠まわりの塗装やサッシやガラスのクリーニングを終え

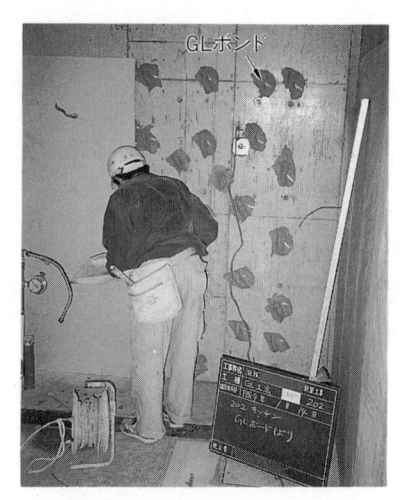

図6・40　GL工法

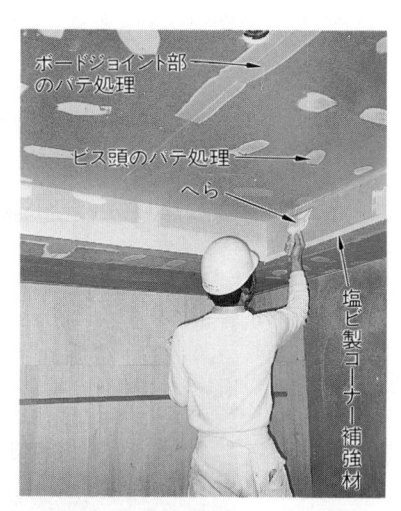

図6・41　ジョイント部の処理

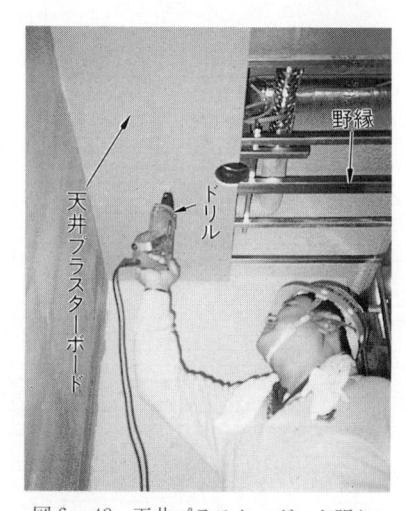

図6・42　天井プラスターボード張り

てから施工する。プラスターボード下地がGL工法の場合は，乾燥のための養生期間を十分にとってからクロス張りを行う。

(2) 天井仕上げ

住戸内は厚さ9.5mmのプラスターボード下地にビニールクロス張りである。天井伏せ図を作図し，照明や換気扇の吹出し位置を計画する。共用部では，プラスターボード下地に岩綿吸音板（300mm×600mm）を張る場合が多い。天井伏せ図で吸音板の割付けを行い，設備機器類の取付け位置を計画する。

(3) 床の仕上げ

各住戸の専有部分の床仕上げは，コンクリートスラブにじかにフローリング張りである。軽量鉄骨による間仕切り工事の終了後に，床のコンクリート面の不陸を補修材を用いて修正する。乾燥のための養生期間を経たのち，接着材をコンクリート面に塗り付け，フローリング材を張り込む。張り終えたあとは，表面を養生材で保護する。

フローリングを張る時期は，幅木の種類によって異なるが，木材の乾湿による伸縮，床鳴りに留意した施工をする。塩ビ製の幅木の場合は，長尺シート張りと同様に，天井や壁のビニールクロス張りが終わってからフローリングを張り，最後に幅木を張り付ける。幅木が木製の場合は，天井や壁のプラスターボード張りを終えたあとに床のフローリングを施工し，表面を養生してから幅木を取り付け，塗装が完了してから壁クロスを張る。あらかじめ幅木を取り付けてから，ボードを張る場合もある。

水場まわりは，建築の仕上げ完了後に，各種の設備機器が取り付けられるので，他の部屋よりも早めに仕上げると，全体工期の短縮になる。

最上階のオーナー住居は，置き床構法を用いている。

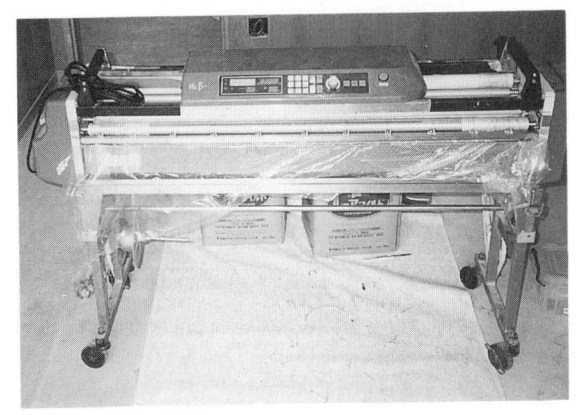

図6・43　クロス糊付け機

図6・44　天井クロス張り

図6・45　置き床の施工

6・11 吹付け工事

1. 概　説

吹付け工事は，建築の外部および内部の天井面や壁面など，広い面積の仕上げとして行われる。

材料の種類によって，砂壁状吹付け材・複層模様吹付け材・スッタコ状吹付け材などに分類される（図6・46）。

吹付け工事は，仕上げ工程の最終段階に行われるので，工程の遅れの影響を受けやすく，その後の足場の解体時期とも密接に係わる。また，気象条件に左右されることも多い。したがって，①下地の乾燥期間　②下地調整期間　③下地調整材の硬化期間　④吹付け作業期間　をしっかり把握して，適切な工程管理を行う（図6・48）。

2. 工事概要

モデル現場では，外部階段の天井，壁仕上げ，外部手すり壁の内側の仕上げに，複層模様吹付けタイルが採用されている。

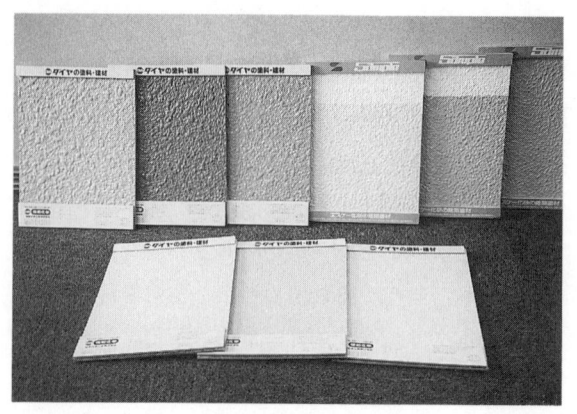

図6・46　吹付け材の見本

図6・47　吹付け前の養生

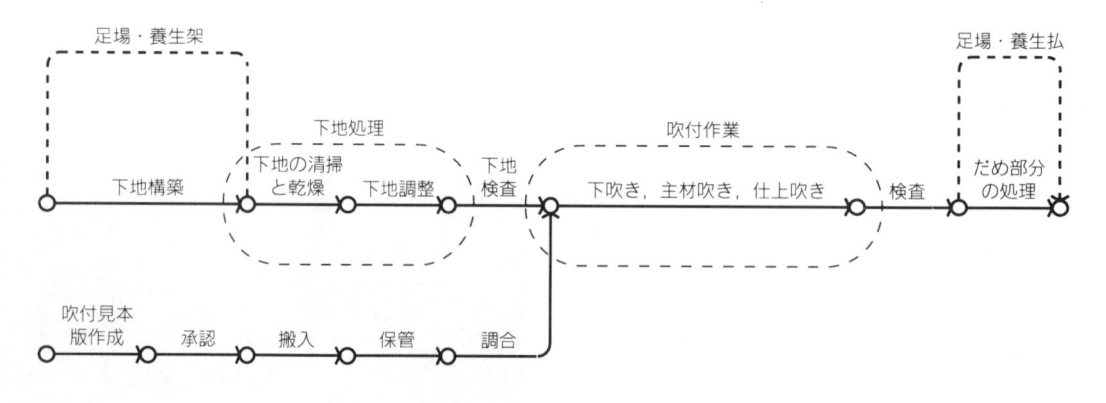

図6・48　工事の流れ

3. 施　工

　設計図に示された吹付け材のサンプルをメーカーより取り寄せ，仕上り状態をチェックして設計者の承認を得る。また，施工計画書を作成する。

　吹付け工事においては，スプレーガンの能力や作業性を考えると，吹付け面と足場との間隔は 400～450 mm 程度がよいが，墜落の危険が生じるため，ネット等を用いて危険防止策をとる。

　風の強いときは，現場周辺への塗料の飛散が問題となる。また，雨天の場合には，吹付け材の付着力や硬化に影響があるので工事を行わない。

　吹き付ける場所の周囲をポリエチレンフィルムによって養生し，外部への飛散防止を行う。また，足場などは事前に清掃を行い，吹付け材が硬化する前にその汚れが付着しないようにする。吹付け後は，吹付け材の硬化を待って養生をはがす。

　仕上りの精度や付着力などは，下地に左右されるので，不具合部分は，事前に完全に補修する。豆板・セパレーターの穴の処理，打継ぎ表面のレイタンス・エフロレッセンスや油脂などは補修し，十分に乾燥させておく。

　吹付け作業は，上階から下階へ下りていくように施工する。風速 5 m を越えた場合や，気温が 5 ℃ 以下になった場合は作業を中止する。

　工事終了後，足場を解体する前に，目視によって下記項目の仕上り状況をチェックする。

① 吹付け材の固まりはないか。
② 色むら・模様むらはないか。
③ 打継ぎ部の状態はどうか。
④ 光沢はどうか。
⑤ ひび割れはないか。

　これらの項目は，見本と比較しながらチェックを行うとよい。また，足場解体時には，足場控え跡の塗装が目立たぬよう，丁寧に補修する。

　なお，材料の保管場所については，不燃材で囲い，直射日光を避け，通風をよくして空気がよどまないようにする。火気厳禁とし，消火器を設置する。

図 6・49*　吹付け風景

6・12 塗装工事

1. 概説

塗装は，建物の各部位表面の美観のために行われるが，素地の保護，素地の変質防止という役割ももっている。塗装には数多くの種類があるが，その素地と使用部位に適した材料・工法を選択しなければならない。

外部の塗装については，耐候性が重視され，屋内の塗装については，美装に重点が置かれることが多い。また，水場まわりの工事に関しては，耐水性を考慮する必要があり，摩擦を受ける箇所には耐摩耗性の塗膜をつくる塗料を選択しなくてはならない。特殊塗料としては，防塵塗料，メンテナンスフリーを考慮した汚れ防止用の光触媒塗装等がある。工法の種類とその特徴を表6・1に示す。代表的な塗料の名称と略号，その適用下地，特徴は表6・2のとおりである。

2. 工事概要

モデル現場では，スチールの枠まわりなどに

表6・1 塗装工法の特徴

工法	特徴
刷毛塗り	1. 面積，素材，形状を問わない 2. 制限が少なく，作業が容易 3. 作業の熟練度，道具の良し悪しが出来映えを左右
ローラー塗り	1. 平坦で大面積の塗装に能率的 2. 一般的な塗料の塗装が容易 3. ローラーマークが残ることにより独特の模様が作れる
エアスプレー塗り	1. 噴出塗料の調整が容易でデリケートな塗膜の構成に適する 2. 塗料により重力式，吸上げ式，圧送式に区別 3. コンプレッサーは電動式，エンジン式があり電動機の電圧低下による故障が多い
エアレススプレー塗り	1. デリケートな仕上げには向かない 2. 大面積，多量塗装には効率的 3. 飛散範囲が大きいので養生には細心の注意を要する（直接噴射中塗料に触れると人体に損傷を与える）

表6・2 塗料の略号と特徴と適用下地

塗料	略号	適用下地	特徴	耐久性
合成樹脂調合ペイント	SOP または OP	内外の木・鋼材・メッキ面	変退色が少・密着性が大・塗膜が厚い・刷毛さばきが良い	耐候性・耐海水性
フタル酸樹脂系塗料	FE	内外の木・鋼材・亜鉛メッキ・軽金属	柔らかな光沢・肉感的・密着性が大・アルカリ性に弱い傾向	耐候性・耐熱性・耐チョーキング性
塩化ビニール樹脂エナメル塗り	VE または VP	内部のコンクリート・モルタル・プラスター・鋼材	速乾性・耐熱性	耐酸性・耐アルカリ性耐水性・耐薬品性
合成樹脂エマルジョンペイント	EP VEP	内外のコンクリート・プラスター・せっこうボード・木	速乾性・透湿性あり・密着性が大・主に壁用	耐アルカリ性
油性ワニス塗り	OC OSL	内部の木	光沢保持性が良い	
クリアラッカー	CL	内部の木	超速乾性・塗り重ねが必要	

は，合成樹脂ペイント（OP）塗り，プラスターボード面には，合成樹脂エマルジョンペイント（AEP）塗り，内部のコンクリート天井面には，塩化ビニル樹脂エナメル（VP）塗り，木部にはクリアラッカー（CL）塗りが行われている。

3. 施 工

塗装は仕上げ層が薄いので，下地処理を十分に行わなければならない。下地の状態が仕上げに大きな影響を与える。

塗料の塗布量については，1回の塗り厚が厚くなると心乾きがせず，刷毛目が見えたり，縮みなどが発生したりする。また，乾燥が不十分な場合にも，同様な不具合が発生する可能性があるので，塗布量と乾燥時間については注意が必要となる。

また，塗装工事では，温度や湿度も重要な管理ポイントである。温度と湿度の条件を図6・47に示すが，好ましい作業環境は温度10〜30℃，湿度45〜80％となっている。

塗装工事の終了後は，色むら・はがれ・ひび割れ・にじみ・ふくれ・光沢など不備がないか確認し，仕上り検査を行う。

図6・51 刷毛塗り

図6・52 ローラー塗り

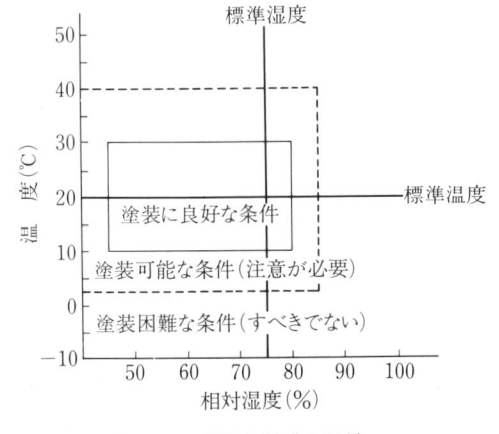

図6・50 湿度と温度の関係

図6・53 スプレー塗り

6・13 ユニット工事

1. 概　説

ユニット工事は，さらに各種ユニット工事，家具工事，備品，カーテンなどに分けることができる。

各種ユニットの中には，浴室ユニット，キッチンユニット，トイレユニット，間仕切りユニット，床・天井ユニットなどがある。現場作業としてはユニットの組立が主な仕事となり，切断や加工する作業は極端に少なくなっている。工場での製作に日数がかかるので，早めに施工図の承認を得ることが必要である。

家具工事には，造付け家具工事と置き家具がある。置き家具は，建築工事とは別の発注となる場合が多い。造付け家具は，各種ユニット工事と同じように，施工図を作図し承認を得てから，工場加工を経て，現場で組立・取付けを行う。

2. 工事概要

モデル現場では，共同住宅部分において下記のユニット工事が行われた。

- 浴室ユニット（ユニットバス）
- キッチンセット
- 洗面化粧台セット
- 下足入れ
- 物入れ

3. 施　工

ユニットバス，キッチンセット，洗面化粧台等は，設備配管との取合いが重要であり，施工図を作図するときに，設備配管の取出し位置や電気配線の位置を明記し，ユニットを据え付ける前に先行配管した。また，ユニットを据え付けるときの下地の強度やビスの効く下地の配置を，あらかじめ施工図に反映させ，軽鉄下地に補強の合板を取り付けてから，ユニットを据え付けた。

ユニットは既製品の組合せによる場合が多いので，施工図段階で余裕をみて逃げをとっておくことが必要である。

搬入，据付け時のためのクリアランスと，周囲の仕上げ厚の変化に対する逃げのため，キッチンセットや洗面化粧台の場合は，2cmから5cmの逃げをとっておく。モデル現場ではこの部分には，フィラーやFIXのパネルをあらかじめ計画しておき，その寸法の範囲で仕上げを調整した。

ユニット類の中では，ユニットバスが一番早く現場に搬入される。間仕切りの墨出しののち，換気ダクトを取り付け，床下の転がし配管工事を行ってからユニットを組み立てる。配管類の接続後，間仕切りの軽量鉄骨工事を行うことになる（図6・54）。

キッチンセットや家具セットの据付けは，工事の最終段階で行われる。床のフローリングや天井・壁のボード工事の完了後，ビニールクロス張り前に取付けが行われた（図6・55, 56）。

4. 調　整

ユニット類は，完成品として搬入されるため，取付け後は養生を行う。ユニットバスの場合は，工事用の鍵を用いて管理する。また，引渡し前にクリーニングを行い，扉・引出しや各種器具類の調整を行う。

図6・54　ユニットバスの据付け

図6・55 キッチンセットの取付け

図6・56 家具ユニットの取付け

6・14 断熱工事

1. 概　　説

　建築分野においても省エネルギー化が叫ばれ，断熱工事を行うことは，もはや常識となっている。一方で，建物の断熱化や気密化が進んだため，寒冷地のみならず温暖な地域でも，断熱性の低い部位における結露の被害が多くなっている。鉄筋コンクリート造建物の断熱工事は，結露が問題とならないよう適切に計画しなくてはならない。

　断熱材に要求される第一の条件は，熱伝導率が低いことである。空気は優れた断熱材であるため，その気泡を多く含んでいる材料は，断熱材として効果的である。断熱材の種類としては，

- ポリスチレンフォーム
- ロックウール
- グラスウール
- 硬質ウレタンフォーム
- 発泡炭酸カルシウム保温材

などがある。

　鉄筋コンクリート建物の断熱構法には，外断熱構法と内断熱構法がある。外断熱構法のほうが，いくつかの点で利点があるが，納まりが適切でないと，材料によっては，断熱材が吸水して性能が低下するという問題があり，屋上の防水の下に施工する場合を除き，我が国ではあまり採用されていない。内断熱構法には各種の工法があり，選定にあたっては性能・施工性・コストの比較が必要である。

2. 工事概要

　モデル現場では，屋上の斜め屋根部分には，不燃シングル葺の下に厚さ25 mm，陸屋根部分にはアスファルト防水層の下に厚さ30 mmの硬質ウレタンフォームを敷き詰める外断熱構法が採用されている。一方，外壁面は内断熱構法

で，コンクリートの表面に硬質ポリウレタンフォーム厚さ15 mmの現場発泡が施されている。近年は，内部結露の発生防止に効果的なため，現場発泡が主流となっている。1階床コンクリート下には厚さ50 mmのポリスチレンフォーム打込みを行った。これは基礎二重ピット内の結露水などの水分が，コンクリートスラブを通して1階床に悪影響を与えないようにするためである。

3. 施　　工
現場発泡ウレタンは，材料の2液をミキサーを兼ねたノズルで混ぜながら吹き付けると，直後に硬化を始める。施工にあたっては，以下の点に留意する。

室温が低いと発泡しにくく，均一な吹付けができない。20℃から30℃くらいが適温である。また，吹付け面のコンクリートの水分は，10％以下が望ましい。

工事に先立って，吹付けの対象となる面以外をポリエチレンシートなどで養生する。また，天井面のインサート金物の穴や電線に吹付け材が付着しないように養生しなくてはならない。

吹付け中は火気厳禁とし，硬化後のウレタン面へ溶接の火花が飛ばないように注意する。

4. 検　　査
現場発泡ウレタンが，所定の厚みに均一に吹き付けられているかどうかを検査する。

図6・57　断熱材の敷き込み

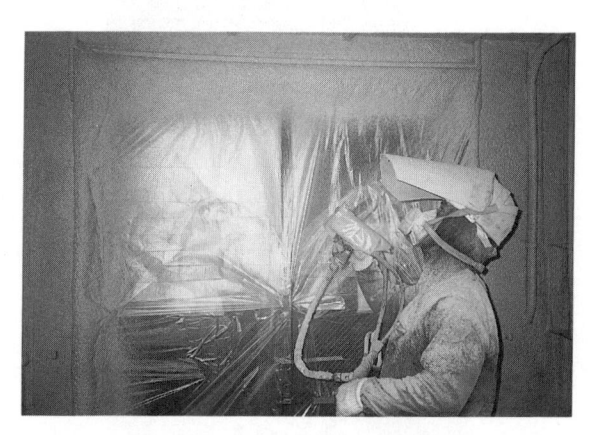

図6・58　現場発泡ウレタンの吹付け

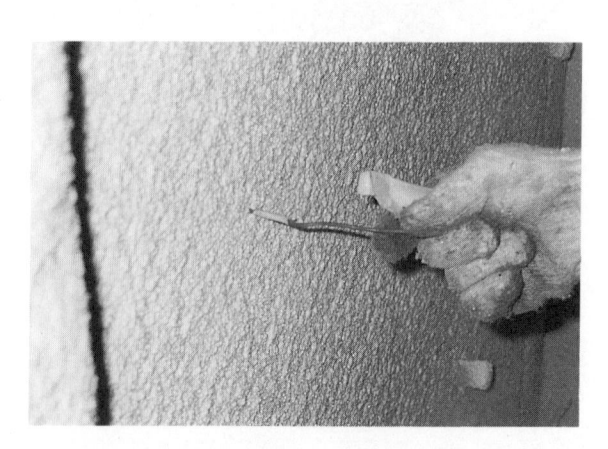

図6・59　発泡ウレタンの厚さ検査

第7章

設備工事

7・1	概　　説	150
7・2	工事の流れ	151
7・3	電気設備工事	152
7・4	給排水衛生設備工事	156
7・5	空気調和換気設備工事	160
7・6	エレベーター工事	162

7・1 概　　　　説

1. 設備工事とは

　一般に建築物には，電気設備・給排水衛生設備および空気調和換気設備などの，いわゆる設備が設けられる。建築物内の生活環境は，設備の良否によって大きく左右されることになる。室内環境の質の向上に対する要求の高まりにより，設備の重要性はますます大きくなり，その結果，建築物全体の工事費のうち，設備工事に要する費用は大きな割合を占めるようになっている。また，近年，設備技術は著しく進歩し，その内容も高度化，多様化しており，工事内容もより複雑化している。

　設備工事は，水・空気・電気・ガスなどを搬送する経路を敷設し，エネルギー源や変換装置などの機器を設置する工事であり，建築物内の環境の向上に直結するため，他の建築工事と同様に確実に行う。さらに，施工後の建物使用時におけるそれらの維持管理も十分考慮して，工事を遂行する必要がある。設備に用いられる材料は，建物本体に用いられるものよりも，一般的に耐用年数が短い。将来，取替えの必要なものについては，それらの更新が容易にできるような施工を行う。

　一般に設備工事は，躯体工事が完了した時点から本格的に始まる。しかし，配管類を敷設するためのスリーブの工事や，機器類を固定するためのインサート工事・箱入れ工事など，躯体工事と並行して行わなければならないものもある。また，仕上げ部分への機器取付け工事も設備工事の1つであり，仕上げ工事終了後に行わなくてはならない。このように，設備工事は躯体工事や仕上げ工事と密接に関係するものであり，他工事の工程および工事時期を十分把握し，工程計画を立案する。

　設備工事は，全体工程の中でも繁忙な時期に行われるので，適切な作業員配置を行い，手戻りがないように工事を進める。また，設備は建築仕上げに隠れる部分が多いため，その部分の施工完了と同時に，配管の漏水検査や，ダクトなどの騒音検査を行うことも重要である。

2. 設備工事の種類

　設備工事には，電気設備工事，給排水衛生設備工事，空調換気設備工事，昇降機設備工事などがある。これらの設備工事は，電気・衛生・空調などの専門工事業者によって施工される。

　電気設備工事は，電力設備（強電設備）と通信設備（弱電設備）とに大別される。電力設備には，受変電設備，幹線動力設備，電灯・コンセント設備，避雷針設備などがある。また，電話設備やインタホン設備，テレビ共聴設備，火災報知設備などが通信設備であるが，高度情報化時代の現在，日々新たな機器が開発され，それにともなう工事もますます多様化している。

　給排水衛生設備は，給水・給湯設備，排水通気設備，衛生機器設備，ガス設備，消火設備などが代表的なものである。

　空調換気設備には，熱源機器設備，空調機設備，ダクト設備，換気設備などがあるが，建築内部環境の質の向上に直接影響するため，機器の更新度なども他の設備に比べて多く，工事内容も多様であり，施工も複雑化している。

　モデル現場のような中層の共同住宅工事における昇降機設備工事としては，エレベーター工事がある。

　本書では，これらの設備工事のうち，モデル現場で行われたものを主体に記述する。また，本章では，設備機器や経路類の設置や敷設に重点を置いて述べる。前述したスリーブ，インサート，箱入れ工事の詳細については，第4章の躯体工事を参照されたい。

7・2 工事の流れ

設備工事は，建築工事と一体となって進められる。工程を計画するには，建築工事の施工順序と設備工事との関連を把握しなければならない。

主要機器は，製作日数を要するものが多いので，その搬入については，全体工事の進捗度，設備の試運転時期を考え合わせて適切な時期を定める。搬入時期決定後，機械類の製作図，工場検査などの日程を決めていく。

受電日および下水，上水，ガスなどのエネルギー源の供給開始日については，設備の試運転予定時期から逆算し，それぞれの供給を開始すべき月日を決定する。受電するためには，官庁による電気設備の竣工検査を受けなければならない。そのためには，電気工事が完了している必要があり，それに関連する建築，空調，衛生設備なども完了させなければならない。必要以上に受電の日程を早くすると，基本料金の負担が多くなるので，全体工程の進みぐあいを十分に考慮して決めなければならない。

空調・衛生設備には，建物の周囲に配管されるものが多い。例えば，汚水排水，雨水排水，給水，ガスの配管などである。これらの配管は，外壁の足場が外れないと施工できない場合が多いので，配管の使用が開始される時期と足場の外される時点を十分に検討しなくてはならない。場合によっては，足場を架ける前に配管しておくか，配管位置を変えるなど，建築と設備の工程の調和を考えなくてはならない。

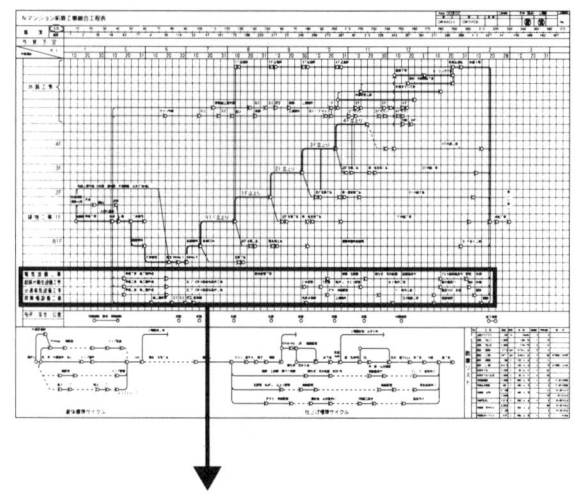

図 7・1　設備工事の流れ

7・3　電気設備工事

1. 概　　説

電気設備工事の内容は，電気幹線引込み，電気配管敷設，電気配線敷設，機器据付け，器具取付けの5つに大別される。

電気幹線は建物外部から内部へ引き込まれるため，引込み工事は躯体工事と並行して行われることになる。引込み方法・位置を明確にしたうえで，躯体工事の際にスリーブや保護管の埋込み，支持固定のためのアンカーボルトなどの打込みを行う。引き込んだ幹線を，配電盤から電灯分電盤や動力制御盤へ配線・敷設する工事が電気幹線工事である。工事は電気事業法の電気設備技術基準に準じて行う。幹線を敷設する金属管やケーブルラックなどは，躯体から吊り下げられた吊りボルトに緊結した軽量形鋼などによって支持・固定する。幹線は防火区画を貫通することが多いため，貫通箇所から他の区画への延焼を防止する措置を講じる必要がある。

電気配管工事は，電線の通線と保護を目的とする電気配管を，あらかじめコンクリートスラブや壁に埋め込む工事である。電気配管には，衝撃に強い金属管，軽量で曲げやすく施工性のよい合成樹脂可とう電線管などがある。大規模な建築物では，配線の集約化，施工の合理化，使用時の配線取出しの自由度を高めることなどを目的とした，フロアダクトやセルラダクトなどが用いられる。

被覆を施したケーブルを用いて，低圧の屋内配線を露出した状態で敷設する工事がケーブル工事である。ケーブルの敷設や接続は，安全に電気が供給，伝送されるように，慎重に行う必要がある。ケーブルの接続は，ジョイントボックスなどの内部で行い，空調・衛生配管，ダクトなどと接触しないように敷設する。

受変電設備，動力制御盤などの機器据付け工事は，防振，耐震を考慮して行う。特に，据付けのための基礎は，機器を水平かつ堅固に設置でき，機器の荷重を支えるための十分な強度をもつことが必要である。

照明器具の取付け工事では，電気的な安全性を確保し，器具発熱対策を十分に行わなくてはならない。また，振動による器具の落下，ケーブル接合部での漏電による火災発生などが起こらないように施工する。

スイッチ・コンセント工事では，躯体に打ち込んだアウトレットボックスなどに施工不良があると，はつり作業などの不要な手間が生じることになるため，躯体工事時でのチェックが重要である。

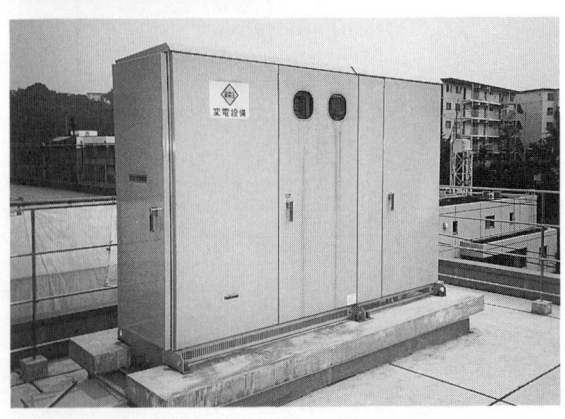

図7・2*　受変電設備

2. 工事概要

モデル現場における電気工事には，次にあげるものがある。
- 電力引込み設備工事
- 幹線設備工事
- 動力設備工事
- 電灯コンセント設備工事
- 電話配管設備工事
- テレビ共聴視設備工事
- インタホン設備工事
- 非常警報設備工事

モデル現場での電源設備の受電方式は低圧引込みであり，住戸用メーターは廊下のPS内に，共用メーター（電灯・動力）は引込み開閉器盤に設置してある。

動力設備としては，駐車場の換気扇・雨水排水ポンプ・自動給水加圧装置がある。

図7・3 非常警報装置など

3. 施工

着工にあたり，下記の事項を行った。
- 工程表の提出
- 現場代理人届・工事経歴書の提出
- 使用資材一覧表（メーカーリスト）・特記仕様書に指示されているメーカー・代理店のリストの作成および工事監理者の承認取得。
- 届出書類一覧表（官庁・東電・NTTなど）の作成（第1章1・4参照）。
- 施工図作成予定リストの作成。
- 設計事前協議対象の確認（電力会社・消防署・電話局など。事前打合せを含む。）。
- 電気主任技術者の有無確認。
- 質疑応答，特記事項の確認。
- 安全関係書類の作成。

次に，設計図書をよく検討し，施工検討会のための資料を作成した。施工検討会とは，設備工事の品質向上のため，施工前に抽出された問

図7・4 TVインタホン

題点を検討し，解決方向を見出す内部的な会議である。また，現地調査を行い，設計図書との相異点がないか確認した。

施工中に行った作業の内容は，次のとおりである。

① 承認図面の提出　承認を得る前に検討図を提出し，設計者の検討を受ける。検討された図面によりその図面を修正し，3部検討図とともに提出し，設計者の承認を得る。承認図は設計者，監理者，施工者が各1部保管する。

② 施工図の検討　梁や壁の貫通方法・タイル割り・石割り，天井伏せの割付け，間仕切り，出入口，階高・天井高・床仕上げ高などをチェックし，建築と設備工事との取合いを検討する。

③ 設備工事相互の取合いの検討　シャフト内の配管・配線，壁面の各種盤類の取合い，天井面の各種機器類の取合いを検討する。

④ 建築平面詳細図への設備機器類のプロット（総合図の作成）（図7・5）

⑤ 中間検査対応

躯体工事中の電気工事については，第4章4・8を参照されたい。

躯体工事完了後から仕上げ工事までの間に行われる電気工事には，次のようなものがある。

・打込みボックスの清掃
・打込みスリーブ類の撤去・墨出し
・各所通線工事（コンクリートに打ち込んだ配管の中に電線を通す工事）
・各種盤類の取付け（電灯盤・動力盤・弱電

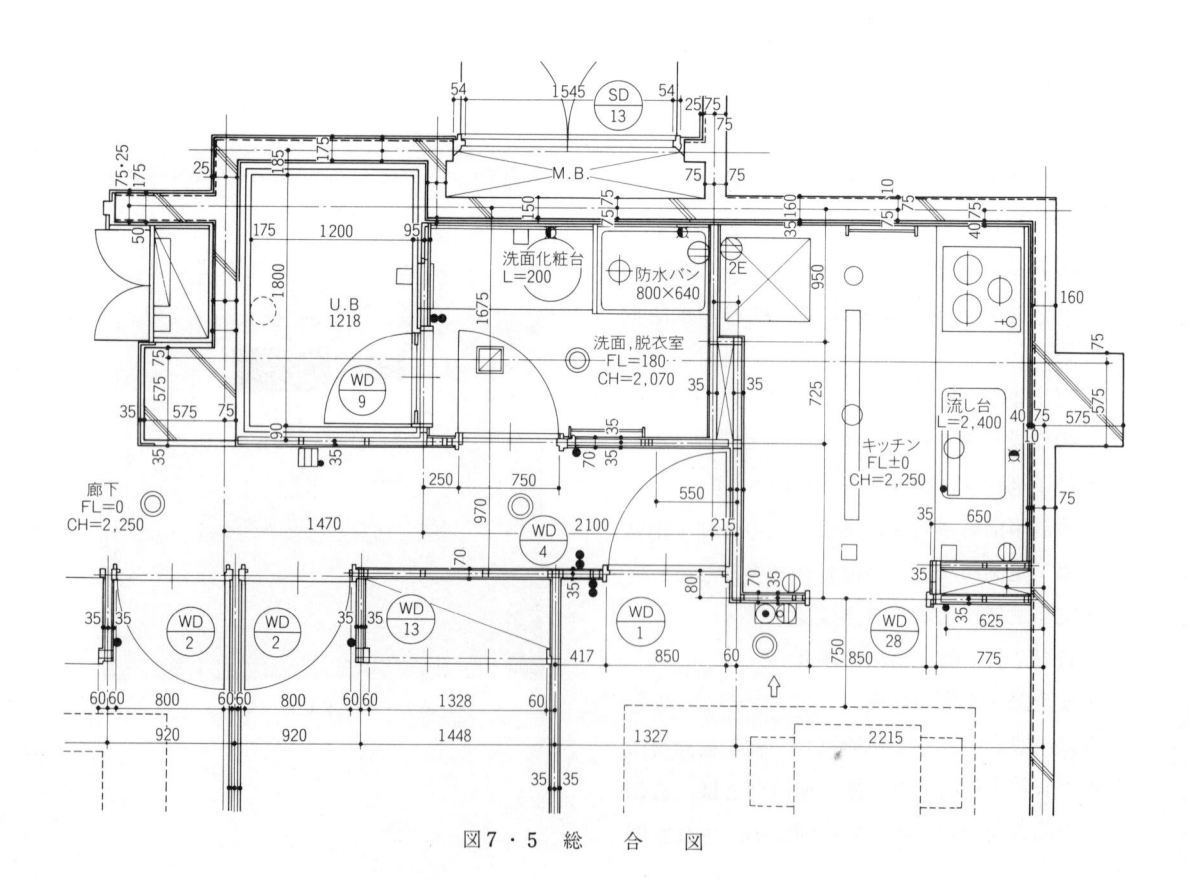

図7・5　総　合　図

7・3 電気設備工事

盤など）
- 幹線工事（引込み工事・PS内縦系統の工事）
- 間仕切壁への各種ボックス類の取付け
- 天井下地への照明器具位置の墨出し・配線
- 照明器具や各種器具の取付け

また，竣工時には，次にあげるような検査を実施する。

- 自主検査（各種接地抵抗・絶縁抵抗・機能・外観など）
- 官庁竣工検査
- 設計者・施主の竣工検査

さらに，次に示すような書類を，引渡しまでにそろえておく。

- 竣工図，機器完成図
- 取扱説明書，保証書
- 各種試験成績表
- 官公庁その他への届出書類
- 予備品一覧表
- 電気量指針記録表

図7・6 天井の配線

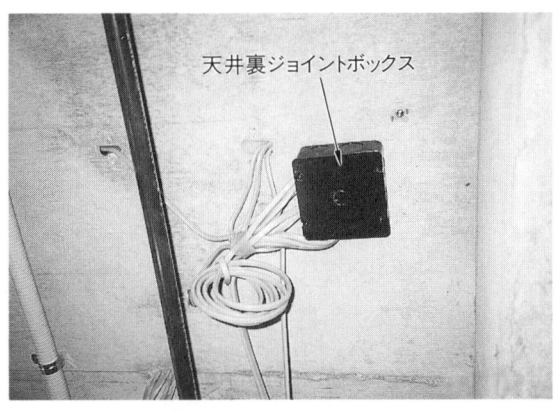

図7・7 電気ボックスの取付け

図7・8 通線工事

図7・9 通電検査

7・4 給排水衛生設備工事

1. 概説

給排水衛生設備工事の中心となるものは，配管を敷設する工事である。配管工事に対しても，電気設備工事と同様に，躯体工事時に事前の工事が必要となる。すなわち，配管が床スラブ，梁，壁を貫通する箇所におけるスリーブ工事，配管類を支持・固定するための吊りボルトを取り付けるインサート工事である。

配管工事は，作業場所によりいくつかの種類に分けることができる。床下配管は，土間部分や二重スラブ内における工事である。床上配管は，便所などにおける衛生器具まわりの配管や床置きファンコイルユニットのための配管などであり，近年では，現場配管工事の省力化および機器補修・交換の容易性をねらいとした配管ユニットが用いられることも多い。その他に，天井配管，縦シャフト内配管，機械室内配管などがある。

一般に使用される配管材料には，架橋ポリ管，ポリブデン管，耐火2層管，配管用炭素鋼管，塩ビライニング管，銅管，ステンレス鋼管，ヒューム管などがあり，用途や必要となる口径を考慮して適切な材料を選択する。配管どうしの接合には，ねじ接合，溶接，フランジ接合，ろう接合などの種類がある。配管材料に見合った接合方法を採用し，漏水・漏気が生じないよう確実に施工する。

配管の敷設位置は，将来の取替えが容易に行えるように選定し，躯体や他の設備との納まりを十分に検討したうえで決定する。特に，保守点検のためのメンテナンススペースや，放熱・結露防止のための保温材の厚みなどを考慮する。さらに，配管内に空気だまりを起こすことを避けるために，経路はできる限り上げ下げしないようにする。

配管の支持には，あらかじめ躯体に埋め込んだインサートを利用する。支持金物は，管・内容物・弁類・被覆材などの全重量を支持できるような，十分な強度を有する必要がある。排水管など勾配が必要な配管は単独で吊るようにし，配管からさらに別の配管を吊る共吊りなどは避ける。

配管工事終了後，接合部からの漏水・漏気を未然に防止するための試験および検査を行う。配管試験には，水圧試験，満水試験，気圧試験，煙試験，はっか試験等がある。

その他の給排水衛生設備工事には，受水槽，高架水槽，ボイラー，各種ポンプなどの機器の据付け工事，衛生器具などの取付け工事がある。

2. 工事概要

モデル現場における給排水衛生設備には，次にあげるものがある。
・給水設備工事
・給湯設備工事
・排水通気設備工事
・衛生器具設備工事
・ガス設備工事

給水設備は，32ϕの既設給水管を利用している。専用部分では，25Aのメーターを経由して受水槽にはいり，自動加圧給水装置を用いて各住戸に給水している。共用部は，20Aのメーターを経由し，管理人室，散水栓に直結で給水している。

給湯設備は，各ベランダに設置されたガス給湯器によって，住戸ごとに個別に給湯されている。

排水設備は，合流式を採用しており，建物内排水を既設公設ますへ放流している。

ガス設備は，東側道路本管より75ϕで引き込み，各住戸のガスメーターを経由して供給されている。

3. 施　工

着工にあたり，下記の作業を行った。

- 工程表の提出
- 現場代理人届・工事経歴書の提出
- 使用資材一覧表の作成
- 届出書類一覧（第1章1・4参照）の作成
- 施工図作成予定リストの作成
- 現地調査および事前協議（上下水道局・ガス会社）
- 質疑応答・特記事項の確認
- 安全関係書類の作成

設計図書をよく検討し，施工検討会資料を作成する。また，現地調査を行い，設計図書との食い違いがないか確認する（例；水道，下水，ガス本管の位置の食い違いはないか，下水本管の管底は，設計図どおりの排水勾配がとれるか，など）。

官公庁への工事関係の書類は定められた期間内に提出しなくてはならない。特に，消防法関係の事柄は，よく所轄の消防署と打合せをしておくと，設計上の不備なども早く発見でき，現場の状況に合った指導も得られ，お互いに有利な場合が多い。

下水道の流末が農業用水や河川につながっている場合は，その使用について，特別な制約がある場合があり，その管理者とよく打合せをする必要がある。

施工時に行った作業の内容は，次のとおりである。

① 承認図の提出

② 施工図の検討　建築と設備工事の取合いおよび設備工事相互の取合いを検討する。特に，機械室，電気室の室内は各種配管・配線が多く，また，大きいものが配置

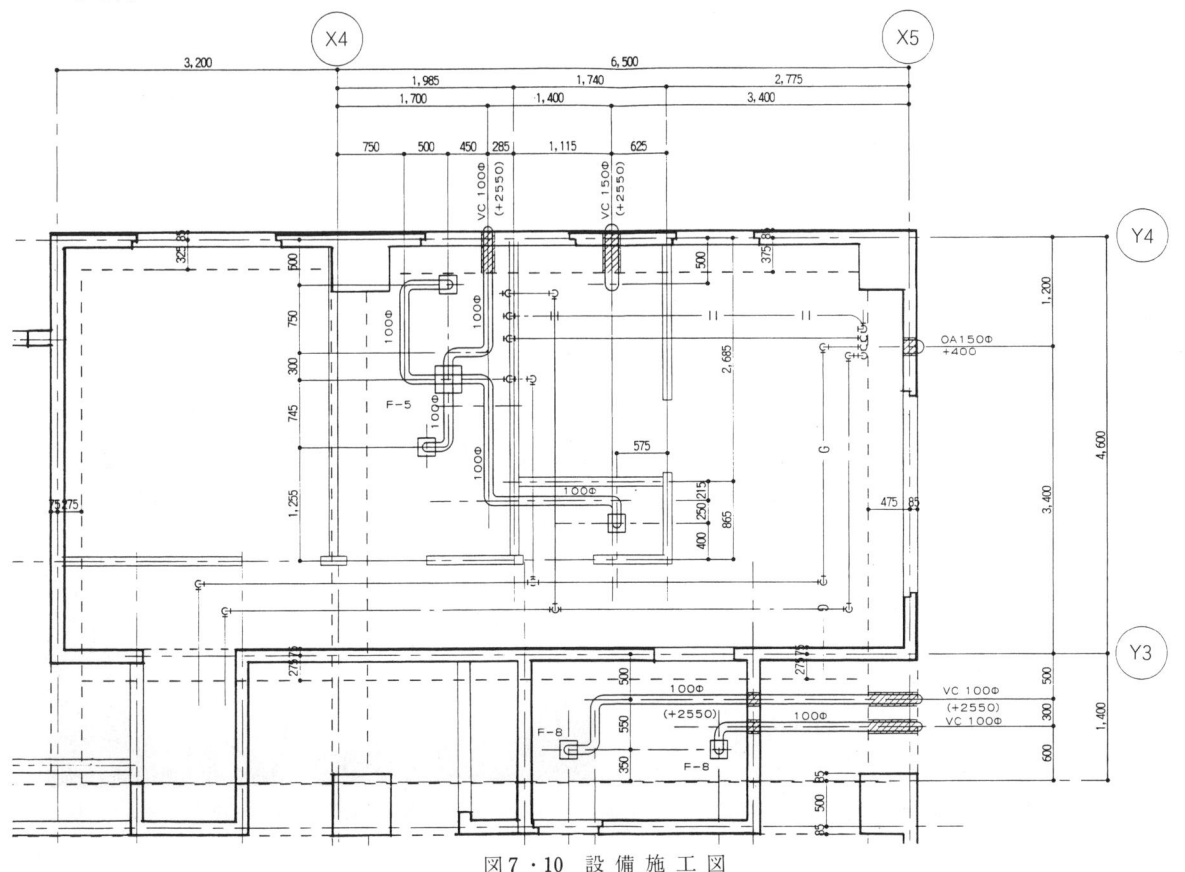

図7・10　設備施工図

されるので，建築関係者を含め十分な検討，打合せを行う．機器の位置は，搬入・据付け上重要なだけでなく，運転・保守上も大切であるので，最適な位置に決定する（図7・10）．

③ 施工の管理　施工の管理には，工程管理と品質管理がある．これらの管理を行うために，次にあげるような会議や打合せを行い，作業を調整する．

  ・設計に関する打合せ会（各工事間の納まりや設計変更に関する打合せ）
  ・施工工程に関する打合せ会（長期の工程計画や短期の計画，月間・週間の工程打合せ，労務，資材の搬入や，仮設の手配などを行う）
  ・安全に関する打合せ会

④ 施工検査　後日の手直しが施工上困難なところや，コンクリートに埋設されたり，天井などに隠されて後日の検査が困難な場所を主な対象とし，検査を行う．

  (イ) 施工図との照合チェック（スリーブ・インサートなど）
  (ロ) 水圧（満水）試験　配管の施工が終わると，仕様書に示されている水圧（満水）試験を行い，配管施工の確認を行う．試験結果は，記録し，整理しておく．図7・11は，水圧試験の実施状況である．
  (ハ) 製品検査（製作工場立会検査）
  工場で製作される機器については，機器一覧表を作成し，立会検査の必要性を確認しておく．立会検査が必要な場合は，試験前に監理者に検査要領を提出し，その承認を得ておく．
  (ニ) 中間検査　中間検査には，次のようなものがある．
  ・配管漏水試験
  ・保温・暴露状態のチェック

図7・11　水圧試験

図7・12　床下転がし配管

図7・13*　さや管

- 防火防煙区画の処理の確認
- 防蝕処理の確認
- 凍結防止対策のチェック
- 機器類据付け状態のチェック
- 官庁中間検査（消防検査・官庁検査）

(ホ) 竣工時検査　施工が終わると各機器・装置の試運転を行い，その性能を確認する。一連の運転検査が完了したうえで，施主の竣工検査を受ける。竣工時には，次にあげるような検査等を実施する。

- 自主検査（各種圧力・満水試験・流水観察試験・制御作動試験・機能試験など）
- 官庁竣工検査
- 試運転・調整
- 設計者・施主立会いの竣工検査
- 引渡し書類の作成（「電気設備」の項を参照）
- 引渡し時の量水器の読取り（ガスメーターなどを含む）
- 水質検査

図7・14　ガス給湯器

7・5 空気調和換気設備工事

1. 概　　説

シックハウス症候群への対応として，2003年に建築基準法が改正され，新築住宅には24時間機械換気が義務付けられた。

空気調和換気設備工事では，必要な場所に調和空気または外気を導入したり不要な空気を排出させるための，ダクトを敷設することが，主要な工事となる。工場や現場で加工・製作したダクトやダンパーなどを，所定の位置に吊り込むことをダクト工事という。ダクトには様々な種類のものがあり，空調機で調和された空気を送風機により各室に導くための空調用ダクト，機械室・駐車場・便所などの熱気や臭気を屋外に排出するための換気ダクト，火災時に室内の煙を屋外に排出するための排煙用ダクトなどがある。

ダクトの構造は，内部の空気圧力に対して，変形の少ないものとする。また，ダクト内を流れる空気の抵抗が少なくなるような形状とし，漏気量を少なくすることも重要である。ダクトの材料は，亜鉛メッキ鉄板が一般的である。グラスウールダクトが用いられることもあり，軽量で加工が容易であるが，加工性は亜鉛メッキ鉄板製ダクトに劣り，複雑な形状のダクトには適さない。腐食性ガスの排気用としては，塩ビダクトが用いられる。

ダクトの敷設に際しては，電気設備や給排水設備の配管類と同様に，スラブや梁のコンクリート打設時に埋め込んだインサートを利用して吊りボルトを下げ，それに形鋼を緊結してダクトを支持する。なお，防火区画を貫通する箇所には，防火ダンパーを取り付けなくてはならない。また，天井ふところ内のダンパーには，そのすぐ近くに点検口を設ける必要がある。

ダクト内部の流体温度と周囲の温度との間に

図7・15　空調機（天井カセット）

図7・16　空調機（壁掛け）

図7・17　空調機（室外機）

差がある場合には，放熱防止や結露防止の目的で保温工事が行われる。保温材にはグラスウール保温材とロックウール保温材があり，後者は防火区画貫通箇所等に用いられる。不適切な保温工事を行うと，竣工後のメンテナンスや点検がしにくくなるので，注意しなくてはならない。また，必要に応じて，ダクトの支持金物に対しても保温工事を行う。

熱源機，冷凍機，空調機，ファンコイルユニット，送風機などの機器据付け工事は，他の設備工事の機器据付けと同様に，防振・耐震を考慮して確実に行う。特に，回転機器は，振動・騒音が建物に伝播しないよう，防振基礎の上に設置する。吹出し口・吸込み口，排煙口，フードなどは，仕上げ面に取り付けられるので，仕上げ材との取合いを十分検討し，取付け工事を行う。

2. 工事概要

モデル現場における空気調和換気設備工事には，次にあげるものがある。
- 機器設備工事
- 配管設備工事
- ダクト設備工事
- 換気設備工事

共同住宅部分では，リビングにエアコンを1台設置して冷暖房を行っている。室外機は，ベランダに設置している。オーナー住居の部分では天井ふところに天吊り型エアコンを設置し，ダクトを用いて冷暖房を行っている。室外機は，屋上に設置している。

共同住宅部分の換気設備は，ユニットバスの天井裏に中間ダクトファンを設置し，それによって洗面所および便所の排気も行っている。キッチンはレンジフードによって，個別に排気している。給気のためには，リビングの外周壁に，150φの給気口を設置した。

地下1階駐車場では，有圧換気扇により排気を行い，給気は自然給気としている。その他，地下1階トランクルームやごみ置場にも強制換気設備が設置されている。

3. 施　　工

着工時・施工中・竣工時の作業内容と確認事項は，給排水衛生設備工事とほぼ同じである。

空調換気設備の特徴としては，配管径（ダクト径）が大きいため，建築の構造体への影響が大きいことがあげられる。特に，保温材の厚みを配管径に加えると，かなりのスリーブ径が必要となり，梁や壁に構造補強が必要となる。スリーブの間隔にも制限があるため，配管ルートの検討を綿密に行わなくてはならない。

図7・18　ダクト工事

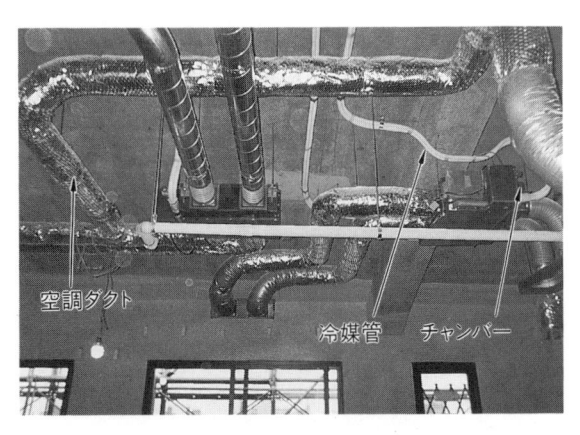

図7・19　ダクト工事

天井ふところの寸法に余裕のある場合は，配管やダクトが天井裏に隠れるが，共同住宅の場合は，水場まわりだけに天井が吊られることが多く，居室は直天井が一般的である。そのため，居室を通過する配管やダクトは，梁型のようなものを建築工事でつくり，その中に配管することになるので，配管ルートの検討はきわめて重要である。

躯体工事中のポイントは，第4章4・8を参照されたい。

仕上げ工事の段階では，共同住宅部分のダクト工事が先行することになる。ユニットバス・キッチン・トイレなどの排気ダクトの設置およびそれらの保温・断熱工事がなされたのちに，軽量間仕切り等の建築工事へ進む。

冷暖房の冷媒管工事については，結露水の配管勾配に注意する。また，冷媒管の外壁貫通部分は漏水の危険があるため，建築工事と十分な打合せをする。

建築工事が進み，機器類取付け段階でのダクトと外壁に取り付けるベンドキャップ類の施工には，特に注意をする。外壁の構造体とダクトの間に打つ一次シールが重要であり，キャップと外壁仕上げのタイル張りとの間に打つシールは，二次的なものであると考えたほうがよい。

室内に設置する換気扇や空調機器は，取付けをしっかり行い，振動による騒音発生に注意する。

竣工時には，各機器の機能検査を行い，能力を確認する。機器は工場試験データと照合し，調整する。一連の運転検査が完了した後に，施主の竣工検査を受ける。

7・6 エレベーター工事

1. 概　説

昇降機設備には，エレベーターのほかに，エスカレーター，ダムウェーターなどがある。

エレベーターは使用目的と想定される利用量から，最も適した機種・台数・運転操作方式・配置が決定される。運転操作方式には，トラクション式，巻き胴式，油圧式などがあり，それぞれ機械室の大きさや設置位置が異なるが，近年は機械室が必要でない方式も多くなってきている。

エレベーター工事は，レール取付け，巻上げ機などの機器取付け，ロープ取付け，かごなどの組立，試験運転，検査という手順で行われる。躯体工事や関連する他の設備工事の進み具合に大きく左右されるので，綿密な打合せを行い，施工に臨む。超高層ビルなどでは，施工中の資材運搬や作業員輸送に使用されることもあり，その場合，全体工程の早い段階で工事が行われる。

2. 工事概要

モデル現場のエレベーター工事は，下記の仕様によっている。

・形　式：油圧式
・積載荷重：600 kg・最大定員　9名
・速　度：60 m/min
・停止階：5箇所

その他，特記仕様として

・地震時管制運転装置
・停電時自動着床装置

などが付けられている。

3. 施　工

エレベーター工事には，事前に昇降機設備の確認申請が必要となる。確認されたのちに，本

体工事の着工と同時に作業が開始される。

　まず，施工図を作成し承認を得る。エレベーター工事の内容は，ほとんどの場合，躯体の基礎工事に影響を与える。最下階の停止位置と必要なピットの深さからエレベーターピットが決まる。また，エレベーターシャフトの有効寸法によって，上部構造の梁や壁の位置が決まる。

　音の発生に対しても十分注意しなくてはならない。エレベーターシャフトやエレベーター機械室は，音の発生源であり，それらに隣り合わせる居室に対しては，十分な配慮が必要となる。防音対策として，壁の厚みや機械室の吸音仕様，あるいは浮き床の採用などを検討する。

　躯体工事中のエレベーターシャフト工事は，高い吹抜けに足場を架けることとなり危険であるので，すき間なく足場を組むと同時に，各階のドア開口部には手すりを設ける。

　最上階スラブのコンクリート打設の完了後，養生期間を経て支保工を解体し，エレベーター工事の開始となる。各階のドア部分の開口は全面的に養生する。レールなどを取り付けたのちに，吹抜け足場を解体し，かごの組立へと進む。約1か月で，各階のドアまわりやインジケーター部分の建築との取合いを残し，ほぼ工事が完了する。

　完了後は，仮設電気を用いて試運転調整を行い，工事のために仮設利用をする場合には，労働基準監督署に仮使用の届出をしてから，全面を養生して使用する。

　建物の竣工検査とほぼ同時期に，官公庁の本検査を受ける。

図7・20　エレベーターの完成

図7・21　エレベーターシャフト内

図7・22　油圧シャフト取付け工事

第8章

外構工事

8・1	概　　説	166
8・2	工事の流れ	167
8・3	施　　工	167

第8章 外構工事

8・1 概　　　説

1. 外構工事とは

建築物近傍の外部空間をしつらえる工事のことを総称して外構工事という。

主な外構には，建築物足元まわりの砂利敷き，車路や駐車場・駐輪場などの舗装部，塀・門扉・フェンスといった敷地内外の境界物，排水ます・暗渠，ごみ置場，植栽などがあり，工事内容も様々である。各工事の内容および留意点は以下のとおりである。

駐車場の舗装工事は，アスファルトコンクリート舗装とすることが多いが，勾配が急な車路においては滑りどめを施す。

排水工事の主な内容は，排水管・暗渠の敷設，排水ます・蓋・グレージング等の設置などである。雨水の排水は，公設の下水道に直接排水するか，流末で接続することになるが，設計・施工は敷地のある市町村等の定める条例に準拠して行う必要がある。

塀・門扉は，敷地境界線上に施工されることが多いので，工事に先立って隣地所有者と協議し，必ず同意を得ておく。また防犯カメラ等の各種防犯工事についても，各工事との施工手順を事前に検討しておく必要がある。

造園工事は，樹木の植込み，生け垣・柵などの囲障や擁壁の設置が主な内容となる。樹木は植栽時の樹高ばかりでなく，枝や根の成長を考慮し，植込み部に適した種類を選択する。また，植栽部の土留めとして設ける擁壁は，該当部の土圧に耐えられるような十分な強度をもったものとする。

また，ヒートアイランド現象対策として，行政により，屋上緑化が推進されていることもあり，人工土壌等を用いて庭園づくりが増えている。

図8・1　車路タイル張り

図8・2　擁壁コンクリート打ち

図8・3*　機械式駐車場

8・2 工事の流れ

外構工事は，全体工程の最後に行われる場合が多い。建物外壁の仕上げが終わり，足場を解体し，周辺を片付けたあと，設備関係の埋設配管やますの工事を行う。

門・塀の工事は，外壁の足場と絡まない場合には，本体工事の途中から着工する場合もある。工期短縮する場合には有効である。

設備の埋設配管や花壇などの工作物設置が終了したのち，取付道路の境界における縁石やL型を据え付け，舗装工事にはいる。

図8・4 L型据付け

8・3 施 工

モデル現場における外構工事には，次にあげるものがある。
- 近隣との境界の擁壁工事
- 取付道路ぎわの塀や花壇工事
- アプローチの階段や床仕上げ工事
- 駐車場へのスロープ仕上げ工事
- 植栽工事

外壁足場の解体終了後，外周部の埋設設備配管工事を行った。また，同時に，擁壁工事にとりかかり，コンクリートの打設を行った。

次に，工事中に傷んだ道路のL型溝の取替えののち，花壇の縁石を据え付けた。さらに，車路部分の床のタイル張りを行い，最後に植栽を行った。

図8・5 植栽工事

図8・6 駐輪場

第9章

完成検査・引き渡し

9・1	概　　説	170
9・2	完成検査	170
9・3	引　渡し	173
9・4	保　　全	174

9・1 概　　説

完成検査は，建築工事全体が完了し，足場や仮設建物の解体・撤去を行い，建物内外の最終クリーニングを済ませたのちに行われる。

完成検査には，施工者が自主的に行う社内検査，建築基準法や消防法に基づく官庁検査，工事請負契約に基づいて，設計事務所などの工事監理者が行う検査，そして，発注者が行う検査がある。各検査によって指摘された改善項目については，確実に手直しを行い，再度，確認検査を受ける。

完成検査に合格し，建物を引き渡した段階で工事は終了することになるが，引渡し後の定期点検，メンテナンス，クレーム等については，工事に参画した者の責務として適確に対応すべきである。

9・2 完成検査

完成検査の結果，手直しを必要とする箇所が発見された場合は，建物を引き渡す前にこれらの手直しを完了させなければならない。したがって，これに必要な日数の余裕をあらかじめ見込んで検査日程の設定を依頼しなければならない。

モデル現場の建物の完成検査は，官庁検査，社内検査（自社設計物件のため，設計者による検査も同時に行われた），施主立会検査の順に行われている。

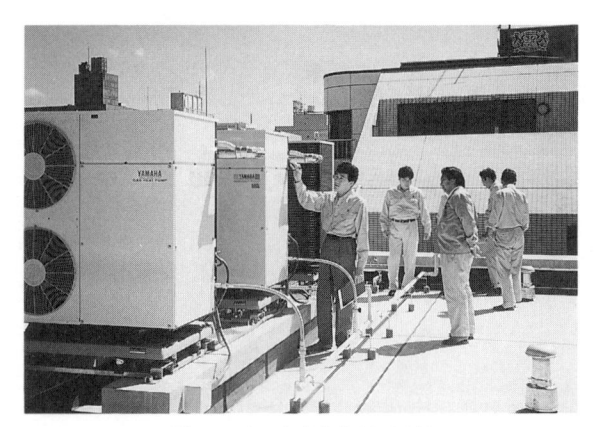

図9・1* 完成検査（空調機）

表9・1 官公庁のおもな検査

工事種別	おもな申請・設置届	検査者	検査のポイント
建築工事	建築物確認申請書	建築主事	・確認書どおりに施工してあること ・設置届書と施工が相違ないこと ・中間検査の指摘内容が是正されていること ・清掃，クリーニングまで完了していること
	防火対象物使用開始届	消防署	
	避難器具設置届	〃	
	消火器設置届	〃	
設備工事	受変電設備設置届（500kW以上）	通産省	・建物の概要書を作成しておくこと ・受変電設備（500kW以上）は電気主任技術者が立ち会うこと ・設置届書と施工が相違ないこと ・設備概要書を作成しておくこと ・中間検査の指摘内容が是正されていること ・設備機器の試験が完了していること ・各専門業者が必ず立ち会うこと
	〃 （ 〃 以下）	消防署	
	消火設備設置届 （屋内消火栓・スプリンクラー・炭酸ガス等）	〃	
	防災設備設置届 （熱，煙感知器・非常用照明等）	〃	
昇降機工事	エレベーター確認申請書	建築主事	・確認書どおりに施工してあること ・メーカーの施工責任者が必ず立ち会うこと
	エスカレーター確認申請書	〃	

1. 官庁検査

竣工時の官庁検査は，建築基準法に基づく建築主事の検査と，消防法その他に基づく消防署の検査が実施される。検査を受けるためには，少なくとも防災設備をはじめとする検査の対象となる工事が完了していることと，最終的な仕上げ材が確認できることが必要である。

これらの検査が完了し，合格すると，検査済書が発行される。官公庁の主な検査内容は，表9・1のとおりである。

2. 社内検査

モデル現場の建物の社内検査は，建築工事と設備工事に分けて実施されている。建築においては，図面どおりであるか，また，出来映えがよいかだけでなく，引渡し後に不具合が発生し

表9・2 検査チェックシート（建築）

□中間検査 □竣工検査 □一年点検 記録			中間検査　年　月　日　検査者　○○○○○										確認方法	備考
物件名			竣工検査　年　月　日　検査者　○○○○○											
			一年点検　年　月　日　検査者　○○○○○											
保証項目	チェック項目	特性	中間検査				竣工検査				一年目点検		確認方法	備考
			3	2	1	0	3	2	1	0	3	2	1	0		
①（以下のような）基本的な不具合が生じない															
漏水・雨漏りが無い															
	外壁コンクリートのジャンカ・ひび割れ	発生状況・補修状況												目視	
		誘発目地，構造スリットの処理												目視／写真	
	雨掛かりの外壁開口部回りの止水性	ひび割れの発生，補修状況													
		防水施工状況													
		外部建具の納まり												目視／図面	
		コンクリート躯体との取り合い納まり													
	地下外壁の止水性	漏水・しみ												目視	
		2重壁の施工状況												目視／写真	
		打ち継ぎ部分の処置方法													
	屋上・斜壁・室内防水部の止水性	下地及び仕上げ面の水はけ												目視	
		下地の平坦性													
		ドレーン回りの排水性												目視／図面	
		防水層の接着性												目視／資料	
		防水層の貼仕舞												目視／写真	
		防水状況													
		コンクリート笠木の天端目地												目視／図面	
		笠木回りのシーリング状況												目視	
	雨掛かりの外壁貫通部の止水性	貫通部に水が集まらない												目視／写真	
		貫通部の防水処理													
	設備基礎	防水納まり													
	防水保証	保証書の取付												目視／資料	
	葺き屋根	防水性												目視／写真	
	屋上突起物	雨仕舞													
	帳壁（PC・アルミカーテンウォール，押し出し成形セメント板，ALC他）の止水性	目地精度													
		目地巾													
		シーリング状況													
結露による不具合がない															
	断熱処理の適否	断熱範囲（屋根，外壁，サッシ，トップライト，配管ダクト類　他）												目視／写真	
		断熱性能												目視／資料	
	結露水処理（サッシ，トップライト，外壁他）	排水処理方法												目視／写真	
異常で不快な音振動がしない															
	設備機器からの音振動	防音，防振性												試験結果	
	床・壁・天井などからの音漏れ	遮音性												試験結果	
排水不良による浸水，溢水が生じない															
	排水詰まり対策	ドレン，オーバーフローの処理方法												目視／写真	
	冠水対策の適否	排水計画												目視／図面	

ないかどうかについて，念入りにすべての箇所が点検される。主な検査内容は，表9・2に示すようなものである。

設備については，すべての機器類，コンセント・スイッチ等が正常に作動するかどうか，試運転を行い，配管類についてもすべて通水・排水検査や圧力テスト等を実施して確認する。

3．施主・工事監理者立会検査

建物，外構，設備機能等の最終出来映えならびに設計品質との最終合致度などについて，施主立会いのもとに検査を行う。同時に取扱い方法や保守方法についての説明も行い，引渡しの最終確認を得る。

表9・3　検査チェックシート(設備)

竣工時検査項目一覧表　　　　……給排水・衛生設備……

項　目	○印	試　験　項　目	実施内容（○印記入）	備　考
1) 給水設備		1) 引き渡し時の量水器読み取り	記録	
		2) 水質検査	検査表	
		3) 液面制御作動試験	目視　　記録	
		4) オーバーフロー試験	目視　　記録	
		5) ポンプ騒音測定	記録	
2) 給湯設備		1) シャワー給湯量・給湯圧力測定（L/min）（kg/cm^3）	記録	
		2) 浴槽満水試験（時間・給湯温度）	記録	
		3) 給湯機器機能試験（沸上り時間・温水温度差）	記録　点検表	
		4) 関連機器・機能検査（ポンプ室・貯湯槽・ソーラー室）	記録　点検表	
3) 排水通気設備		1) 液面制御作動試験	目視　　記録	
		2) 流水観察試験	目視　　写真	
		3) 会所桝の流水観察試験	目視　　写真	
		4) ピンポン玉試験	目視　　写真	
4) 空調設備		1) 室内環境測定（空調機機能試験）	記録　点検表	
		2) 自動制御作動試験	記録	
		3) 冷却塔機能試験（温度差）	記録	
		4) 冷温水器機能試験	記録　　点検表	
		5) ポンプ・ファン騒音測定	記録	
5) 換気設備		1) 風量測定	記録	
		2) ファン騒音測定	記録	

☆各機器の機能試験はメーカーの点検表をもってかえる。

9・3 引　渡　し

　竣工検査に合格すると，設計監理者の承認のもとで，「完成工事引渡し書」を施主と取り交わし，引渡しが行われる。引渡しの手続は，契約書や設計図書の内容に基づいて行われる。

　施工者はその際に，必要な書類をそろえて引き渡すと同時に，日常建物を使用するにあたっての注意事項や建物各部の構造や，設備機器の取扱いについて詳細に説明する。主な引渡し書類は，表9・4に示すとおりである。

表9・4　竣工引渡し書類一覧

① 引渡し証書類
　・工事完了届（写）
　・工事引渡し書，同受領書
　・登記事項関係証書
　・工事監理報告書
　・鍵引渡し書
　・備品，予備品引渡し書
　・工事竣工図書引渡し書
　・その他（敷地境界記録，保証書など）

② 諸官庁検査済証類
　・建築物検査済証
　・昇降機検査済証
　・電気工作物使用前検査合格書
　・（消防関係）検査結果通知書
　　1. 屋内消火栓，連結送水管，スプリンクラー
　　2. 避難口，誘導灯，非常照明
　　3. 消火器
　　4. 火災報知
　　5. 火を使用する設備検査結果通知書
　　6. 防火対象物
　　7. 電気設備
　　8. その他
　・ボイラー落成
　・圧力容器
　・高圧ガス製造施設完成
　・諸官庁検査指摘事項一覧
　・諸官庁検査指摘事項処理報告書
　・その他

③ 諸官庁許認可書
　・確認通知書副本（建築物）
　・確認通知書副本（昇降機）
　・消防用設備設置届
　　1. 屋内消火栓，連結送水管
　　2. 避難口，誘導灯，非常照明
　　3. 消火器
　　4. 火災報知
　　5. その他
　・火を使用する設備などの設置届
　・防火対象物使用届
　・防火管理者選任届
　・電気設備設置届
　・電気主任技術者選任届
　・電気工事計画届
　・ボイラー設置届
　・ボイラー取扱作業主任者選任報告書
　・圧力容器設置許可申請書
　・圧力容器取扱主任者届
　・危険物設置許可申請書
　・高圧ガス製造許可申請書
　・高圧ガス作業主任者届
　・保安規定届
　・排煙設備設置届
　・その他

④ メンテナンス関係書類
　・建物の保守と監理
　　1. 建物の保全としおり
　　2. 竣工調書
　・工事概要
　・主なる協力会社
　・緊急連絡先表
　・協力会社一覧表
　・主要資材メーカー一覧表
　・仕上げ一覧表
　・電気設備概要
　・給排水設備概要
　・冷暖房設備概要
　・昇降機設備概要
　・官公庁申請書類許認可届一覧表
　・鍵一覧表
　・引渡し目録

⑤ その他
　・竣工写真
　・工事竣工図
　・主要設備機器完成図
　・建築・設備関係取扱い説明書

注）メンテナンス関係書類の中には，引渡し証書類の内容と重複するものがあるが，施主により提出または保管先が異なる場合があるため，メンテナンス関係書類としてまとめておいた方がよい。

9・4 保　　　　全

　ほとんどの建築物は，完成引渡し後も数十年間使用されるが，その間所要の機能や安全性が確保されていかなければならない。その維持のため，施工者は発注者の要請に連絡窓口を明確に伝えて，引渡し後も発注者の要請等に対応していく必要がある。また建物情報（図面，施工記録等）の保管も重要になる。

1．定期点検

　通常引渡し後1年目，2年目に定期点検を実施する。点検は施主，設計者，施工者，時には下請業者を加えて，建物の不具合および使用上の問題点を抽出し，修補方法について取り決める。

2．苦情処置

　建築物の工事に関しては，法的に定められた不具合等の瑕疵が存在する。また平成12年に法令化された「住宅の品質確保の促進等に関する法律」においても新築住宅の瑕疵担保責任の特例として，瑕疵担保期間10年が義務付けられた。建物の不具合については，雨漏り等緊急性を要するものについて，速やかに対応できる体制を確立しておかなければならない。また原因を的確に究明し，確実な再発防止処置を施す必要がある。

3．アフターメンテナンス

　建物を構成している建材および設備機器等についてはそれぞれに耐久年限があり，その年限頃には点検や修繕が必要になる。また環境の変化やニーズの変化により，建物の改修要請が出てくる。これらに対しても施工者として応えていく必要があるが，出来るだけ計画的に進めるために，引渡し時には保全計画書または長期修繕計画を作成することが多い。さらに建物が適切に維持管理出来るように，施主によって行われるべき手入れ内容をまとめた「維持管理のしおり」等を建物引渡し時に渡すケースが多い。

　保全計画書の事例を次ページに掲載する。

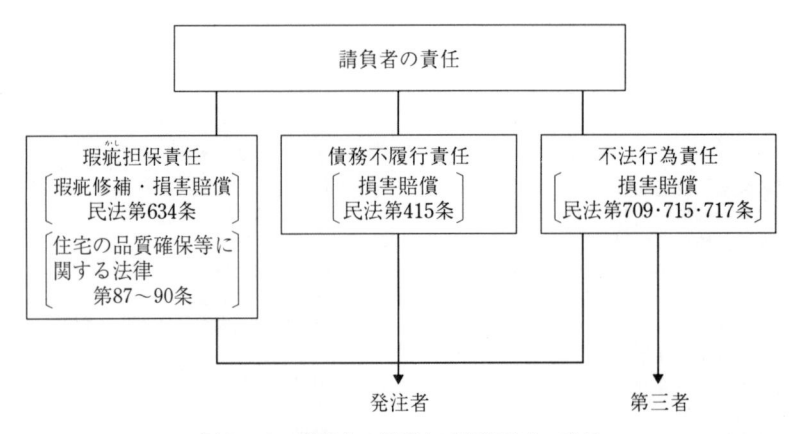

図9・2　業務上の過誤と工事関係者の責任

保全計画書（戸建住宅・集合住宅）

文書番号 Q保全-001
制定日 1998.9.21
改定日 2003.2.27

工事整番	建物名称	所在地	施主名称	竣工年月日	施主	担当者	アフターサービス
30-04-1-031	○○コーポラティブハウス	世田谷区赤堤3-27-17	○○建設組合	○○建築研究室	H18.6.24			

保全項目 / メンテナンスサイクル（竣工後年数）

区分	部位	部材	チェック欄	修繕区分	1	2	3	4	5	6	7	8	9	10	11	12	13	14	15	16	17	18	19	20	備考
建築	屋根・屋上	防水（保護層付）	□	目地補修						○		○		◎		○			○			●		●	地震・台風等の災害後は逐次点検が必要です
			□	取替え																				●	
		防水（露出）	□	保護塗装塗替え					○		◎			◎		○			●		○			●	
			■	取替え										◎					●					●	
		ルーフドレイン	□	取替え					○		◎			○					●					●	
		葺屋根（金属）	□	塗替え					●					●					●					●	
			■	補修及び葺替え										○					●					●	
		バルコニー（鉄部）	■	塗替え					●					●					●					●	
		樋	□	取替え					○					◎					●		○			◎	
	外壁	コンクリート打放し	■	撥水剤塗替え					●					●					●					●	
			□	補修					○					○					●					●	
		タイル	□	取替え					○					○		○		◎			○			◎	
		石	□	目地打ち替					●					●					●					●	
			□	補修					○					○					●		○			◎	
		塗装	□	塗替え					●					●					●					●	
		吹付け	□	吹替え					●					●					●					●	
建具		シャッター	□	塗替え						○				◎					◎					◎	
			□	取替え						○									●						
		自動扉	□	取替え						○									◎					◎	
		木製建具（内部）	■	取替え			○		○		●			●					●					●	
		襖,障子	□	張替え					●					●					●					●	
		シール	■	打替え					○					●					●					●	
内装		塗装	■	塗替え						○			○			○			○					●	
		吹付け	□	吹替え						○				●					●					●	
		クロス	■	貼替え			○		○		●			●		○			●		○			●	
		フローリング	■	貼替え						○				●					○					●	
		塩ビシート	■	貼替え						○				●					●					●	
外構		鋼製門、柵	□	塗替え					●					●					●					●	
その他		法的維持管理	□																						
設備	電気	分電盤	■	取替え						○		○		○				○			◎	●			専門会社とのメンテナンス契約をお勧めします
		照明器具	■	取替え						○				◎				◎	●						
		テレビ共聴設備	■	取替え							○		◎						●						
	給排水衛生	給水ポンプ	■	取替え						○	◎	●						◎	●						
		給水管	■	取替え						○				○				◎	●		○				
		排水管	■	取替え						○				○				◎	●		○				
		ガス管	■	取替え						○				○				◎	●		○				
		衛生器具	■	取替え						○				○				◎	●		○				
		給湯器	■	取替え						○	◎			○				◎	●		○				
	空調	冷暖房器	□	取替え						○	◎	●						◎	●						
		送風機	■	取替え						○				●					◎	●					
		換気扇	■	取替え						○				●					◎	●					
昇降機		エレベーター	■	（耐用年数25年）		○	○	○	○	○	○	○	○	○	○	○	○	○	○	○	○	○	○	○	法的点検（保守契約による定期点検）
その他		法的維持管理	□																						

↑ 1年点検

「住宅の品質確保の促進等に関する法律」に基づく保証

保証部分		瑕疵の対象となる不具合事象	保証期間
構造上主要な部分（躯体）	基礎	著しい沈下・亀裂・破損	10年
	柱・梁・外壁・床・天井・外階段	亀裂・破損	
雨水の侵入を防止する部分	屋根の仕上・下地等、外壁の仕上下地等 ※	雨漏れ	10年

※ シールの耐久性等による雨漏りは、その保証書の保証期間を瑕疵担保期間とします。

定期点検予定

1年	2007年6月
年	年 月
年	年 月
診断	年 月
	年 月

【本計画書の見方】
1. 本表は一般的な目安です。環境、使用状況により年数は異なります。
2. 弊社の定期点検は、網がけで示した部分の竣工後1年です。
3. チェック欄の■部分が該当する項目です。
4. 記号の意味は以下のようになっています。
   - ○ 点検時期：主にお客様側による、目視による点検時期を示します。不具合があった場合は弊社にご一報下さい。
   - ◎ 診断時期：専門的な診断時期を示します。目視だけでは解らない不具合を調査するもので、専門家（弊社）に依頼することをお勧めします。
   - ● 改修時期：改修時期を示します。全面的な改修や取替えを検討する必要があります。ご要望により改修計画、提案をさせて頂きます。
   - 瑕疵期間：瑕疵期間を示します。保証書が発行されている場合は、保証書優先となります。

【適用の除外】
1. 天災地変（地震・火災・風害・水害・雪害）等の不可抗力による場合。
2. 経年劣化、使用材質の自然特性による場合。
3. 管理不十分、使用上の不注意による場合。
4. 増改築等により、形状変更が行われた場合。

参考資料（JASS 5　抜粋）

資料 1　設計基準強度

表1　コンクリートの耐久設計基準強度

計画供用期間の級	耐久設計基準強度（N/mm²）
一　　般	18
標　　準	24
長　　期	30

表2　鉄筋コンクリート用棒鋼の機械的性質（JIS G 3112-1987）

種類の呼称	引張試験				曲げ性		
	降伏点または0.2%耐力（N/mm²）	引張強さ（N/mm²）	試験片	伸び[(1)]（%）	曲げ角度	内側半径	
SR235	235 以上	380～520	2 号	20以上	180°	公称直径の1.5倍	
			3 号	24以上			
SR295	295 以上	440～600	2 号	18以上	180°	径16mm以下	公称直径の1.5倍
			3 号	20以上		径16mmを超えるもの,	公称直径の2倍
SD295A	295 以上	440～600	2号に準じるもの	16以上	180°	D16以下	公称直径の1.5倍
			3号に準じるもの	18以上		D16を超えるもの	公称直径の2倍
SD295B	295～390	440 以上	2号に準じるもの	16以上	180°	D16以下	公称直径の1.5倍
			3号に準じるもの	18以上		D16を超えるもの	公称直径の2倍
SD345	345～445	490 以上	2号に準じるもの	18以上	180°	D16以下	公称直径の1.5倍
						D16を超えD41以下,	公称直径の2倍
			3号に準じるもの	20以上		D51	公称直径の2.5倍
SD390	390～510	560 以上	2号に準じるもの	16以上	180°	公称直径の2.5倍	
			3号に準じるもの	18以上			
SD490	490～625	620 以上	2号に準じるもの	12以上	90°	D25以下	公称直径の2.5倍
			3号に準じるもの	14以上		D25を超えるもの	公称直径の3倍

［注］　(1)　異形棒鋼で，寸法が呼び名D32を超えるものについては，呼び名3を増すごとに上表の伸び値からそれぞれ2%を減じる．ただし，減じる限度は4%とする．

表3 特殊なコンクリートの設計基準強度の範囲

コンクリートの種類		設計基準強度の範囲（kgf/cm²）
軽量コンクリート		150〜225
高耐久性コンクリート	普通	210〜360
	軽量	210〜270
高強度コンクリート	普通	270〜360
	軽量	240〜270
プレストレストコンクリート	プレテンション	350 以上
	ポストテンション	300 以上

資料2　コンクリート表面の仕上がり状態

表4　コンクリートの仕上がりの平たんさの標準値

コンクリートの内外装仕上げ	平たいさ（凹凸の差）（mm）	参考 柱・壁の場合	参考 床の場合
仕上厚さが7mm以上の場合,または下地の影響をあまり受けない場合	1 mにつき 10以下	塗　　壁 胴縁下地	塗　床 二重床
仕上厚さが7mm未満の場合,その他かなり良好な平たんさが必要な場合	3 mにつき 10以下	直吹付け タイル圧着	タイル直張り じゅうたん張り 直防水
コンクリートが見え掛りとなる場合,または仕上厚さが極めて薄い場合,その他良好な表面状態が必要な場合	3 mにつき 7以下	打放しコンクリート 直塗装 布直張り	樹脂塗装 耐摩耗床 金こて仕上床

資料3　型枠の構造計算

表5　型枠設計用コンクリートの側圧（tf/m²）

打込み速さ(m/h)		10以下の場合		10を超え20以下の場合		20を超える場合
部位	H(m)	1.5以下	1.5を超え4.0以下	2.0以下	2.0を超え4.0以下	4.0以下
柱		$W_0 H$	$1.5W_0 + 0.6W_0 \times (H-1.5)$	$W_0 H$	$2.0W_0 + 0.8W_0 \times (H-2.0)$	$W_0 H$
壁	長さ3m以下の場合	$W_0 H$	$1.5W_0 + 0.2W_0 \times (H-1.5)$	$W_0 H$	$2.0W_0 + 0.4W_0 \times (H-2.0)$	$W_0 H$
	長さ3mを超える場合		$1.5W_0$		$2.0W_0$	

［注］　H：フレッシュコンクリートのヘッド(m)（側圧を求める位置から上のコンクリートの打込高さ）
　　　W_0：フレッシュコンクリートの単位容積重量(t/m³)

資料4 型枠の存置期間

a. 基礎・梁側・柱および壁のせき(堰)板の存置期間は，コンクリートの圧縮強度*が50kgf/cm²以上に達したことが確認されるまでとする。ただし，せき(堰)板存置期間中の平均気温が10℃以上の場合は，コンクリートの材齢が表11.2に示す日数以上経過すれば，圧縮強度試験を必要とすることなく取り外すことができる。

b. 床スラブ下・屋根スラブ下および梁下のせき(堰)板は，原則として支保工を取り外した後に取り外す。

表6 基礎・梁側・柱および壁のせき(堰)板の存置期間を定めるためのコンクリートの材齢

平均温度 \ セメントの種類	早強ポルトランドセメント	普通ポルトランドセメント 高炉セメントA種 シリカセメントA種 フライアッシュセメントA種	高炉セメントB種 シリカセメントB種 フライアッシュセメントB種
20℃以上	2	4	5
20℃未満 10℃以上	3	6	8

c. 支保工の存置期間は，スラブ下・梁下とも設計基準強度の100％以上のコンクリートの圧縮強度*が得られたことが確認されるまでとする。

d. 支保工除去後，その部材に加わる荷重が構造計算書におけるその部材の設計荷重を上回る場合には，上述の存置期間にかかわらず，計算によって十分安全であることを確かめた後に取り外す。

e. 上記c項より早く支保工を取り外す場合は，対象とする部材が取外し直後，その部材に加わる荷重を安全に支持できるだけの強度を適切な計算方法から求め，その圧縮強度を実際のコンクリートの圧縮強度*が上回ることを確認しなければならない。ただし，取外し可能な圧縮強度は，この計算結果にかかわらず最低120kgf/cm²以上としなければならない。

f. 片持梁またはひさしの支保工の存置期間は，上記c, d項に準じる。

[注] ＊JASS 5 T-603(構造体コンクリートの強度推定のための圧縮強度試験方法)による。

索　　　引

あ

アースアンカー工法…………49
アースオーガー………………53
アイランド工法………………49
アウトレットボックス………152
朝顔養生………………………43
足場……………………………43
アスファルトコーチング……112
アスファルト不燃シングル一
　文字葺………………………124
アスファルトプライマー
　………………………106, 111, 124
アスファルト防水……………106
アスファルトルーフィング
　……………………………106, 111
圧送……………………………93
圧入工法………………………52
あばら筋…………………69, 77
網入りガラス…………………133
網状ルーフィング……………107
アルミ笠木……………………109
アルミニウム製建具…………130
合わせガラス…………………133
安全管理計画書………………28
安全施工サイクル……………41
安全防災設備…………………41
アンダーピンニング…………52

い

石工事…………………………135
異種金属………………………136
一般競争入札…………………6
一般図…………………………5
一本構リフト…………………43
移動式クレーン………………42
いなづま筋……………………79
インサート………………70, 103
インサート工事………………156
インジケーター………………163
引照点…………………………25

う

受入検査………………………99
請負方式………………………4
打上げ高さ……………………97
打込み高さ……………………97
打込みボックス………………103
内断熱構法……………………147
打継ぎ部分……………………95
打放し型枠……………………82
打放しコンクリート仕上げ…12
腕木……………………………67
うま……………………………77
埋戻し…………………………49
裏打ちシール…………………132
上端筋…………………………78

え

エキスパンション……………138
エスカレーター………………162
エレベーター工事……………162
エレベーターシャフト………163
エレベーターピット…………163
塩化ビニール樹脂エナメル…145

お

オープンタイム…………118, 129
置き床構法……………………141
帯筋……………………………69
親杭……………………………53
親杭横矢板工法………………49
親墨……………………………65

か

ガードフェンス………………39
外構工事………………………166
外部足場………………………43
外部仕上げ……………………122
外壁密着張り…………………128
返り墨……………………66, 122
かかり代………………………133
家具工事………………………146
各種専門工事業者……………7
隔測温度計……………………111
加工図…………………………84
重ね継手………………………74
瑕疵……………………………174
ガス圧接継手…………………74
ガスケット…………………115, 134
仮設計画図……………………29
仮設工事………………………38
仮設便所………………………41
片押し打ち……………………94
型枠検査………………………89
型枠締付け金物………………81
金ごて…………………………98
かぶり厚さ……………………68
壁式……………………………11
壁式構造………………………63
壁式プレキャストコンクリー
　ト造…………………………63
釜場……………………………54
仮囲い…………………………39
かんざし筋……………………78
完成検査………………………170

索引

完成工事引渡し書 …………173
官庁検査 ……………………171
岩綿吸音板 …………………141
監理技術者 ……………………8
監理事務所 ……………………40
監理報告書 ……………………33
寒冷紗 ………………………140

き

気圧試験 ……………………156
キープラン図 ………………131
企画 ……………………………3
企画設計 ………………………5
起工式 …………………………27
木ごて …………………………98
基準墨 …………………………65
既製金物工事 ………………137
既製杭 …………………………57
基礎 ……………………………56
木づち …………………………96
基本施工計画書 ………………28
基本設計 ………………………5
キャスターゲート ……………39
吸水率 ………………………127
境界石 …………………………25
強化ガラス …………………133
供試体 …………………………99
強制圧密 ………………………58
共通仮設工事 …………………38
共通仕様書 ……………………5
共同請負方式 …………………5
協力会社 ………………………35
切梁 ……………………………50
亀裂誘発目地 ………………140
金属管 ………………………152
近隣協定書 ……………………26

く

杭工事計画図 …………………29
杭地業 …………………………56

空気量 …………………………99
釘仕舞 …………………………90
くし目 ………………………129
躯体工事計画図 ………………29
掘削 ……………………………55
グラスウール ………………147
クリアラッカー ……………145
クリアランス ………………134

け

計測管理 ………………………54
KD式プレボウリング …………53
契約図書 ………………………24
軽量コンクリート ……………91
軽量鉄骨下地工事 ……137, 138
ケーソン基礎 …………………57
ケーブル工事 ………………152
ケーブルラック ……………152
消墨 …………………………122
月間工程表 ……………………30
結束線 …………………………74
煙試験 ………………………156
けれん …………………………90
原価管理 ………………………34
建設業者 ………………………7
建設業法 ………………………7
建築確認申請書 ………………24
建築士 …………………………4
建築生産 ………………………2
建築主 …………………………4
現場打ちコンクリート造 ……11
現場事務所 ……………………40
現場水中養生 …………………99
現場発泡ウレタン …………148
現場封かん養生 ………………99

こ

鋼材検査証明書 ………………73
工事請負契約 …………………6
工事管理者 ……………………4

工事監理者 …………………4, 8
工事監理者立会検査 ………172
工事下請負契約 ………………36
工事総括表 ……………………28
硬質ウレタンフォーム ……147
工事報告書 ……………………33
工種別工程表 …………………30
工種別見積条件書 ……………36
甲種防火戸 …………………130
工事用エレベーター …………42
工事用電気設備 ………………41
工場立会検査 ………………158
鋼製シャッター ……………132
合成樹脂エマルジョンペイント
　　　　　　　　　　　　…144
合成樹脂可とう電線管 ……152
合成樹脂ペイント …………144
鋼製建具 ……………………132
鋼製布板 ………………………60
構造計算書 ……………………5
構台 ……………………………44
工程計画 ………………………30
工程表 …………………………30
鋼矢板工法 ……………………49
コールドジョイント …………96
骨材の試験成績書 ……………94
コンクリート直張り工法 …128
コンクリート施工図 …………82
コンクリート配合計画書 ……94

さ

祭事 ……………………………27
材料標示表 ……………………73
左官工事 ……………………125
作業員休憩所 …………………40
作業所長 ………………………24
下げ振り ………………………66
差し筋 …………………………79
雑金物工事 …………………137
サッシ墨 ……………………132
サブコン ………………………8

索　引

サポート……………………81	社内検査…………………171	スリーブ工事……………156
さや管……………………158	ジャンカ……………………96	寸法検査……………………89
桟木……………………77,81	週間工程表…………………30	
3面接着……………115,118	重点管理項目………………28	**せ**
	主筋…………………………69	
し	受注生産……………………3	製作金物工事……………137
	竣工式………………………27	製品検査…………………158
シアカッター………………73	ジョイント・ベンチャー…5	せき板……………………80
地足場…………………59,60	ジョイントボックス……152	施工…………………………4
GL工法……………………140	仕様書………………………5	施工管理技士………………8
シートパイル工法…………49	昇降機設備………………162	施工計画図…………………29
シート防水………………108	上棟式………………………27	施工準備会…………………28
シート養生…………………98	自立山留め工法……………53	施工要領書…………………29
シェル構造…………………11	伸縮目地……………113,129	施主立会検査……………170
直押さえ…………………125	心墨……………………65,122	施主定例……………………33
直床仕上げ………………125	振動工具…………………128	絶縁工法…………………107
敷桟…………………………84		絶縁用シート……………112
磁器質……………………126	**す**	せっ器質…………………126
敷地境界線…………………25		設計…………………………4
敷地内現状調査……………25	す……………………………96	設計基準強度………………91
地業…………………………56	水圧試験……………156,158	設計図書…………………5,24
軸組図………………………71	垂直養生……………………43	セッティングブロック…134
支持杭………………………56	水平切梁工法……………49,51	設備工事計画図……………30
止水工法……………………50	水平養生……………………43	ゼネコン……………………6
止水板……………………114	スターラップ………………69	セパレーター………………81
下請業者……………………8	スタッド…………………138	セメント試験成績書………94
下請調達計画表……………35	捨コンクリート…………59,65	セメントペースト………131
下小屋………………………41	捨張り……………………107	施ゆう……………………126
下端筋………………………78	ステンレスシート防水…108	セルラダクト……………152
支柱…………………………81	ステンレス製建具………130	
地鎮祭………………………27	ストレッチルーフィング	**そ**
実管スリーブ……………102	…107,112	
実行予算……………………33	スプレーガン……………143	ソイルセメント柱列壁工法…49
実施設計……………………5	スプレー塗り……………145	総合請負契約………………6
湿潤養生……………………98	スペーサー……………70,76	総合仮設計画図…………29,38
実費精算請負契約…………6	スペーサーブロック……70,78	総合建設業者………………6
地縄張り……………………44	墨出し………………59,65,122	総合工程表…………………30
地盤改良地業………………58	墨出し穴……………………66	総合図……………………123,154
地盤調査報告書……………26	スラブ貫通スリーブ……103	総合定例打合せ……………33
指名競争入札………………6	スラブ勾配………………101	側圧…………………………80
締固め……………………58,96	スランプ……………………99	外断熱構法………………147
遮光養生……………………98	スリーブ……………103,152	外防水……………………114

た

存置期間……………………90
耐圧スラブ…………………64
耐久設計基準強度…………91
耐水ボード…………………140
台直し………………………75
タイル割付図………………128
ダクト工事…………………160
打設…………………………80
打設区画……………………95
タックフリー………………119
建入れ検査…………………89
建具表………………………131
建込み検査…………………89
縦桟…………………………81
建地…………………………67
縦端太………………………81
ダムウェーター……………162
単価請負契約………………6
単管足場……………………67
短期工程表…………………30
担当係員……………………24
単独請負方式………………5
断熱工事……………………147
単品生産……………………3

ち

地下水位……………………26
地下工事計画図……………29
着工準備……………………24
注文請書……………………36
注文書………………………36
超音波探傷法………………75
直営方式……………………4
直接仮設工事……………38,42

つ

継手…………………………69
継手位置……………………69
突き棒………………………97
吊りボルト…………………138

て

定額請負契約………………6
定期点検……………………174
定形シーリング材…………115
定置式クレーン……………42
定着…………………………69
定着長さ……………………69
低放射性ガラス……………133
定例打合せ…………………33
テストハンマー……………130
鉄筋加工図…………………73
鉄筋間隔……………………68
鉄筋コンクリート造………10
鉄筋コンクリートの原理…10
鉄筋先組工法………………72
鉄筋専門工事業者…………73
鉄筋のあき…………………68
鉄骨鉄筋コンクリート造…11
電気幹線工事………………152
電気配管工事………………152
点検口………………………160
電磁遮蔽ガラス……………133
天井伏せ図…………………141
電食…………………………138
天端均し……………………98
転用計画……………………82

と

陶器質………………………126
通り検査……………………89
通り心……………………45,65
特定建設業者………………7
特命…………………………6
床付け………………………56
塗装工事……………………144
特記仕様書…………………5

塗膜防水……………………108
共吊り………………………156
ドライアウト………………126
ドレイン………………107,112
トンボ………………………97
とんぼ端太…………………86

な

内外装仕上げ工事計画図…30
内部足場……………………43
内部仕上げ…………………121
内部壁接着張り……………129
流し張り……………………111
流れ止め金網………………101
生コン……………………91,94
均し板………………………97
縄張り………………………44

に

荷揚げステージ……………72
逃げ墨…………………59,65,122
にじり墨……………………122
二本構リフト………………43
2面接着………………115,118

ぬ

貫板…………………………45
布……………………………67

ね

根切り……………………49,50
熱線吸収板ガラス…………133
熱線反射板ガラス…………133
ネットワーク式工程表……30
根巻き………………………88

の

ノンワーキングジョイント …116

は

バーサポート …………………78
バーチャート …………………30
配管ユニット …………………156
配筋基準図 ……………………71
配筋検査 ………………………79
排水 ………………………49,50
排水工法 ………………………50
排水ピット ……………………114
パイプサポート ………………89
バイブレーター ………………96
配力筋 …………………………70
はく離材 ………………………81
刷毛塗り ………………………145
箱スリーブ ……………………103
場所打ちコンクリート杭………57
端太 ……………………………81
はっか試験 ……………………156
バックアップ材 ……115, 118, 134
発注 ……………………………36
発注者 …………………………4
発注稟議書 ……………………36
発泡炭酸カルシウム保温材 …147
パテ処理 ………………………140
パネル割付け …………………87
幅木 ……………………………141
幅止め筋 …………………70,76
腹筋 ……………………………70
張付けモルタル ……………127, 128
ハンガー扉 ……………………39
万能鋼板張り …………………39

ひ

Pコン …………………………81
ヒービング現象 ………………51
引込み工事 ……………………152
引渡し …………………………173
ビス止め工法 …………………140
ひび割れ ………………………11
ひび割れ防止筋 ……………70,76
ビブラート ……………………128
標準施工サイクル工程…………72
標準養生 ……………………91,99

ふ

部位別工程表 …………………30
フーチング基礎 ………………56
フープ …………………………69
ブーム付きポンプ車 …………93
フォームタイ …………………81
複層ガラス ……………………133
複層模様吹付けタイル ………142
普通型枠 ………………………82
普通コンクリート ……………91
フック …………………………74
不定形シーリング材 …………115
プライマー ……………………118
ブラケット足場 ………………43
フラットスラブ構造 …………11
ブリージング …………………98
振止め筋 ………………………70
プレート ………………………73
プレキャストコンクリート造
　………………………………11
プレストレストコンクリート
　造 …………………………11
フレッシュコンクリート ……80
フロアダクト …………………152
フロー値 ………………………99
フロート板ガラス ……………133
フローリング張り ……………141
分割請負契約 …………………6

へ

平面詳細図 ……………………123
べた基礎 ………………………56

へら押さえ ……………………118
ベンダー ………………………73
ベンチマーク ………………26,45
ベンドキャップ ………………162

ほ

ボイリング現象 ………………51
防炎シート張り ………………39
防火ダンパー …………………160
棒工程表 ………………………30
棒状振動機 ……………………96
防振基礎 ………………………161
防水押さえコンクリート ……113
防水層 …………………………106
法的手続 ………………………26
防風養生 ………………………98
保温工事 ………………………160
補強筋 …………………………70
歩行用アスファルト断熱工法
　………………………………110
保護管 …………………………152
保全 ……………………………174
ポリスチレンフォーム ………147
ボンドブレーカー …………116, 118

ま

摩擦杭 …………………………57
増し張り ………………………112
マスキングテープ ……………118
豆板 ……………………………96
回し打ち ………………………94
満水試験 ……………………156, 158

み

水湿し …………………………126
水張り試験 ……………………113
見積り合わせ …………………6
見積書 …………………………24
密着工法 ………………………107

み

ミルシート ……………………… 73

む

ムーブメント …………………… 116
無ゆう …………………………… 126

め

目地詰め ………………………… 129
目地モルタル …………………… 127
メンブレン防水 ………………… 106

も

木製建具工事 …………………… 130
木れんが ………………………… 85
木コン …………………………… 81
元請業者 ………………………… 7
元見積 …………………………… 33
元見積書 ………………………… 24
盛替え …………………………… 90
モルタル防水 …………………… 108

や

山留め …………………………… 49
遣り方 …………………………… 44

ゆ

床上配管 ………………………… 156
床下転ばし配管 ………………… 158
床下配管 ………………………… 156
ユニットバス …………………… 146

よ

揚重機 …………………………… 42
揚重設備 ………………………… 42
養生 ……………………………… 98
養生フイルム …………………… 132
擁壁工事 ………………………… 167
浴室ユニット …………………… 146
横桟 ……………………………… 81
横線式工程表 …………………… 30
横端太 …………………………… 81
横矢板 ………………………… 51, 54
呼び強度 ………………………… 94

ら

ラーメン構造 …………………… 62
ラーメン式 ……………………… 11
ライナー ………………………… 138
落下高さ ………………………… 96

る

ルーフィング …………………… 124

れ

レディーミクストコンクリート
 ………………………………… 91
レベル墨 ………………………… 122
連続地中壁工法 ………………… 49

ろ

Low-E ガラス …………………… 133
ローラー塗り …………………… 145
陸墨 …………………………… 65, 85
ロックウール …………………… 147
ロングスパンエレベーター …… 43

わ

ワーカビリティー ……………… 91
ワーキングジョイント ………… 116
枠組足場 ……………………… 43, 66

監　　修	内田　祥哉（東京大学名誉教授　工学博士）
	深尾　精一（首都大学東京　大学院教授　工学博士）

執　　筆	佐藤　芳夫（前(株)佐藤秀　取締役）
	安藤　俊建（(株)佐藤秀　取締役品質管理室長）
	本多　　勉（(株)佐藤秀　建築部長）
執筆・編修	角田　　誠（首都大学東京　大学院准教授　博士(工学)）

図版協力	北村　政樹

新版≪鉄筋コンクリート造≫
図解 建築工事の進め方

1998 年 10 月 20 日　初 版 発 行
2006 年 9 月 11 日　新版第 1 刷
2006 年 9 月 20 日　新 版 発 行

監修者　内　田　祥　哉
　　　　深　尾　精　一
発行者　本　郷　　充
印刷所　大日本法令印刷(株)
製　本　豊友社

発行所　株式会社　市ケ谷出版社
　　　　東京都千代田区五番町 5
　　　　電話　03-3265-3711
　　　　FAX　03-3265-4008
　　　　http://www.ichigayashuppan.co.jp

Ⓒ 2006　　　■無断掲載複製を禁ずる

市ヶ谷出版社の 関連図書

新版 建築工事の進め方（3部作）

- 権威者の監修で，第一線実務者が執筆！
- 着工から竣工までの現場経験が習得できる！
- 実際の工事例を，工程順に，写真と図版で解説！
- 施工全般の幅広い知識の習得と対応ができる！

●鉄骨造

監修	藤本盛久	B5判 224ページ
	大野隆司	定価3,150円（本体3,000円）
執筆	福本 昇	ISBN4-87071-227-X
	高見錦一	
	鈴川 衛	
	久保正年	

●鉄筋コンクリート造

監修	内田祥哉	B5判 192ページ
	深尾精一	定価3,150円（本体3,000円）
執筆	佐藤芳夫	ISBN4-87071-228-8
	安藤俊建	
	本多 勉	
	角田 誠	

●木造住宅

監修・執筆	深尾精一	B5判 216ページ
執筆	福本雅嗣	定価3,150円（本体3,000円）
	日野壽郎	ISBN4-87071-213-X
	栗田紀之	

新版 建築設備工事の進め方

監修	森村武雄	B5判 176ページ
執筆	森村設計	定価2,835円（本体2,700円）
		ISBN4-87071-214-8

建築構法〈第4版〉

内田祥哉 編著	A5判 280ページ
大野隆司 著	定価3,150円（本体3,000円）
吉田倬郎	ISBN4-87071-182-6
深尾精一	
瀬川康秀	

新版 木造住宅構法

坂本 功 編著	B5判 232ページ
片岡泰子 著	定価3,570円（本体3,400円）
松留慎一郎	ISBN4-87071-185-0

対訳 現代建築の造られ方

Bilingual The Culture and Construction of Architecture Today

内田祥哉 著	B5変形 134ページ
渡辺 洋 訳	定価2,625円（本体2,500円）
	ISBN4-87071-194-X

建築生産

松村秀一 編著	A5判 288ページ
秋山哲一 著	定価3,360円（本体3,200円）
浦江真人	ISBN4-87071-141-9
遠藤和義	
角田 誠	

建築構法計画資料〈改訂版〉

大野隆司 著	B5判 224ページ
	定価3,885円（本体3,700円）
	ISBN4-87071-217-2

初学者の建築講座 建築施工

中澤明夫 著	B5判 208ページ
角田 誠	定価2,940円（本体2,800円）
	ISBN4-87071-189-3

市ケ谷出版社　〒102-0076　東京都千代田区五番町5
TEL(03) 3265-3711　FAX(03) 3265-4008

出版情報はホームページをご利用下さい。　http://www.ichigayashuppan.co.jp